Wissenschaftlich mit
Excel arbeiten

Unser Online-Tipp
für noch mehr Wissen ...

... aktuelles Fachwissen rund
um die Uhr – zum Probelesen,
Downloaden oder auch auf Papier.

www.InformIT.de

Tobias Ravens

Wissenschaftlich mit Excel arbeiten

ein Imprint von Pearson Education
München • Boston • San Francisco • Harlow, England
Don Mills, Ontario • Sydney • Mexico City
Madrid • Amsterdam

Bibliografische Information Der Deutschen Bibliothek

Die Deutsche Bibliothek verzeichnet diese Publikation in der Deutschen Nationalbibliografie;
detaillierte bibliografische Daten sind im Internet über *http://dnb.ddb.de* abrufbar.

Die Informationen in diesem Buch werden ohne Rücksicht auf einen
eventuellen Patentschutz veröffentlicht.
Warennamen werden ohne Gewährleistung der freien Verwendbarkeit benutzt.
Bei der Zusammenstellung von Texten und Abbildungen wurde mit größter
Sorgfalt vorgegangen. Trotzdem können Fehler nicht ausgeschlossen werden.
Verlag, Herausgeber und Autoren können für fehlerhafte Angaben
und deren Folgen weder eine juristische Verantwortung noch irgendeine Haftung übernehmen.
Für Verbesserungsvorschläge und Hinweise auf Fehler sind Verlag und Herausgeber dankbar.

Alle Rechte vorbehalten, auch die der fotomechanischen Wiedergabe und der
Speicherung in elektronischen Medien.
Die gewerbliche Nutzung der in diesem Produkt gezeigten Modelle und Arbeiten
ist nicht zulässig.

Fast alle Hardware- und Softwarebezeichnungen, die in diesem Buch erwähnt werden,
sind gleichzeitig auch eingetragene Marken oder sollten als solche betrachtet werden.

Umwelthinweis:
Dieses Produkt wurde auf chlorfrei gebleichtem Papier gedruckt.

10 9 8 7 6 5 4 3 2 1

06   05   04

ISBN 3-8273-7132-5

© 2004 Pearson Studium
ein Imprint der Pearson Education Deutschland GmbH
Martin-Kollar-Straße 10-12, D-81829 München/Germany
Alle Rechte vorbehalten
www.pearson-studium.de
Lektorat: Irmgard Wagner, Gräfelfing, irmwagner@t-online.de
Korrektorat: Petra Kienle, Fürstenfeldbruck
Einbandgestaltung: adesso 21, Thomas Arlt, München
Titelbild: Werner Küstenmacher, Gröbenzell
Herstellung: Philipp Burkart, pburkart@pearson.de
Satz: reemers publishing services gmbh, Krefeld (www.reemers.de)
Druck und Verarbeitung: Bosch Druck, Ergolding

Printed in Germany

Inhaltsverzeichnis

	Vorwort		9
	Aufbau des Buchs		10
Kapitel 1	**Problemstellung**		13
	1.1	Wissenschaftliches Arbeiten	14
	1.2	Dateiverwaltung	15
	1.3	Rundgang durch Excel	16
	1.4	Hilfe und Unterstützung	26
	1.5	Kurz und wichtig	29
Kapitel 2	**Datensicherheit**		31
	2.1	Arbeitsmappen speichern	31
	2.2	Dateien sichern	33
	2.3	Daten schützen	33
	2.4	Dateien retten	36
	2.5	Kurz und wichtig	37
Kapitel 3	**Aufgaben für Excel strukturieren**		39
	3.1	Einzelaufgaben lösen	39
	3.2	Tabellen auswerten	41
	3.3	Grenzen von Excel	46
	3.4	Arbeitsmappen verwenden	47
	3.5	Arbeitsblätter verwenden	49
	3.6	Kurz und wichtig	55
Kapitel 4	**Daten eingeben**		57
	4.1	Eingabelogik	57
	4.2	Text und Textreihen	61
	4.3	Zahlen und Zahlenreihen	72
	4.4	Datum und Datumsreihen	79
	4.5	Uhrzeit und Zeitreihen	83
	4.6	Gültigkeitsprüfung verwenden	84
	4.7	Kurz und wichtig	88
Kapitel 5	**Ergebnisse berechnen**		89
	5.1	Bezüge	90
	5.2	Namen	98
	5.3	Operatoren	104

	5.4	Funktionen	110
	5.5	Formeln	118
	5.6	Berechnungen mittels Statusleiste	121
	5.7	Berechnungen mittels Zwischenablage	121
	5.8	Kurz und wichtig	124

Kapitel 6 Finanzmathematische Berechnungen 125

- 6.1 Endwert 125
- 6.2 Ansparkauf 129
- 6.3 Ratenzahlung 132
- 6.4 Zielwertsuche 139
- 6.5 Kurz und funktional 140

Kapitel 7 Statistische Berechnungen 141

- 7.1 Datenanalyse 141
- 7.2 Lineare Regressionsanalyse 142
- 7.3 Logarithmische Regressionsanalyse 157
- 7.4 Kurz und funktional 158

Kapitel 8 Datumsberechnungen 161

- 8.1 Datumszahl verstehen 161
- 8.2 Einfache Zeitrechnungen 164
- 8.3 Kurz und funktional 170

Kapitel 9 Diagramme anfertigen 171

- 9.1 Diagramme einfügen 173
- 9.2 Diagrammtypen 179
- 9.3 Diagramme modifizieren 202
- 9.4 Kurz und wichtig 214

Kapitel 10 Arbeitsmappen drucken 215

- 10.1 Allgemeine Einstellungen 215
- 10.2 Tabellenblätter vorbereiten 220
- 10.3 Diagrammblätter vorbereiten 224
- 10.4 Kurz und wichtig 226

Anhang A Wichtige Excel-Funktionen 227

- A.1 ANZAHL() und ANZAHL2() 227
- A.2 INDEX() 231
- A.3 ISTZAHL() 237
- A.4 UND() 239
- A.5 VERGLEICH() 242
- A.6 WENN() 247

Anhang B	Tabellen und Listen handhaben	251
	B.1 Markieren	251
	B.2 Ausblenden	255
	B.3 Filtern	257
	B.4 Sortieren	263
Anhang C	Fehler analysieren	267
	C.1 Fehlertypen unterscheiden	267
	C.2 Spuren verfolgen	270
	C.3 Berechnungen nachvollziehen	271
	Stichwortverzeichnis	275

Vorwort

Eine wissenschaftliche Arbeit stellt immer eine Herausforderung dar, vor allem wenn es sich dabei um eine Prüfungsleistung wie eine Seminararbeit, Diplomarbeit oder Dissertation handelt. Entweder gilt es, umfangreiche Berechnungen aufzustellen und deren Ergebnisse zu dokumentieren. Oder es werden Daten erhoben, die statistisch auszuwerten sind. In jedem Fall wird unter Zeitdruck geforscht und gearbeitet, um die Daten in die eigene Ausarbeitung übernehmen zu können.

Einer der Vorzüge von Excel ist, dass Ihnen der Einstieg recht schnell gelingen wird und das Programm zugleich sehr vielseitig ist. Von einfachen Berechnungen bis hin zur umfangreicheren Datenauswertung ist sehr viel möglich. Seine Tabellenstruktur hilft Ihnen, Aufgaben übersichtlich zu lösen. Mathematische Modelle, wie sie in allen Fachrichtungen vorkommen, können dadurch sehr leicht nachvollzogen werden. Die zahlreichen Excel-Funktionen ermöglichen es Ihnen, auch komplizierte Zusammenhänge zu modellieren. Damit Sie hierbei keine Rückschläge erleiden, ist eine gute Datensicherung allerdings Pflicht – selbst bei einer Seminararbeit. Dieses Buch führt Sie in den Ablauf des wissenschaftlichen Arbeitens mit Microsoft Excel ein. Gezeigt wird nicht nur, welche Programmmerkmale Ihnen beim wissenschaftlichen Arbeiten behilflich sind, wie zum Beispiel die Excel-Funktionen und die Diagramme. Es zeigt Ihnen auch, welche Klippen Sie umschiffen müssen, um Ihre Ausarbeitung sicher und erfolgreich ins Ziel zu bringen.

Das Buch ist aus der Praxis heraus entstanden. An der Universität Mannheim habe ich mehrere Jahre lang Kommilitonen, aber auch Mitarbeitern an Lehrstühlen geholfen, die kleinen und großen Probleme des Computeralltags zu meistern. Seit März 2004 bin ich Lehrbeauftragter für EDV an der Fachhochschule Nordostniedersachsen. Aus meiner Vorlesung heraus sind die Übungen entstanden, die Wichtiges aus diesem Buch in Form von Aufgaben präsentieren.

Danksagung. Beim Überarbeiten des Buchs haben viele mitgewirkt. Bedanken möchte ich mich bei meiner Lektorin Frau Irmgard Wagner, die mich auch bei der zweiten Auflage unermüdlich unterstützt hat, und bei Frau Alexandra von Cube, die mir kollegiales fachliches Feedback gegeben hat. Ebenso möchte ich meiner Korrektorin, Frau Petra Kienle, für ihre Hingabe danken, mit der sie die Tippfehler aus dem Manuskript herausgestrichen hat.

Mein nächster Dank gilt meinen Studenten. Ihre Fragen und Anregungen haben mir geholfen, die Beispiele und Übungen zu entwickeln und auf den Alltag zu-

zuschneiden. Besonders möchte ich mich an dieser Stelle bei Frau Mirja Pfennig für ihre Hinweise bedanken.

Bedanken möchte ich mich auch bei allen, die mein Manuskript gelesen haben. Hier gilt mein Dank vor allem Herrn Patrick Hassa für seine Mitarbeit und ebenso Herrn Doktor Christian Deller, der mir seit der ersten Auflage immer wieder Vorschläge und Anregungen mitgeteilt hat. Ebenfalls danken möchte ich Herrn Michael Kofler und Herrn Peter Zöfel für die Durchsicht der Beispiele in der ersten Auflage und ihre konstruktiven Anregungen, bei Frau Ute Schultz für ihre Beiträge im Spotlight-Forum und ihre Hilfestellung bei CorelDraw.

Schließlich wären noch meine Arbeitskollegen zu nennen, die mich auf die eine oder andere Weise unterstützt haben. Mein besonderer Dank gilt dabei meiner Kollegin Frau Carola Sankowski, die mich in der Endphase des Buchprojekts immer wieder vertreten hat, so dass ich die nötige Zeit zum Schreiben fand.

Schließlich möchte ich mich auch bei meinen Eltern bedanken. Sie haben mich in mehrfacher Weise beim Schreiben unterstützt, wofür ich ihnen sehr dankbar bin.

Danken möchte ich auch den Firmen, die mir freundlicherweise ihre Programme zur Verfügung gestellt haben. Mein erster Dank gilt Microsoft für die aktuelle Office-Version. Weiterhin möchte ich der Firma Mindjet für den MindManager danken. Der Firma Outertech verdanke ich das Arbeiten mit dem LinkManager. Schließlich ist noch das Thema Datensicherheit zu erwähnen. Mein Dank gilt hier vor allem den Firmen BitDefender, Cimaware, Kapersky, Kroll-Ontrack, Symantec und Utimaco.

Ein Wort zum Schluss. Ich freue mich über Ihre Meinung zum Buch. Sollten Fragen auch für andere interessant sein, werde ich ein entsprechendes Lösungsblatt verfassen und als weitere Anlage zum Buch allen Leserinnen und Lesern zugänglich machen.

Tobias Ravens

September 2004

leserfrage@travens.de

Aufbau des Buchs

Dieses Buch ist ein Ratgeber, der Sie unauffällig und sicher unterstützt. Das Buch ist so aufgebaut, wie Sie selbst arbeiten werden. Zu Anfang lernen Sie Excel allgemein kennen und machen sich mit Ihrem Computer vertraut. Als Nächstes erfahren Sie, wie Sie mit Excel strukturiert arbeiten können. Dazu ist es wichtig, dass Sie die Herangehensweise von Excel kennen und sehen, welche Aufgabentypen wie am geschicktesten in Excel umgesetzt werden. Im Idealfall können Sie mit Excel so genau rechnen wie mit einem Taschenrechner.

Damit Sie von Anfang an sicher mit Excel arbeiten, erfahren Sie sehr ausführlich, wie Sie die verschiedensten Werte und Inhalte in Excel eingeben. Danach geht es genauso ausführlich daran, mit den Eingaben zu rechnen. Anhand der Einführung und den anschließenden Beispielen aus den Bereichen Finanzmathematik, Statistik und Zeitberechnung werden Sie mit allen wichtigen Rechenarten von Excel vertraut gemacht – die wichtigsten allgemeinen Funktionen sind in einem eigenen Anhang zusammengestellt und mit Beispielen erklärt.

Berechnungen und Ergebnisse sind bei wissenschaftlichen Arbeiten nicht alles. Oftmals ist es auch wichtig, die Ergebnisse präsentationsgerecht aufzubereiten. Um Ihnen für das Entwerfen eigener Diagramme die nötige Sicherheit zu vermitteln, finden Sie im Buch viele Beispiele und Hinweise. Zum Schluss erfahren Sie, wie Sie sowohl die Tabellen als auch die Diagramme ansprechend ausdrucken können.

Um Sie bei Ihrer eigenen Arbeit zu unterstützen, werden in diesem Buch alle Handgriffe anhand konkreter Beispiele und Übungen beschrieben. Dabei werden immer einzelne Aufgaben gelöst, die aus verschiedenen Fachgebieten stammen.

 Übungen: Sie können sich zu dem Buch alle Übungsdateien herunterladen, um an ihnen die verschiedenen Handgriffe »trocken« zu üben und die Beispiele nachzuvollziehen. Damit gewinnen Sie die nötige Sicherheit, ohne Ihre eigene Arbeit zu gefährden. Die Aufgabenstellung finden Sie jeweils verkürzt im Buch. Um an die Anlagen zu gelangen, öffnen Sie http://www.pearson-studium.de und gehen auf die Seite für dieses Buch. Rechts neben den Titeldaten finden Sie das dargestellte CWS-Symbol (»Studenten«). Klicken Sie darauf und Sie gelangen zu der Internetseite, auf der alle Anlagen kapitelweise aufgelistet sind. In jeder Übungsdatei finden Sie neben der vollständigen Aufgabenstellung auch alle Unterlagen sowie die Lösung.

Anlagen: Das wissenschaftliche Arbeiten stellt je nach Aufgabenstellung ganz spezielle Anforderungen an Sie und Ihren Computer. Bestimmte Programmmerkmale werden nur im Einzelfall benötigt. Aus diesem Grund habe ich das Buch um Anlagen ergänzt. In diesen zeige ich nicht nur Lösungen für besondere Situationen. Sofern Sie nicht die aktuelle Programmversion verwenden, finden Sie in den Anlagen auch die entsprechenden Hinweise zu den Vorversionen Excel 2002 und Excel 2000.

Excel lässt sich in vielen Fällen sehr intuitiv bedienen. Immer dann, wenn es während der Zwischenschritte nichts Wichtiges anzumerken gibt, wird die Klickfolge direkt angegeben, beispielsweise:

ANSICHT ▶ AUFGABENBEREICH

Falls es notwendig ist, dass Sie am Ende der Klickfolge selbst aktiv werden, kann die Klickfolge auch offen enden:

ANSICHT ▶ SYMBOLLEISTEN ▶ (Symbolleiste wählen)

Eine Variante ist der Verweis auf bestimmte Einstellungen, die ich nach dem Doppelpunkt nenne, beispielsweise:

ANSICHT ▶ SYMBOLLEISTEN ▶ ANPASSEN… ▶ OPTIONEN : MENÜS IMMER VOLLSTÄNDIG ANZEIGEN

Alle anderen Klickfolgen ergeben sich von selbst aus dem Inhalt, auch die möglichen Varianten. Der Vorteil dieser Klickfolgen ist, dass Sie sehr schnell zu den wichtigen Einstellungen gelangen. Diese wiederum werden dann ausführlich erklärt.

Nach meiner Erfahrung erfreut sich Excel 2000 noch immer großer Beliebtheit unter den Studenten, wenngleich einige inzwischen mit Excel 2002 (»XP«) oder auch Excel 2003 arbeiten, der derzeit aktuellen Version. In diesem Buch beschreibe ich vorrangig die aktuelle Programmversion. Sollten sich diese Beschreibungen nicht mit einer der Vorversionen umsetzen lassen, finden Sie auf der Companion Website die entsprechenden Ergänzungen.

Weitere Bücher zu Office von Pearson Studium

Tobias Ravens, Wissenschaftlich mit Word arbeiten, 300 Seiten, EUR 17,95, ISBN 3 8273 7131 7

Tobias Ravens, Wissenschaftlich mit PowerPoint arbeiten, 230 Seiten, EUR 17,95, ISBN 3 8273 7133 3

Kapitel 1 Problemstellung

Wissenschaftliche Berechnungen und Datenauswertungen sind nicht nur bei empirischen Diplom- und Doktorarbeiten wichtig. Auch während des Studiums kommt es häufig vor, dass mathematische Zusammenhänge nachvollzogen und weiterentwickelt werden sollen. Dabei kann Sie Excel unterstützen.

Dieses Buch führt Sie in alle wesentlichen Grundlagen ein, damit Sie Excel in Ihrem Studium und für Ihr Studium sinnvoll einsetzen können. Da Excel eine Tabellenkalkulation ist, erscheint das Programm auf den ersten Blick etwas »ungemütlich« im Vergleich zu Word oder PowerPoint beispielsweise. Dabei hat eine Tabellenkalkulation auch einige Vorteile, die Sie im Laufe dieses Buches kennen lernen werden. Damit Sie einen sicheren Start haben, möchte ich Ihnen folgende Hinweise empfehlen:

➜ Stellen Sie als Erstes fest, ob Sie eine Einzelaufgabe lösen oder eine Tabelle auswerten. Danach richtet sich, wie Sie die einzelnen Lösungsschritte anordnen; genauer in *Kapitel 3*.

➜ Excel versucht, im Hintergrund aktiv mitzudenken. Damit eingegebene Zahlen auch als solche erkannt werden, halten Sie sich an die Erfordernisse von Excel; hierzu ausführlich *Kapitel 4*.

➜ Berechnungen sind für Excel kein Problem, meistens jedenfalls. Schauen Sie vorher nach, ob Ihnen die über 300 Excel-Funktionen dabei weiterhelfen. Ansonsten können Sie Berechnungen auch mit Operatoren lösen; genauer in *Kapitel 5* sowie *Anhang A*.

➜ Diagramme veranschaulichen Daten nur dann, wenn Sie eine für Ihre Daten passende Diagrammvariante verwenden; ausführlich in *Kapitel 9*.

Um das Buch etwas lebendiger zu gestalten, werden in diesem Buch die Daten zu einer exemplarischen Diplomarbeit gestaltet. Der Diplomand, er heiße Hannes Müller und stehe am Ende seines Studiums der Betriebswirtschaftslehre, habe seine Diplomarbeit in der Firma Romburg AG geschrieben. Es sei eine praxisorientierte Diplomarbeit, die die Produktvorzüge eines bestimmten Kochtopfs untersucht (das Modell heiße »Super-Pott«) und Verbesserungsvorschläge entwickelt.

In diesem Buch geht es darum, relevante Daten auszuwerten und grafisch aufzubereiten. Das Buch gliedert sich hierzu in fünf Bereiche. Dieses Kapitel sowie *Kapitel 2* bringen Ihnen Ihren Computer sowie Excel näher, damit Sie von Anfang mit der nötigen Sicherheit arbeiten. In den *Kapiteln 3*, *4* und *5* werden Sie mit Basiswissen vertraut gemacht. Alle weiteren Ausführungen basieren auf diesem Wissen. Den nächsten Bereich bilden die drei folgenden Kapitel, in dem Sie dieses Wissen auf einzelnen Gebieten ausbauen. In *Kapitel 6* werden Sie finanzmathematische Modelle durchrechnen. In *Kapitel 7* erfahren Sie, wie Sie basierend auf Umfrageergebnissen statistische Berechnungen durchführen. Die Berechnungen in *Kapitel 8* runden das mathematische Excel-Repertoire und den dritten Bereich ab.

Den vierten Bereich stellen die Diagramme dar, ausführliches Thema in *Kapitel 9*. Insbesondere wenn statistische Daten präsentiert werden sollen, sind Diagramme anschaulicher als Tabellen. Allerdings können nicht alle Daten und Sachverhalte durch jeden Diagrammtyp wiedergegeben werden. *Kapitel 10* bildet den nächsten Bereich, das Drucken. Da Excel grundsätzlich ohne Papierformat arbeitet, betreffen diese Hinweise alle Kapitel, in denen Sie Arbeitsergebnisse ausdrucken möchten. Den letzten Bereich bildet der Anhang, in dem Sie grundsätzliche Handgriffe und Fertigkeiten beschrieben finden.

Diesem Buch liegt zwar keine CD bei, Sie können aber die Beispiele und Übungen aus dem Internet herunterladen. Gerade wenn es darum geht, einige technische Fertigkeiten aufzufrischen, ist es vielleicht ganz hilfreich, wenn Sie die Beispiele herunterladen und mithilfe des Buches durchgehen. Die Internetseite zum Buch finden Sie unter http://www.pearsonstudium.de.

Anlage 1.1: Programmhinweise zu Vorversionen

1.1 Wissenschaftliches Arbeiten

Das wissenschaftliche Arbeiten umfasst zunächst den Arbeitsablauf von der ersten Recherche bis zur endgültigen Präsentation. Im Mittelpunkt stehen beispielsweise die Fragen, welche Quellen Sie heranziehen dürfen, wie kritisch diese hinterfragt werden müssen und wie sie schließlich verwendet werden. Ergebnisse wissenschaftlichen Arbeitens müssen nachvollziehbar sein, nicht nur im geschriebenen Text, sondern auch in den einzelnen Berechnungen oder bei der Präsentation.

Zum wissenschaftlichen Arbeiten gehören aber auch die anfallenden Arbeitsschritte, also das Verarbeiten der recherchierten oder erhobenen Dateien zu einer sinnvollen Datenanalyse. Dieses Buch konzentriert sich auf die Umsetzung mit der Hilfe von Excel und nicht die wissenschaftliche Recherche. Das heißt, ich behandle in diesem Buch die Eigenschaften von Excel, die bei wissenschaftlichen Arbeiten und für die Datenanalyse notwendig und hilfreich sind.

Anlage 1.2: Übersicht zur Projektplanung

Wissenschaftliches Arbeiten ist zudem oftmals eine Prüfungsleistung. Aus diesem Grund ist es außerordentlich wichtig, dass Sie sich mit den Prüfungsanforderungen vertraut machen. Dazu gehört nicht nur die Prüfungsordnung für Ihren Fachbereich oder Ihre Fakultät. Auch der Lehrstuhl, an dem Sie schreiben, hat häufig eigene Lehrstuhlvorschriften, deren Vorgaben für die Beurteilung Ihrer Arbeitsleistung relevant sind.

1.2 Dateiverwaltung

Bevor ich mit der Einführung beginne, möchte ich Ihnen einige Hinweise zu etwas geben, mit dem Sie ständig an Ihrem Computer arbeiten: die Festplatte. Schon einfache Seminararbeiten bescheren oftmals eine Vielzahl an Dateien. Und was zunächst nach »Produktivität« aussieht, entwickelt sich schnell zu einer unübersehbaren Menge an Dateien. Einige davon sind relevant, andere sind modifizierte Kopien der relevanten Dateien und wieder andere sind relevante Kopien von nicht länger relevanten Dateikopien ... Kurzum, wichtige Dateien teilen sich mit verwaisten Sicherungskopien den Speicherplatz. Ich habe auf fremden Rechnern manche Arbeitsmappe aus dem Off der Festplatten zurückgeholt, um mit anschaulichen Beispielen die Dramatik zu belegen, die in der Schlussphase entstehen kann.

Damit das gar nicht erst passiert, gibt es einige ganz einfache Verhaltensweisen, die ich Ihnen unbedingt nahe legen möchte, bevor Sie mit Ihrer Arbeit beginnen. Die Verhaltensweisen betreffen die Dateinamen und die Verzeichnisstruktur.

Seit Windows 95 können Dateinamen bis zu 255 Zeichen lang sein und Sonderzeichen wie Klammern, Unterstriche, Kommata und Punkte enthalten. Aber nicht alle daraus möglichen Dateinamen sind auch praktisch. Eine Datei mit dem Namen DATEN_NEU.XLS klingt für sich gut. Aber die überarbeitete Variante müsste bereits DATEN_NEUER.XLS heißen. Und wie sollen die weiteren Varianten bezeichnet werden, etwa DATEN_NOCHNEUER.XLS und DATEN_NOCHVIELNEUER.XLS? Sofern Sie Ihre Präsentation auf mehrere Dateien verteilen möchten (was nur manchmal sinnvoll ist), vergeben Sie kurze, aber sinnvolle Dateinamen wie DATEN.XLS oder DATEN_TEIL01.XLS und DATEN_TEIL02.XLS. Kommen Sie in die Verlegenheit, mehrere Versionen anzulegen, verwenden Sie am besten das Datum. Von hinten nach vorne im Dateinamen berücksichtigt, sortiert es zugleich die Dateien chronologisch, also DATEN_2002-04-12.XLS und DATEN_2002-04-17.XLS. So kommt erst gar keine Verwirrung auf.

Genauso wichtig wie sinnvolle Dateinamen ist auch eine sinnvolle Verzeichnisstruktur. Diese orientiert sich an zwei wesentlichen Vorgaben:

- *Backup-Struktur:* Eine Verzeichnisstruktur sollte wichtige Dateien (Datenauswertung) in anderen Verzeichnissen gruppieren als unwichtige (Downloads). Dann benötigen Sie im Ernstfall weniger Zeit zur Datensicherung und -rettung.
- *Aufgabenstruktur:* Eine Verzeichnisstruktur sollte Dateien zu einer Aufgabe (Datenauswertung) in einem Verzeichnis zusammenfassen. Dateien zu anderen Aufgaben (Schreiben) befinden sich somit in anderen Verzeichnissen.

Das Betriebssystem ist in einem eigenen Verzeichnis untergebracht, das normalerweise WINDOWS heißt. Das Programmverzeichnis, oftmals PROGRAMME, enthält die Hauptkomponenten aller Programme, die nicht dem Betriebssystem zugerechnet werden. Ein weiteres Verzeichnis nimmt alle Ihre Dateien auf, typischerweise mit EIGENE DATEIEN bezeichnet. Dies sollten Sie unbedingt auf einem externen Datenträger sichern. Das Betriebssystem lässt sich genauso wie die Programme weitestgehend vollständig wieder installieren – lediglich Ihre persönlichen Einstellungen werden fehlen.

Anlage 1.3: Kommentierte Verzeichnisübersicht

Diese Struktur gilt es für Ihre Arbeit zu verfeinern, wie *Abbildung 1.1* zeigt. Bei normalen wissenschaftlichen Auswertungen werden neben den eigentlichen Excel-Dateien auch Dokumente aus dem Internet sowie Internetseiten, Lehrstuhlrichtlinien, Tabellenexporte, separate Berechnungen und Notizdateien entstehen. Je frühzeitiger Sie diese einplanen, desto weniger Unordnung entsteht später. Für die hier behandelte Auswertung wird deshalb direkt unterhalb des Ordners EIGENE DATEIEN ein Verzeichnis DIPLOMARBEIT angelegt. Die Excel-Dateien – und nur diese! – kommen in einen weiteren Unterordner AUSWERTUNG. Seinen Inhalt gilt es regelmäßig zu sichern, worauf in *Kapitel 2* eingegangen wird. Sollten Sie Dateien aus dem Internet benötigen, sind diese im Ordner MATERIAL abzulegen, der direkt unterhalb des Verzeichnisses DIPLOMARBEIT liegt. Um das Projekt kompakt zu halten, wird ein weiterer Ordner BACKUP benötigt, ebenfalls direkt unterhalb der DIPLOMARBEIT. Hier hinein kommen komprimierte Sicherungen aus dem Ordner AUSWERTUNG. Insoweit unterscheidet er sich auch von dem Ordner _TEMP (der Unterstrich bewirkt, dass dieser Ordner zuoberst angezeigt wird). Hier hinein dürfen Sie alles ablegen, was Sie für den Moment nicht zuordnen können oder wollen. Aber löschen Sie den Inhalt abends, soweit Sie ihn nicht – mit aussagekräftigen Dateinamen – in die übrigen Verzeichnisse verteilen können.

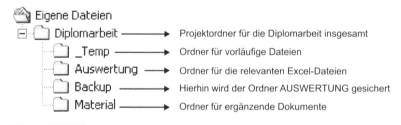

Abbildung 1.1: Verzeichnisstruktur für die Auswertungen zur Diplomarbeit

1.3 Rundgang durch Excel

Nach diesen eher allgemeinen Hinweisen wird es Zeit, dass Sie sich mit Excel vertraut machen, da es für die nächste Zeit Ihre Arbeitsumgebung darstellt. Dabei möchte ich Ihnen zunächst das Programmfenster insgesamt vorstellen. Am besten öffnen Sie sich dazu eine der Beispieldateien und wechseln über ANSICHT in die NORMALANSICHT – die Alternativen stelle ich weiter unten vor.

1.3.1 Allgemeine Fensterelemente

Wenn Sie einen Blick in das Programmfenster von Excel werfen, werden Sie Elemente sehen, die Sie teils von anderen Windows-Programmen her kennen und die teils neu sind. Die vergleichende Gesamtdarstellung finden Sie in *Abbildung 1.2*. Gerade seit Excel 2002 sind einige neue Elemente hinzugekommen, die Sie nun kennen lernen sollen.

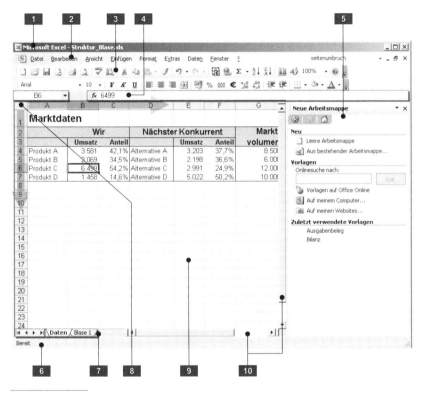

Abbildung 1.2: Programmfenster von Excel

(1) Titelleiste. Die Titelleiste ist ein Kennzeichen von Windows-Programmen. Mit Ausnahme der Ansichtsart GANZER BILDSCHIRM sollten Sie sie immer sehen. Wichtige Hinweise sind hier

- der Dateiname (falls ohne Endung, wurde die Datei noch nicht gespeichert!),
- bei mehreren markierten Arbeitsblättern der Zusatz »[Gruppe]«,
- im Falle einer freigegebenen Arbeitsmappe der Zusatz »[Freigegeben]«.

(2) Menüleiste. Sie muss sich nicht zwangsläufig oben befinden, sondern kann auch an jeder der übrigen drei Fensterseiten verankert (»angedockt«) sein oder frei im Fenster »schweben«. Beachten Sie bitte, dass sich der Inhalt der Menüleiste teilweise danach richtet, ob sich die Einfügemarke in einer Tabelle oder in

einem Diagramm befindet. Den Menüleisteneintrag DATEN sehen Sie nur in Tabellen. In Diagrammen taucht alternativ der Eintrag DIAGRAMME auf. Auch die Inhalte einiger Menüpunkte richten sich nach diesen beiden Unterscheidungen. Die Menüleiste hat in Excel normalerweise die Angewohnheit, nur die zuletzt verwendeten Befehle aufzuführen. Damit Sie flüssiger arbeiten können, rate ich Ihnen unbedingt, die Einstellung

> ANSICHT ▶ SYMBOLLEISTEN ▶ ANPASSEN... ▶ OPTIONEN... : MENÜS IMMER VOLLSTÄNDIG ANZEIGEN

zu aktivieren. Das wissenschaftliche Arbeiten bringt es leider mit sich, oftmals »seltene« Befehle in Excel verwenden zu müssen.

(3) Symbolleiste. Symbolleisten gibt es für die unterschiedlichsten Zwecke und entsprechend lösungsbezogen ist auch die jeweilige Zusammenstellung. Die Symbolleisten können ähnlich wie die Menüleiste an einer der vier Fensterseiten verankert (»angedockt«) sein oder frei im Fenster »schweben«. Sollten Sie eine Symbolleiste vermissen, können Sie sie über

> ANSICHT ▶ SYMBOLLEISTEN ▶ (Symbolleiste wählen)

einblenden. Einige Symbolleisten stehen Ihnen aber nur in bestimmten Arbeitsblättern zur Verfügung.

(4) Bearbeitungsleiste. Die Bearbeitungsleiste ist für Sie einer der wichtigsten Bereiche im Programmfenster, wenn Sie mit Excel arbeiten. Sie befindet sich stets oben im Programmfenster direkt oberhalb des Tabellen- oder Diagrammbereichs. Falls sie nicht eingeblendet ist, gelingt dies am schnellsten über

> ANSICHT ▶ BEARBEITUNGSLEISTE

oder Sie aktivieren die Einstellung

> EXTRAS ▶ OPTIONEN... ▶ ANSICHT : BEARBEITUNGSLEISTE

Die Bearbeitungsleiste umfasst zwei Bereiche, die ich kurz vorstellen möchte.

Namensfeld. Der linke Teil der Bearbeitungsleiste wird als NAMENSFELD bezeichnet. Hier können Sie die Zelladresse oder den Namen der aktuellen Zelle ablesen. Wenn Sie Zellen markieren, wird während des Markierens hier der Umfang angezeigt. Falls Sie die Einstellung

> ANSICHT ▶ SYMBOLLEISTEN ▶ ANPASSEN... ▶ OPTIONEN... : QUICKINFO AUF SYMBOLLEISTEN ANZEIGEN

deaktiviert haben (wovon ich abrate), erscheinen die kontextrelevanten Informationen im Namensfeld, wenn Sie Reihen per Maus aufziehen, vgl. Abbildung 1.3.

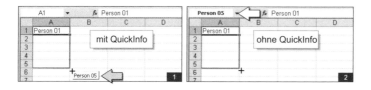

Abbildung 1.3: Wirkung der QuickInfo-Einstellung beim Aufziehen von Reihen

Bearbeitungsleiste. Der rechte Teil der Bearbeitungsleiste wird selbst als BEARBEITUNGSLEISTE bezeichnet. Hierüber können Sie den Zelleninhalt bearbeiten und komplizierte Funktionen eingeben – soweit die Zelle nicht geschützt ist. Im Unterschied zum direkten Bearbeiten in der Zelle selbst haben Sie hier auch mehr Platz; während innerhalb der Zelle höchstens 1024 Zeichen dargestellt werden, sind es in der Bearbeitungsleiste die maximale Anzahl von 32767 Zeichen.

(5) Aufgabenbereich. Der Aufgabenbereich ist eine Neuerung, die mit der Version 2002 eingeführt wurde. Hier finden Sie zu bestimmten Situationen vorgefertigte Befehlszusammenstellungen. Die beiden wichtigsten Aufgabenbereiche dürften die SUCHE, wahlweise einfach oder erweitert, und die NEUE ARBEITSMAPPE sein. Der Aufgabenbereich ist standardmäßig am rechten Fensterrand angedockt. Alternativ kann er auch frei im Fenster schweben. Sollte er fehlen, können Sie ihn über

    ANSICHT ▶ AUFGABENBEREICH

einblenden. Um ihn (wieder) im Fenster zu verankern, doppelklicken Sie auf seine Titelleiste. Zwischen den Aufgabenbereichen wechseln Sie am schnellsten über die Aufgabenbereichsauswahl, vgl. *Abbildung 1.4*.

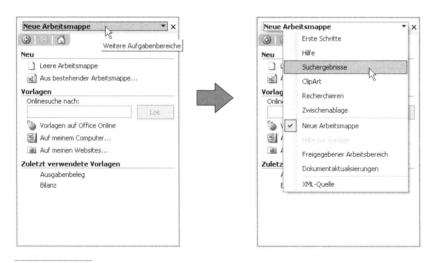

Abbildung 1.4: Aufgabenbereiche direkt auswählen

(6) Statusleiste. Die Aufgabe der Statusleiste ist es, Ihnen den Programmzustand von Excel besser mitzuteilen. Hier finden Sie normalerweise den Hinweis BEREIT. Steht dort beispielsweise AUFZEICHNUNG, ist gerade der Makro-Rekorder von Excel aktiv. In der Seitenansicht steht dort beispielsweise SEITENANSICHT 2 VON 5. Sofern die Statusleiste nicht angezeigt wird, können Sie sie über

    ANSICHT ▶ STATUSLEISTE

einblenden, alternativ auch über

    EXTRAS ▶ OPTIONEN… ▶ ANSICHT ▶ [ANZEIGEN] : STATUSLEISTE.

(7) Blattregister. Sehr wichtig im täglichen Umgang mit Excel ist das Blattregister mit seinen Navigationsmöglichkeiten. Um es einzublenden, aktivieren Sie die Einstellung

> EXTRAS ▶ OPTIONEN… ▶ ANSICHT ▶ [FENSTEROPTIONEN] : BLATTREGISTERKARTEN

In dieser Gruppe können Sie dem Blattregister auch eigene Farben zuweisen.

Bildlaufschaltflächen. Die Bildlaufschaltflächen bilden eine eigene Registerkarte links neben den übrigen Blattregisterkarten. Hierüber können Sie nicht zwischen den Arbeitsblättern selbst navigieren. Vielmehr verschieben Sie nur den Ausschnitt der sichtbaren Blattregister.

Blattregister. Neben den Bildlaufschaltflächen folgen die Blattregisterkarten mit den Namen der einzelnen Arbeitsblätter, Tabellen- und Diagrammblätter. Klicken Sie auf ein Blattregister, um das zugehörige Arbeitsblatt gezielt auszuwählen. Hierüber können Sie auch mehrere Arbeitsblätter markieren.

(8) Zeilen- und Spaltenüberschriften. Die Zeilen- und Spaltenüberschriften zeigen Ihnen die Excel-Adressen der Zeilen und Spalten an. Sie sollten eigentlich immer eingeblendet sein, wenn Sie in den Tabellen arbeiten. Hier finden Sie die beiden Angaben, die gemeinsam die Adresse einer Zelle ergeben. Diese Adresse wird auch innerhalb der Bearbeitungsleiste im NAMENSFELD angezeigt, soweit für die Zelle oder den Zellenbereich kein Name vergeben wurde. Sollten die Überschriften doch einmal fehlen, können Sie sie über

> EXTRAS ▶ OPTIONEN… ▶ ANSICHT : ZEILEN- UND SPALTENÜBERSCHRIFTEN

wieder einblenden.

(9) Bildlaufleisten. Die Bildlaufleisten kennen Sie auch aus anderen Windows-Programmen, so dass ich hierauf nicht weiter einzugehen brauche. Sollten sie einmal fehlen, können Sie sie über

> EXTRAS ▶ OPTIONEN… ▶ ANSICHT : HORIZONTALE BILDLAUFLEISTE

und, ebenfalls dort, VERTIKALE BILDLAUFLEISTE wieder einblenden.

(10) Gitternetzlinien. Die Gitternetzlinien sind vor allem in unformatierten Tabellen hilfreich, um den Überblick zu behalten. Über

> EXTRAS ▶ OPTIONEN… ▶ ANSICHT : GITTERNETZLINIEN

können Sie sie aus- und wieder einblenden. Auf der gleichen Registerkarte können Sie den Gitternetzlinien auch eine benutzerdefinierte Farbe zuweisen.

1.3.2 Mappenansichten

Excel ist eine Tabellenkalkulation. Deshalb gibt es nur wenige unterschiedliche Ansichten. Damit Sie sich aber auch in diesen (wenigen) Varianten sicher zurechtfinden, möchte ich sie Ihnen vergleichend darstellen.

(1) Normalansicht. Die Normalansicht sollte die Basis Ihrer Arbeiten mit Excel darstellen. Hier haben Sie alle Elemente zur Verfügung, die im vorigen Abschnitt beschrieben wurden. Sie wechseln in die Normalansicht, indem Sie auf

ANSICHT ▶ NORMAL

klicken. Dass die Ansicht stimmt, erkennen Sie hieran:

- In der Statusleiste steht BEREIT.
- Die Menüleiste wird normal dargestellt.
- Leere Randspalten und Randzeilen einer Tabelle werden wie die übrigen dargestellt, meistens also mit Gitternetzlinien.

Sofern Sie aus der Seitenumbruchvorschau zur Normalansicht zurückkehren, werden Sie normalerweise eingeblendete Linien vorfinden, die ursprünglich nicht dort waren. Diese in *Abbildung 1.5* dargestellten Strichlinien signalisieren, an welcher Stelle die Tabelle im Ausdruck auf die nächste Seite umgebrochen wird. Um diese Linien auszublenden, deaktivieren Sie die Einstellung

EXTRAS ▶ OPTIONEN... ▶ ANSICHT : SEITENUMBRUCH

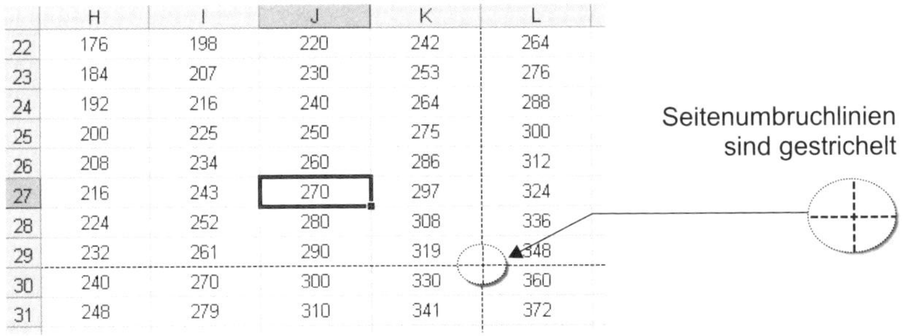

Abbildung 1.5: Normalansicht mit eingeblendeten Markierungen für den Seitenumbruch

(2) Seitenumbruchvorschau. Auch wenn Excel nicht viele Ansichtsarten kennt, sorgt diese Ansicht für reichlich Verwirrung:

- Wie bei der Normalansicht steht auch hier in der Statusleiste der Hinweis BEREIT.
- Die Menüleiste wird ebenfalls normal dargestellt.
- Aber leere Randspalten und Randzeilen, also alles, was nicht gedruckt wird, erscheinen als einheitlich graue Fläche ohne Gitternetz. Die einzelnen Druckseiten sind durch dicke blaue Linien voneinander getrennt, die abgetrennten Flächen enthalten den Hinweistext »Seite x«.

In dieser Ansicht können Sie sehr einfach festlegen, an welchen Stellen Excel eine Tabelle trennen soll, die sich über mehr als eine Seite erstreckt. Hierauf wird weiter unten eingegangen. In die Seitenumbruchvorschau gelangen Sie über

ANSICHT ▶ SEITENUMBRUCHVORSCHAU

(3) Seitenansicht. Die Seitenansicht ist eigentlich keine Alternative zu den vorangegangenen Ansichten, sondern eine Ergänzung. Im Unterschied zur Seitenumbruchvorschau werden hier auch mögliche Kopfzeilen dargestellt. Sie können zugleich über die Seitenansicht die Seitenränder verändern (ausführlich *Kapitel 10*). Aufgerufen wird Sie über

DATEI ▶ SEITENANSICHT

Als mögliche Hinweise dienen:
- In der Statusleiste steht SEITENANSICHT 2 VON 5 (die Zahlen können abweichen).
- Die Menüleiste fehlt. Stattdessen werden einige Schaltflächen angezeigt.
- Leere Randspalten und Randzeilen sind nicht sichtbar. Stattdessen erscheint die Tabelle oder das Diagramm auf einem angedeuteten Papier.

Um die SEITENANSICHT zu verlassen, klicken Sie auf SCHLIESSEN am oberen Fensterrand.

(4) Ganzer Bildschirm. Hierbei wird die Titelleiste ausgeblendet, so dass mehr Fläche vom Monitor genutzt werden kann. Auch diese Ansicht ist somit keine Alternative zur Normalansicht oder Seitenumbruchvorschau, sondern eine Ergänzung. Durch die fehlenden Fensterelemente kann auch diese Ansicht irritieren, wenn sie unbedacht über

ANSICHT ▶ GANZER BILDSCHIRM

aktiviert wird. Als mögliche Anzeichen dienen:
- Die Titelleiste fehlt. Dadurch ist die Menüleiste (normalerweise) das oberste Element.
- Zusätzlich erscheint normalerweise eine kleine Symbolleiste mit dem Titel GANZER BILDSCHIRM. Deren einzige Schaltfläche hat zum Ziel, von der Darstellung GANZER BILDSCHIRM wieder in die gewöhnliche Darstellung zu wechseln.

Um den Ansichtsmodus GANZER BILDSCHIRM zu verlassen, gehen Sie einfach wieder auf

ANSICHT ▶ GANZER BILDSCHIRM

oder Sie klicken in der Symbolleiste GANZER BILDSCHIRM auf GANZER BILDSCHIRM SCHLIESSEN.

Über das Zusammenspiel der verschiedenen Ansichten mit den Optionen, die für die einzelnen Ansichten zur Verfügung stehen, entsteht leicht der Eindruck, dass es eine verwirrend große Anzahl an Darstellungen gäbe. Aber lassen Sie sich davon nicht beeindrucken. Sollte das Programmfenster einmal nicht wie gewünscht aussehen, prüfen Sie ruhig ab, welche Ansichtsart vorherrschen könnte. Wenn die sich als ungeeignet erweist, Ihre Aufgabe zu lösen, wechseln Sie in eine zweckmäßigere Ansicht.

1.3.3 Ansichtshilfen in Tabellen

Nach dieser kurzen Einführung möchte ich Ihnen aufzeigen, wie Sie in den Excel-Tabellen Teile der Tabelle so fixieren können, dass Sie die entsprechenden Kopfzeilen und Vorspalten stets im Blick haben.

Spalten und Zeilen fixieren. Das Fixieren von Spalten und Zeilen gelingt nur in der Normalansicht. Dazu markieren Sie diejenige Zelle, die den verschiebbaren Bereich nach links und nach oben begrenzt – die Spalten links von dieser Zelle sowie die Zeilen oberhalb sollten also stets sichtbar bleiben. Dann wählen Sie

FENSTER ▸ FENSTER FIXIEREN

Nun erscheint in Ihrer Tabelle ein Achsenkreuz aus durchgezogenen schwarzen Linien, die die markierte Zelle links und oberhalb berühren. Sobald Sie jetzt über die Bildlaufschaltflächen den Tabellenausschnitt verschieben, wird nur der nicht fixierte Bereich verschoben. In *Abbildung 1.6* sehen Sie eine Tabelle mit fixiertem Rand – diesen habe ich zeichnerisch abgehoben (in Wirklichkeit gibt es keinen Schatten).

	A	B	C	D	E	F	G
1	1	2	3	4	5	6	7
2	2	4	6	8	10	12	14
3	3	6	9	12	15	18	21
4	4	8	12	16	20	24	28
5	5	10	15	20	25	30	35
6	6	12	18	24	30	36	42
7	7	14	21	28	35	42	49
8	8	16	24	32	40	48	56
9	9	18	27	36	45	54	63
10	10	20	30	40	50	60	70

Abbildung 1.6:   Fixierte Tabelle (künstlich hervorgehoben)

Fixierung aufheben. Natürlich werden Sie die Fixierung irgendwann nicht mehr brauchen. Dann heben Sie sie einfach über

FENSTER ▸ FIXIERUNG AUFHEBEN

wieder auf.

Fenster teilen. Kennzeichnend für das Fixieren der Tabelle ist, dass Sie einen Teil der Tabelle verschieben können, während ein anderer Teil fest eingeblendet bleibt. Sofern Sie mit sehr umfangreichen Tabellen arbeiten, lässt sich die Tabelle auch so teilen, dass Sie mehrere Tabellenausschnitte unabhängig voneinander verschieben können. Dazu blenden Sie über

FENSTER ▸ FENSTER TEILEN

das Teilungskreuz ein. Dieses können Sie passend verschieben, bis die Größe des einzelnen Ausschnitts stimmt. Bei der Navigation gilt Folgendes:

- Da Sie für nebeneinander liegende Tabellenausschnitte nur eine gemeinsame vertikale Bildlaufleiste haben, können Sie die sichtbaren Zeilen nur für beide Ausschnitte gemeinsam wandern lassen.
- Für übereinander liegende Tabellenausschnitte haben Sie eine gemeinsame horizontale Bildlaufleiste, mit der Sie die sichtbaren Spalten nur für beide Ausschnitte gemeinsam wandern lassen können.

Es ist also nicht möglich, einen der Tabellenausschnitte unabhängig von allen anderen zu verschieben.

> Ziehen Sie eine der Teilungslinien bis an den Rand, um die Tabelle nur in zwei Teile aufzuteilen.

Sie haben übrigens auch die Möglichkeit, über

    FENSTER ▶ FENSTER FIXIEREN

das Teilungskreuz zu fixieren. Das zunächst sehr deutliche Teilungskreuz verwandelt sich dann – wie oben beschrieben – in zwei dünne schwarze Linien. Jetzt können Sie nur noch den Tabellenbereich rechts unten verschieben, da alle anderen, wie oben dargestellt, fixiert werden.

Teilung aufheben. Am schnellsten entfernen Sie das Teilungskreuz, wenn Sie die vertikale Teilungslinie ganz nach links und die horizontale Teilungslinie ganz nach oben ziehen – dann werden sie automatisch wieder ausgeblendet. Ansonsten wählen Sie den Weg über das Menü

    FENSTER ▶ TEILUNG AUFHEBEN

Nun besteht die Tabelle wieder aus einem einzelnen Bereich, den Sie insgesamt verschieben können.

> Ein fixiertes Fenster können Sie auf diese Weise aber nicht aufheben; das gelingt jedoch wie oben beschrieben.

1.3.4 Woran denkt Excel gerade?

Nun wissen Sie zwar schon mit dem Programmfenster von Excel umzugehen. Aber was noch fehlt, sind einige Bemerkungen zum Dokument selbst, der Excel-Arbeitsmappe mit ihren einzelnen Arbeitsblättern.

(1) Normalzustand. Im Normalzustand können Sie beinahe alles mit der Mappe und ihren Arbeitsblättern anstellen. Sie können die Eigenschaften der Mappe ändern, Blätter einfügen und löschen oder auch innerhalb der einzelnen Blätter Elemente einfügen, ändern und löschen.

(2) Arbeitsblatt geschützt. Was der Normalzustand ist, merken Sie meistens erst dann, wenn sich die Mappe und das Blatt nicht mehr im Normalzustand befinden. Wenn Sie zwar innerhalb Ihrer Mappe Blätter einfügen und löschen können, aber eine Reihe von blattbezogenen Befehlen inaktiv sind, beispielsweise das Formatieren von Zellen, dann ist mit großer Sicherheit das Blatt gegen Überarbeitung geschützt. Um den Blattschutz aufzuheben, wählen Sie

> EXTRAS ▶ SCHUTZ ▶ BLATTSCHUTZ AUFHEBEN…

(3) Arbeitsmappe geschützt. Dass die Mappe geschützt ist, merken Sie meistens daran, dass eine Reihe mappenbezogener Befehle nicht mehr funktionieren. Beispiele hierfür sind das Aus- und Einblenden von Arbeitsblättern sowie das Verschieben und Umbenennen. Um eine geschützte Mappe wieder zu entriegeln, gehen Sie auf

> EXTRAS ▶ SCHUTZ ▶ ARBEITSMAPPENSCHUTZ AUFHEBEN…

(4) Mappe freigegeben mit Änderungsprotokoll. Die Freigabe einer Arbeitsmappe ist mehr als das Aufheben eines Schutzes. Die Mappe wechselt in einen besonderen Zustand. Hierüber ist es möglich, mit mehreren Benutzern, im Zweifelsfall auch gleichzeitig, auf den Inhalt einer Mappe zuzugreifen. Ein sicheres Anzeichen für eine freigegebene Mappe ist der Hinweis [FREIGEGEBEN] in der Titelleiste. Sofern das Änderungsprotokoll aktiv ist, wird jede Eingabe oder Änderung Ihrerseits mit einem Kommentar versehen. Ob Sie diesen Kommentar auch sehen, hängt davon ab, was unter

> EXTRAS ▶ OPTIONEN… ▶ ANSICHT : KOMMENTARE

ausgewählt wurde. Im Fall der *Abbildung 1.7* wurde die Variante KOMMENTARE UND INDIKATOREN genommen. Um die Freigabe aufzuheben, gehen Sie auf

> EXTRAS ▶ ARBEITSMAPPE FREIGEBEN

und deaktivieren in dem Dialogfeld das entsprechende Kontrollfeld.

Abbildung 1.7: Protokollierte Zellenänderung mit eingeblendeten Kommentaren

(5) Mappe freigegeben ohne Änderungsprotokoll. Mappen ohne Änderungsprotokoll freizugeben, dient weniger der Korrektur als vielmehr der Gruppenarbeit. Die Freigabe wird entsprechend den Hinweisen oben zurückgenommen.

(6) AutoFilter ist aktiv. Auf die Möglichkeiten, Tabellen zu filtern, geht dieses Buch in *Anhang B* ein.

(7) VBA-Rekorder läuft. Es gibt in Excel die Möglichkeit, eigene Tastaturfolgen und Befehle mitzuschneiden, um sie später wiederholen zu können. Dies wird auch als Makro-Aufzeichnung beschrieben, das zugehörige Programmelement als VBA-Rekorder. In der Statusleiste erscheint während der Aufzeichnung der Hinweis AUFZEICHNUNG. Sofern Sie diesen Modus verlassen möchten, weil Sie ihn unbeabsichtigt gestartet haben, gehen Sie auf

EXTRAS ▶ MAKRO ▶ AUFZEICHNUNG BEENDEN

(8) Anpassungsmodus. Weiterhin haben Sie unter Excel die Möglichkeit, die Programmumgebung anzupassen. Sicheres Anzeichen, dass Sie im Anpassungsmodus sind, ist das Dialogfeld ANPASSEN, das in diesem Zustand stets geöffnet ist. Auf diesen Modus werde ich im Rahmen dieses Buches aber nicht näher eingehen. Um den Anpassungsmodus zu verlassen, genügt zweimaliges Drücken von `Esc`.

1.4 Hilfe und Unterstützung

Es ist im Rahmen dieses Buchs unmöglich, Ihnen alle Kniffe zu Excel zu vermitteln und sämtliche Fragen vorwegzunehmen, die im Rahmen Ihrer Arbeit auftreten können. Es gibt aber einige wichtige Möglichkeiten, damit auch Ihre spezielleren Fragen nicht unbeantwortet bleiben. Sie lassen sich ganz grob in die folgenden Varianten einteilen:

- Programmhilfe (Microsoft-Offline-Hilfe; diese wird zumeist als so genannte »Online-Hilfe« bezeichnet, wenngleich keine Netzwerk- oder Internetverbindung notwendig ist),
- Microsoft-Online-Hilfe (diese befindet sich im Internet) und
- sonstige Hilfen.

Zunächst soll die Programmhilfe beschrieben werden, die normalerweise angelegt wird, wenn Sie Excel installieren. Sie gliedert sich seit Excel 2003 in zwei Hilfevarianten, die Sie in *Abbildung 1.8* zusammenfassend dargestellt finden.

(1) Hilfe-Assistent. Aufgabe des Hilfe-Assistenten ist es, zwischen der vollständigen Programmhilfe und Ihnen zu vermitteln. Er wirkt nicht ganz so voluminös wie die Programmhilfe, die weiter unten behandelt wird. Er stellt Ihnen vielmehr einige Hinweise zusammen, die häufig das Problem abschließend lösen. Über das Suchfenster können Sie die Programmhilfe durchsuchen – die Möglichkeiten entsprechen der Registerkarte ANTWORT-ASSISTENT in der Programmhilfe (die seit Excel 2003 allerdings fehlt). Den Hilfe-Assistenten können Sie über ? ▶ OFFICE-ASSISTENTEN ANZEIGEN aktivieren und auch wieder ausblenden. Klicken Sie ferner doppelt auf den Assistenten, um die Sprechblase zu öffnen. Über die OPTIONEN, die sich dort befinden, können Sie das Verhalten des Assistenten näher eingrenzen.

(2) Direkt-Abfrage. Seit Excel 2002 haben Sie die Möglichkeit, in einem eigenen Eingabefeld in der Menüleiste direkt auf die Programmhilfe zuzugreifen. Die Ergebnisse werden in Excel 2003 im Aufgabenbereich SUCHERGEBNISSE zusammengestellt (in Excel 2002 entspricht das Ergebnis der Registerkarte ANTWORT-ASSISTENT in der Programmhilfe).

Direkthilfe im Programm. Diese Hilfe ist sowohl unter Excel 2000 als auch Excel 2002 möglich, in Excel 2003 scheint sie aber nur noch eingeschränkt zu funktionieren. Sofern verfügbar, können Sie sie über ⇧+F1 aktivieren – der Mauszeiger wird um ein auffälliges Fragezeichen ergänzt. Sobald Sie mit diesem erweiterten Mauszeiger auf einen Befehl klicken, erhalten Sie eine kurze Zusammenfassung dessen, was der Befehl bewirkt. Sollte der Mauszeiger nicht von alleine wieder seine normale Form annehmen, drücken Sie einfach Esc.

Direkthilfe in Dialogfeldern. In den meisten Dialogfeldern sehen Sie oben rechts direkt neben der Schaltfläche zum Abbrechen des Dialogfelds auch eine Schaltfläche mit einem Fragezeichen. Klicken Sie hierauf, um die Direkthilfe zu aktivieren; alternativ können Sie natürlich auch wieder ⇧+F1 drücken. Nun können Sie die verschiedenen Elemente des Dialogfelds anklicken, um die einzelnen Funktionen des Dialogfelds kommentiert zu bekommen.

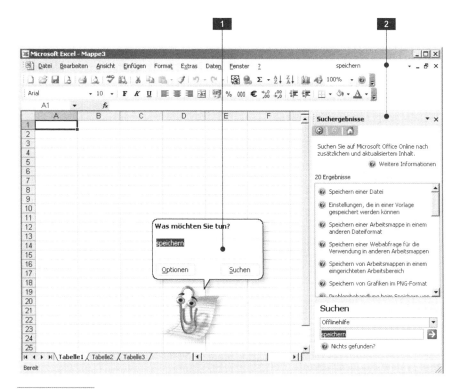

Abbildung 1.8: Hilfevarianten in Excel

Sofern Sie gründlich und mit mehr Möglichkeiten die Programmhilfe durchsuchen wollen, empfehle ich Ihnen, sie direkt über »?« ▶ MICROSOFT OFFICE EXCEL-HILFE zu öffnen. Sie erhalten dann ein separates Fenster, das wie in *Abbildung 1.9* aussieht.

Die Registerkarte INHALT stellt Ihnen schließlich den gesamten Inhalt der Programmhilfe in gegliederter Form dar. Bei kniffligen Fragen hat es sich häufig als gut erwiesen, zunächst im Register SUCHEN die relevante Seite aufzuspüren. Über den Wechsel in den INHALT wird der Themenblock deutlich, zu dem die Frage gehört. Durch das Durchlesen angrenzender Seiten schulen Sie Ihr Verständnis darüber, wie Excel in der einen oder anderen Situation »denkt«.

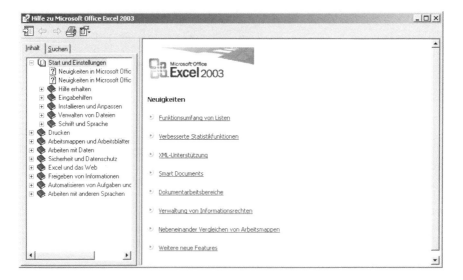

Abbildung 1.9:   Programmhilfe von Excel

Die Hilferessourcen, die Excel bei der Installation mitbringt, sind nicht die einzigen, mit denen Sie arbeiten können. Das Internet stellt eine schier unergründliche Zahl an Quellen zur Verfügung. Die mit Abstand wichtigste Quelle kommt von Microsoft selbst und ist die Knowledge-Base, vgl. *Abbildung 1.10*. Wann immer ein Bug von Microsoft entdeckt oder ein Sicherheitsupdate veröffentlicht wird, finden Sie hier einen Hinweis darauf. Diese Knowledge-Base wird von Microsoft in Eigenregie verwaltet. Erwarten Sie keine kritischen Töne. Manches, was von Microsoft herausgefunden oder bestätigt wird, bleibt ungelöst mit dem Hinweis stehen: »Microsoft has confirmed this to be a serious problem …«

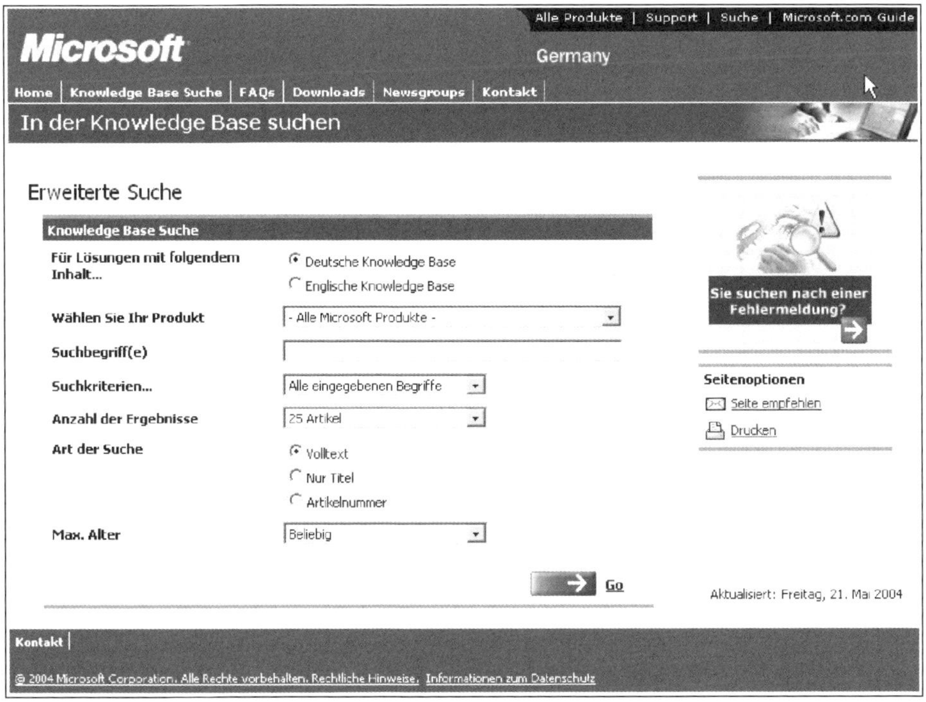

Abbildung 1.10: Microsoft Knowledge-Base im Internet

Deshalb verwundert es nicht, dass um die Office-Programmteile herum viele unabhängige Internetauftritte entstanden sind. Einige dieser Seiten bieten direkte Problemlösungen zu Excel. Andere Internetseiten stellen so genannte Foren zur Verfügung, in denen sich Anwender untereinander helfen. Eines der wichtigsten Foren ist meiner Ansicht nach das Spotlight-Excel-Forum.

Anlage 1.4: Wichtige Internetseiten für Excel

1.5 Kurz und wichtig

Damit Sie bei Ihrer wissenschaftlichen Arbeit von Anfang an keine Probleme bekommen, sei Ihnen Folgendes empfohlen:

➔ Machen Sie sich mit den Prüfungs- und Lehrstuhlvorschriften vertraut, die für Ihre Arbeit relevant sind.
➔ Räumen Sie Ihren Computer auf. Schaffen Sie eine klare Verzeichnisstruktur, die Sie überschauen können und die ausbaufähig ist. Verwenden Sie zukünftig nur noch aussagekräftige Dateinamen.

→ Schauen Sie sich in der Programmumgebung von Excel um und machen Sie sich mit den einzelnen Merkmalen vertraut.
→ Machen Sie sich mit diesem Buch sowie den Programmhilfen vertraut, um alle vielleicht kritischen Situationen gleich richtig einzuschätzen.

Anlage 1.5: Einstellungen und Tastenkombinationen

Kapitel 2 Datensicherheit

Niemand beschäftigt sich gerne mit dem Thema Datensicherheit – aber jeder erwartet Datenrettung. Auf diese kurze Formel lässt sich die Einstellung eines normalen Computeranwenders bringen. Damit Sie sich nie um Ihre Daten sorgen müssen, werden Sie in diesem Kapitel erfahren,

➔ wie Sie Ihre Daten zuverlässig speichern,
➔ wie Sie Ihre Daten so auf ein externes Medium sichern, dass sie weitestgehend sicher sind,
➔ wie Sie Ihren Computer vor Virenbefall und Zugriffen über Netzwerke schützen,
➔ wie Sie sich verhalten, wenn doch mal etwas schief gegangen ist.

Es passiert zum Glück nur selten, dass sich Dateien gar nicht mehr retten lassen. Doch für eine umfangreiche Datenrettung werden spezielle Programme, viel Zeit und sehr viel Fachwissen benötigt. Einige grundlegende Tipps helfen Ihnen, diese schwierigen Fälle zu vermeiden.

Anlage 2.1: Programmhinweise zu Vorversionen

2.1 Arbeitsmappen speichern

Die vielleicht wichtigste Aufgabe beim Arbeiten mit Excel ist das regelmäßige Speichern Ihrer Arbeitsmappen. Wenn Sie sie nicht speichern, ist Ihre Arbeit bereits mit dem Ausschalten Ihres Computers verloren – endgültig.

Speichereinstellungen anpassen. Bevor Sie eine Arbeitsmappe das erste Mal speichern, sollten Sie prüfen, ob unter

> EXTRAS ▶ OPTIONEN… ▶ SPEICHERN : EXCEL-DATEIEN SPEICHERN ALS

die Variante EXCEL-ARBEITSMAPPE ausgewählt ist.

Datei manuell speichern. Um nun einen Datenverlust zu verhindern, speichern Sie Ihre Arbeitsmappen möglichst häufig manuell ab. Das geht über

> DATEI ▶ SPEICHERN

Was nun passiert, hängt davon ab, ob Sie die Datei bereits gespeichert hatten:

- Steht in der Titelleiste eine Bezeichnung mit einer Dateiendung, beispielsweise MAPPE1.XLS, wird die Datei sofort gespeichert.

- Steht in der Titelleiste ein Name wie MAPPE1 oder eine andere Bezeichnung *ohne Dateiendung*, wurde die Datei noch nicht gespeichert – höchste Zeit, dies zu tun. Da Excel nicht weiß, wohin Sie die Datei haben möchten, öffnet sich der Dateibrowser. Verwenden Sie einen möglichst sinnvollen DATEINAMEN. Als DATEITYP sollten Sie den vorgeschlagenen Typ MICROSOFT EXCEL-ARBEITSMAPPE (*.XLS) beibehalten; als Speicherort wählen Sie beispielsweise das Verzeichnis AUSWERTUNG. Klicken Sie auf SPEICHERN, um die Datei zu speichern.

Ihre Arbeitsmappe ist nun erst einmal sicher. Sie können wieder beruhigt weiterarbeiten. Vergessen Sie aber nicht, Ihre Arbeitsmappe spätestens vor der nächsten Pause wieder zu speichern.

Datei zwischenspeichern. Um Ihre Daten bestmöglich vor Verlust zu schützen, bietet Excel Ihnen an, Ihre Arbeitsmappen regelmäßig zwischenzuspeichern. Dazu aktivieren Sie

> EXTRAS ▶ OPTIONEN… ▶ SPEICHERN : AUTOWIEDERHERSTELLEN-INFO ALLE [Wert] MINUTEN SPEICHERN

und geben dahinter einen Wert zwischen fünf und zehn Minuten ein.

Was ist der Unterschied zwischen dem manuellen und dem Zwischenspeichern? Beim manuellen Speichern sichert Excel Ihre Arbeitsmappe in die zugehörige Datei, beispielsweise AUSWERTUNG.XLS. Anders verhält es sich beim Zwischenspeichern. Hier werden die Daten in so genannten temporären Dateien gespeichert. Diese sind nicht immer leicht zu finden und werden zudem von Excel selbst verwaltet. Wird das Programm ordnungsgemäß beendet, werden diese temporären Dateien automatisch gelöscht – und wandern dabei *nicht mehr in den Papierkorb*. Deshalb *ersetzt das Zwischenspeichern nicht das manuelle!* Allerdings ist es eine sinnvolle Ergänzung. Stürzen Betriebssystem oder Programm zwischenzeitlich ab, wächst die Chance, Ihre Arbeitsmappen wieder auf einen aktuellen Stand zu bringen.

Anlage 2.2: Zeitplan zum Speichern und Sichern

Aufgabenbereich speichern. Sie haben in Excel die Möglichkeit, alle geöffneten Dateien in einer Aktion zu speichern. Die seit Excel 2002 gewählte Bezeichnung »Aufgabenbereich« hierfür ist allerdings nicht sonderlich glücklich gewählt, weil mit den Aufgabenbereichen vor allem ein bestimmtes Fensterelement bezeichnet wird, vgl. *(5) Aufgabenbereich* in *Kapitel 1*. In Excel 2000 werden alle geöffneten Mappen noch als »Arbeitsbereich« bezeichnet. Unabhängig von der Bezeichnung hilft Ihnen diese Aktion, alles zu speichern. Dazu öffnen Sie über

> DATEI ▶ AUFGABENBEREICH SPEICHERN…

das Dialogfeld ARBEITSBEREICH SPEICHERN. Standardmäßig wird der Name RESUME.XLW vorgegeben:

- Möchten Sie einen anderen Namen, tragen Sie ihn in das Eingabefeld DATEI-NAME ein.
- Als DATEITYP ist nur ARBEITSBEREICHE (*.XLW) auswählbar.

Bestätigen Sie Name und Ort, indem Sie auf SPEICHERN drücken. Der Aufgabenbereich wird gespeichert. Diese inzwischen als Aufgabenbereiche bezeichneten Zusammenstellungen öffnen Sie im Übrigen so wie jedes normale Excel-Dokument auch.

2.2 Dateien sichern

Mit dem Speichern Ihrer Arbeitsmappen haben Sie sichergestellt, dass Ihre Daten nach dem nächsten Neustart noch vorhanden sind. Wirklich sicher sind sie noch nicht. Was passiert, wenn Ihr Computer gestohlen oder durch einen Wasserschaden zerstört wird? Um sich davor zu schützen, müssen Sie Ihre Daten sichern.

Anlage 2.3: Beschreibung zum Sichern mit dem Programm WinRAR

Microsoft liefert mit Windows bereits das Datensicherungsprogramm Microsoft Windows Backup mit. Dieses finden Sie unter START ▶ PROGRAMME ▶ ZUBEHÖR ▶ SYSTEMPROGRAMME ▶ SICHERUNG. Möglicherweise fehlt es in Ihrer Installation. Dann können Sie es unter START ▶ EINSTELLUNGEN ▶ SYSTEMSTEUERUNG ▶ SOFTWARE ▶ WINDOWS-KOMPONENTEN HINZUFÜGEN/ENTFERNEN nachinstallieren. Ihre Windows-CD sollten Sie für diesen Fall bereitlegen. Da es auch sehr gut dokumentiert ist, verzichte ich an dieser Stelle auf eine ausführliche Beschreibung.

Einer der wichtigsten Nachteile dieses Sicherungsprogramms ist allerdings, dass es recht mühsam ist, eine Windows-Installation vollständig zu sichern. Aber gerade das ist notwendig, wenn Sie aufgrund eines Computervirus einen Totalausfall haben. Wenn Sie sich auch hiervor sehr einfach schützen möchten, empfehle ich Ihnen ein Programm wie »V2i-Protector Desktop Edition« von Symantec.

2.3 Daten schützen

Ihre Daten sind nun sicher. Jetzt beginnt die Vorsorge: Wie verhindern Sie Systemausfälle? Und wie vermeiden Sie es, dass Unbefugte an private Informationen gelangen?

Anfangen möchte ich mit dem Schutz vor Computerviren. Vielleicht haben Sie von diesen ungebetenen Gästen schon einmal gehört, die auf Namen wie »Sobig« oder »Sasser« hören. Dabei handelt es sich prinzipiell um normale Programme – mit dem Unterschied, dass sie darauf abzielen, Ihnen oder jemand anderem zu schaden. Einige Programme spähen beispielsweise Ihre Passwörter aus und verschicken sie per Mail ... es gibt leider viele Schadensroutinen. Deshalb ist es wichtig, dass sich Viren auf Ihrem Computer erst gar nicht einnisten.

Makrosicherheit anpassen. Ein wichtiges Einfallstor für Viren ist eine Programmiersprache, mit der sich alle Office-Programme von Microsoft automatisieren lassen. Diese Sprache heißt »visual basic for applications«, abgekürzt VBA. Um zu verhindern, dass ungebetene Programmierer Ihren Computer entfremden können, sollten Sie deshalb die Sicherheitsstufe für diese Programmiersprache kontrollieren. Die Einstellungen finden Sie unter

> EXTRAS ▸ MAKRO ▸ SICHERHEIT…

Dort können Sie die Sicherheit vor Makroviren anpassen:

- Wechseln Sie hier zur Registerkarte SICHERHEITSSTUFE und aktivieren Sie das Optionsfeld SEHR HOCH. Hierdurch verhindern Sie, versehentlich VBA-Code ausführen zu lassen (bis Office 2002 ist die höchste Stufe lediglich HOCH).
- Wechseln Sie nun zur Registerkarte VERTRAUENSWÜRDIGE QUELLEN. Im Normalfall ist es hilfreich, das Kontrollfeld ALLEN INSTALLIERTEN ADD-INS UND VORLAGEN VERTRAUEN zu aktivieren. Nur wenn Sie unbedingt sichergehen möchten, dass Ihnen keine Makroviren unbemerkt untergeschoben werden, oder Sie aus den Nachrichten erfahren, dass gerade ein entsprechender Makrovirus im Umlauf ist, sollten Sie diese Funktionalität deaktivieren.

Sie können das Dialogfeld wieder schließen. Wenn Sie Excel bislang einfach nur verwendet haben, ohne in seine Tiefen hinabzusteigen, werden Sie sich fragen, wie sich diese Einstellungen auf Ihre Arbeit auswirken. Es wird Sie beruhigen, dass alle Funktionen, die Excel von sich aus mitbringt, auch weiterhin gehen: Speichern, Rechnen, Drucken – das alles funktioniert auch weiterhin.

Deshalb werden Sie sich umgekehrt fragen, was nun nicht mehr funktionieren wird. Einige Tabellenvorlagen bringen eigene Makros mit, also Kombinationen von Excel-Funktionen, die Ihnen bestimmte Arbeiten in Excel erleichtern. Einige dieser Kombinationen sind bei Ihnen vielleicht als Programmerweiterung (englisch: *add-in*) installiert. Nur auf diese Funktionsbündelungen wirkt sich die Sicherheitseinstellung aus.

Sollten Sie bemerken, dass eine wichtige Programmerweiterung bei Ihnen nicht mehr funktioniert, bitten Sie den Verfasser, diese Erweiterung digital zu signieren. Dann können Sie sie der Liste VERTRAUENSWÜRDIGER QUELLEN im Dialogfeld SICHERHEIT hinzufügen.

Virenschutz. Nachdem Sie Excel nun »entschärft« haben, müssen Sie als Nächstes Ihren Computer insgesamt gegen Viren absichern. Es gibt hierzu viele gute Virenscanner. Eines haben alle diese Programme gemeinsam: Ihre Virendefinitionen müssen laufend, spätestens alle zwei Wochen, aktualisiert werden. Und wichtiger als der Virenschutz ist ein vorsichtiger Anwender.

Anlage 2.4: Hinweise zum Virenschutz

Schutz vor Netzwerkzugriffen. Eine weitere Gefahr sind Zugriffe von außerhalb durch ein Netzwerk. Wenn Ihr Computer per Modem mit dem Internet verbunden ist, besteht bereits die Gefahr, dass Fremde durch das Internet auf Ihren Computer zugreifen. Sehr viel unauffälliger und schneller gelingt das, wenn Ihr Rechner mittels einer DSL- oder WLAN-Verbindung ans Internet angebunden ist. Deshalb sollten Sie sich hiervor mit einer Firewall schützen. Das ist eine Schutzmauer mit eingebautem Pförtner, der nur gebetene Gäste ein- und auslässt.

Anlage 2.5: Hinweise zum Thema Firewall

Datenschutz. Ein letzter wichtiger Aspekt des Themas Datenschutz ist der Schutz Ihrer Arbeitsmappen. Diese müssen Sie sich vorstellen wie kleine Archive. Sie enthalten natürlich die Tabellen- und Diagrammblätter. Daneben beinhaltet eine Excel-Datei auch Angaben zum Verfasser und zum letzten Bearbeiter. Inhalte, die Sie aus der Datei löschen, bleiben häufig in der Datei enthalten und lassen sich mit geeigneten Handgriffen wieder sichtbar machen. Es kann unangenehme Fragen aufwerfen, wenn Sie wichtige Fakten nachweislich geändert haben, auch wenn dies zu Recht geschah.

Persönliche Informationen entfernen. Um persönliche Informationen aus den Excel-Dateien herauszuhalten, gibt es seit Excel 2002 die Einstellung

    EXTRAS ▶ OPTIONEN… ▶ SICHERHEIT ▶ BEIM SPEICHERN PERSÖNLICHE DATEN AUS DATEIEIGENSCHAFTEN ENTFERNEN

Hiermit können Sie einige dieser Metadaten aus der Arbeitsmappe entfernen.

Lesezugriff schützen. Weiterhin kann es notwendig sein, eine Excel-Datei vor unmittelbaren Zugriffen zu schützen. Die naheliegendste Lösung ist, sie mittels eines Passworts gegen das Öffnen zu schützen:

1. Zunächst öffnen Sie über DATEI ▶ SPEICHERN UNTER… den Dateibrowser.
2. Über EXTRAS oben rechts im Dialogfeld öffnen Sie ein Menü, in dem Sie den Befehl SICHERHEITSOPTIONEN… auswählen; es öffnet sich das gleich lautende Dialogfeld.
3. In diesem Dialogfeld tragen Sie im Eingabefeld KENNWORT ZUM ÖFFNEN ein Passwort Ihrer Wahl ein – merken Sie es sich bitte gut, denn die Passwortsicherheit ist seit Excel 2002 recht zuverlässig.
4. Über OK bestätigen Sie Ihr Passwort. Sie werden nun zur erneuten Eingabe aufgefordert.
5. Bestätigen Sie auch diese und speichern Sie Ihre Arbeitsmappe. Sie ist jetzt passwortgeschützt.

Bei jedem erneuten Öffnen der Datei werden Sie nun gebeten, das Passwort anzugeben. Dieser Schutz lässt sich allerdings leicht aushebeln, sobald ein Benutzer das Passwort kennt. Er muss die Datei nur als neue Excel-Datei abspeichern, um den Passwortschutz zu entfernen, und kann dann eine passwortfreie Version weiterreichen. Es ist unter Excel unmöglich, über einen Masterlevel die von Ihnen gewählten Sicherheitseinstellungen ihrerseits vor dem Ändern zu schützen.

Wenn Ihnen die Möglichkeiten von Excel zu Microsoft-behaftet sind, können Sie Ihre Tabellen auch mit Programmen von Drittanbietern sichern, dem kostenlosen Kryptografieprogramm Pretty Good Privacy beispielsweise.

2.4 Dateien retten

Inzwischen haben Sie Ihren Computer zu einem soliden Arbeitsplatz ausgebaut, idealerweise mit Datensicherung, Virenschutz und Firewall. Was noch fehlt, sind Hinweise zum Retten von Daten. Die beste Möglichkeit, eine Datenrettung zu vermeiden, ist natürlich, einen Datenverlust erst gar nicht entstehen zu lassen.

Aktion abbrechen. Um einen drohenden Datenverlust zu verhindern, genügt es in einigen Situationen bereits, die laufende Aktion abzubrechen. Insbesondere die unumkehrbaren Aktionen wie das Speichern einer Datei oder das Löschen der Zwischenablage zählen zur Kategorie der Aktionen, die Sie sehr bewusst ausführen und gegebenenfalls rechtzeitig abbrechen sollten:

- Die typische Abbruchtaste ist `Esc`. Sie steht Ihnen normalerweise immer zur Verfügung. Lediglich im Anpassungsmodus und bei der Makroaufzeichnung funktioniert sie nicht. Manchmal müssen Sie `Esc` mehr als einmal drücken, um die Aktionen nacheinander abzubrechen.
- In vielen Dialogfeldern sehen Sie eine Schaltfläche, die ABBRECHEN oder ABBRUCH heißt. Auch sie erfüllt diesen Zweck.
- In einigen Dialogfeldern und Fenstern haben Sie in der rechten oberen Ecke eine kleine Schaltfläche mit einem Kreuz. Klicken Sie hierauf, um das Fenster zu schließen. Haben Sie in den Dialogfeldern vorher auf ÜBERNEHMEN geklickt, sind die Einstellungen aber dennoch bereits aktiv.

Einige Aktionen werden allerdings fortgesetzt, auch wenn Sie das zugehörige Dialogfeld durch Abbruch schließen. Dann müssen Sie die Aktion rückgängig machen.

Aktion rückgängig machen. Wurde eine Aktion erst einmal abschließend ausgeführt, ist es für einen Abbruch zu spät. Eine versehentliche Eingabe oder Formatierung können Sie jedoch über

BEARBEITEN ▸ RÜCKGÄNGIG: (Befehl)

ungeschehen machen. Um mehrere Aktionen gemeinsam rückgängig zu machen, müssen Sie den Befehl mehrmals aufrufen oder auf die Auswahl des Symbols RÜCKGÄNGIG klicken. Aktionen wie das Speichern lassen sich hierüber jedoch nicht aufheben.

> Sollte diese Aktion ins Leere laufen, haben Sie versucht, eine Aktion aufzuheben, die Sie nicht oder nicht mehr aufheben können. In kritischen Fällen müssen Sie nun auf die letzte Dateisicherung zurückgreifen.

Rückgängig gemachte Aktion aufheben. Haben Sie im Eifer des Gefechts mehr rückgängig gemacht, als eigentlich beabsichtigt war, können Sie das Rückgängigmachen auch seinerseits wieder aufheben, und zwar über

BEARBEITEN ▶ WIEDERHOLEN: (Befehl)

Es wird automatisch die letzte rückgängig gemachte Aktion zurückgesetzt, also aufgehoben. Sie können auch mehrere rückgängig gemachte Aktionen gemeinsam aufheben, indem Sie den Befehl entweder mehrfach aufrufen oder auf den Auswahlpfeil des zugehörigen Symbols klicken, vgl. *Abbildung 2.1*.

Abbildung 2.1: Aktionen rückgängig machen und wiederherstellen

Anlage 2.6: Hinweise zur Datenrettung

Defekte Arbeitsmappe retten. Richtig schwierig wird es, wenn Sie eine Arbeitsmappe nicht mehr öffnen können und stattdessen eine Fehlermeldung erhalten. Meistens ist die Excel-Datei dann defekt. Microsoft gibt in seinem Knowledge-Base-Dokument Q820741 (http://support.microsoft.com/default.aspx?kbid=820741) einige Hinweise, die Sie versuchen sollten. Um aber gar nicht erst in diese Situation zu geraten, sollten Sie regelmäßig Ihre Dateien sichern.

2.5 Kurz und wichtig

Zum Abschluss dieses Kapitels möchte ich Ihnen folgende Verhaltensweisen noch einmal nahe legen:
- ➜ Speichern Sie Ihre Arbeitsmappen regelmäßig ab – die Tastenkombination [Strg]+[S] ist hierzu sehr praktisch.
- ➜ Sichern Sie Ihre Daten regelmäßig und häufig auf einem externen Medium, einem USB-Stick oder einer externen Festplatte beispielsweise.
- ➜ Legen Sie sich einen Virenscanner zu, dessen Virendefinitionen Sie regelmäßig aktualisieren.
- ➜ Verwenden Sie eine Firewall, die Sie ordentlich einrichten – auch wenn das zunächst nervig ist.
- ➜ Üben Sie das Zurücksichern Ihrer Daten. Nur so schenken Sie Ihrer Datensicherung Vertrauen.

Anlage 2.7: Einstellungen und Tastenkombinationen

Kapitel 3

Aufgaben für Excel strukturieren

Wenn Sie das erste Mal versuchen, mit Excel eine Aufgabe zu lösen, stellen Sie sich zu Recht die Frage, wie das am besten gelingt. Excel ist eine so genannte Tabellenkalkulation – und daran führt kein Weg vorbei. Alles, was Sie mit Excel berechnen, passiert innerhalb der Zellen einzelner Tabellen, die stets 256 Spalten (von A bis IV) und 65536 Zeilen haben. Deshalb geht es in diesem Kapitel um die folgenden Fragen:

→ Wie werden Einzelaufgaben am geschicktesten mit Excel gelöst?
→ Wie werten Sie mit Excel Tabellen am einfachsten aus?
→ Was sind Listen und wie werden sie von Excel erkannt?
→ Was sind die Grenzen von Excel?

Daneben erfahren Sie in diesem Kapitel auch, wie Sie neue Arbeitsmappen anlegen und die Tabellenblätter darin organisieren.

Anlage 3.1: Programmhinweise zu Vorversionen

3.1 Einzelaufgaben lösen

Bei Einzelaufgaben umfasst das Ergebnis meistens einige Zahlen, die berechnet werden müssen. Ein Beispiel für diese Art von Aufgabe wäre die folgende Übung.

Übung 3.1:

Die Bank verzinse Guthaben mit 3 %. Wie hoch ist der Zinsertrag eines Guthabens, mitsamt Zinseszins, von 130 Euro nach Ablauf von zwei Jahren?

Aufgabe modellieren. Wenn Sie diese Übung mit Excel lösen möchten, lernen Sie sehr schnell die Vor- und Nachteile einer Tabellenkalkulation kennen. Ein erster Vorteil ist offensichtlich: Sie können sofort loslegen und müssen nicht erst mühsam irgendwelche Variablen oder Funktionen deklarieren.

Wichtig ist aber, dass Sie Ihre Aufgaben von vornherein übersichtlich lösen. Einer der Vorteile von Excel ist, dass Sie mathematische Zusammenhänge sehr schnell

und übersichtlich nachbilden können. Dazu ist es aber notwendig, dass Sie erst einmal die verschiedenen Blöcke dieser Übung erkennen, beispielsweise:
- Annahmen: 130 Euro Startguthaben, Zinssatz 3 %, Laufzeit zwei Jahre
- Zwischenschritte: Zinsfaktor für die Laufzeit, Nettozinsfaktor
- Ergebnis: Zinsertrag nach zwei Jahren

Da Excel eine Tabellenkalkulation ist, empfiehlt es sich, diese drei Blöcke von Anfang an innerhalb der Tabelle sorgfältig voneinander zu unterscheiden, durch leere Zeilen und eventuelle Überschriften vielleicht. Wenn Sie Ihre Aufgabenstellung später erweitern müssen, hilft Ihnen eine übersichtliche Struktur, diese Erweiterungen problemlos »einzupflegen«, ohne Fehler zu erzeugen. Ein Nachteil der Tabellenkalkulation ist nämlich, dass Sie jede Zelle erst einzeln auswählen müssen, um die jeweiligen Berechnungen darin zu sehen. Sie haben keine Möglichkeit, alle Rechenschritte geschlossen aufzuführen, die zu einem bestimmten Ergebnis führen.

> Die folgende Beschreibung verschafft Ihnen bereits einen ersten Eindruck auf die nächsten Kapitel.

Annahmen eingeben. Wenn Sie die Aufgabe systematisch und anschaulich lösen, werden Sie mit den Annahmen beginnen. Dazu können Sie, wie in *Abbildung 3.1* dargestellt, in Spalte A die Bezeichnung schreiben und in Spalte B den jeweiligen Wert. Oftmals ist es auch ratsam, in gleicher Zeile einen Kommentar in die Spalte dahinter einzugeben – hierin werden wichtige Überlegungen kurz notiert. Dieses Vorgehen hat den Vorteil, dass Sie später sehr einfach Annahmen ändern können, die Höhe des Startguthabens beispielsweise.

	A	B	C	D	E	F	G
2	Annahmen:			Formeln/Hinweise:			
3							
4	Startguthaben:	130 €		*ist als "Währung" formatiert*			
5							
6	Zinssatz:	3%		*ist als "Prozent" formatiert*			
7							
8	Laufzeit:	2 Jahre		*das "Jahre" wurde formatiert....!*			
9							

Abbildung 3.1: Annahmen eingeben

Zwischenschritte eingeben. Zwischenschritte sind vor allem dann sinnvoll, wenn Sie noch nicht genau wissen, wie Sie das Problem abschließend lösen möchten. Mit Zwischenschritten können Sie auch Kontrollergebnisse bilden, um Zusammenhänge zu verstehen oder zu prüfen. Für die Übung ist das Beispiel bewusst einfach gewählt:
- Um den Zinsfaktor inklusive Zinseszins für einen beliebigen Zeitraum zu errechnen, potenzieren Sie den Zinssatz mit der Anzahl der Jahre – vergessen Sie aber nicht, zum Zinssatz vorher »1« zu addieren, da »Prozent« immer »von Hundert« heißt.

- Da nur nach dem Zinsertrag gefragt ist, müssen Sie von dem errechneten Verzinsungsfaktor wieder »1« abziehen.

Die Zwischenschritte könnten also wie in *Abbildung 3.2* aussehen. Damit diese Zwischenschritte auch richtig auf die Annahmen zurückgreifen, sollten Sie Bezüge verwenden (hierzu ausführlich in *Kapitel 5*). Mit ihrer Hilfe können Sie sich ganz darauf konzentrieren, die Berechnungen richtig umzusetzen.

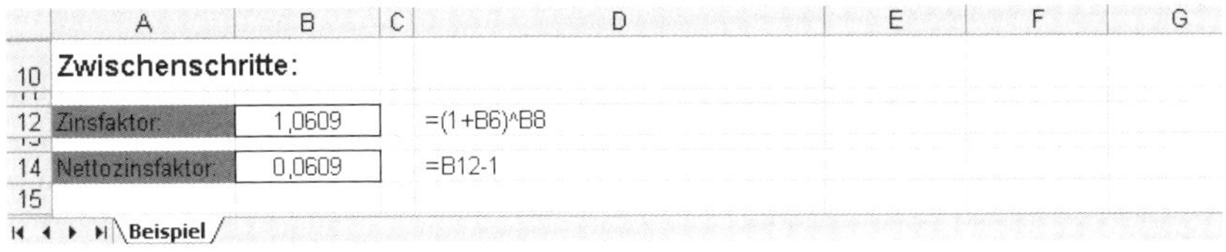

	A	B	C	D	E	F	G
10	Zwischenschritte:						
12	Zinsfaktor:	1,0609		=(1+B6)^B8			
14	Nettozinsfaktor:	0,0609		=B12-1			
15							

Abbildung 3.2: Zwischenschritte berechnen

> Aus eigener Erfahrung empfehle ich Ihnen, die Zwischenschritte zu beschriften. So behalten Sie leichter im Blick, wie weit Ihr Lösungsweg bereits gediehen ist.

Ergebnis eingeben. Inzwischen haben Sie alle notwendigen Zwischenergebnisse berechnet. Das Ergebnis errechnet sich als Produkt aus Startguthaben und Nettozinssatz, wie auch in *Abbildung 3.3* zu sehen ist. Alle Zwischenschritte liegen offen vor Ihnen, Denkfehler oder Rechenfehler fallen also sofort auf.

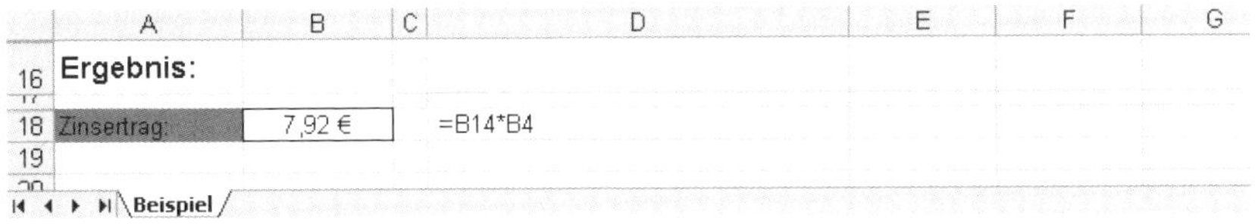

	A	B	C	D	E	F	G
16	Ergebnis:						
18	Zinsertrag:	7,92 €		=B14*B4			
19							

Abbildung 3.3: Ergebnis berechnen

Mit zunehmender Übung werden Sie auf einfache Zwischenschritte verzichten. Dennoch bildet dieses Vorgehen die Grundlage für neue Berechnungen, da Sie hiermit Lösungsansätze entwickeln, die Sie noch nachvollziehen können, auch wenn Sie die Datei schon lange nicht mehr geöffnet haben.

3.2 Tabellen auswerten

Eine etwas andere Ausgangssituation besteht, wenn Sie Tabellen auswerten. Zunächst einmal haben Sie hier deutlich weniger Platz für Zwischenberechnungen. In schwierigen Fällen kommen Sie deshalb nicht umhin, wichtige Zwischenergebnisse erst einmal wie oben beschrieben separat zu berechnen. Wenn Sie die Zusammenhänge sicher verstanden haben, können Sie sie zellengerecht komprimieren.

Eine weitere Besonderheit entsteht dadurch, dass viele Tabellen aus anderen Programmen heraus erzeugt werden, um anschließend mit Excel analysiert zu werden. Beispielsweise könnten Sie von dem Unternehmen, in dem Sie Ihre Diplomarbeit schreiben, eine Zusammenstellung von Personalnummern, Arbeitstagen und Reisekosten für einen Monat haben. Sofern Sie diese Auswertung jeden Monat wiederholen, werden Sie jedes Mal eine neue Tabelle bekommen. Es ist deshalb sinnvoll, den »Datenbereich« vom »Auswertungsbereich« zu trennen. Dann können Sie im Idealfall jeden Monat einfach die neuen Daten importieren. Da Sie die notwendigen Berechnungen einmal abschließend aufgestellt haben, werden Sie bereits ab dem zweiten Monat keine nennenswerte Zeit mit der Auswertung mehr zubringen.

Übung 3.2:

Nehmen Sie die exportierte Tabelle und ermitteln Sie zu allen Personen die Steuerlast. Bilden Sie darüber hinaus die Gehaltssumme sowie die Steuersumme.

Aufgabe modellieren. Wenn Sie mit Excel Datentabellen auswerten, müssen Sie zunächst einmal klären, was das Ziel der Analyse ist. Wichtige Zusammenhänge sollten Sie wie eine Einzelaufgabe im Vorfeld separat nachbilden, bevor Sie sich an die Tabelle selbst wagen.

Achten Sie bei der Tabelle darauf, dass sie konsistent aufgebaut ist: Die einzelnen Werte sollten in den Spalten und Zeilen eindeutig angeordnet sein. Andernfalls ist es ohne mühsame Handarbeit kaum möglich, die Daten geschlossen auszuwerten.

Im vorliegenden Fall ist die Tabelle bereits ordentlich strukturiert und die Zusammenhänge sind einfach gehalten. Im Unterschied zur Realität wird auf Grenzsteuersätze verzichtet. Stattdessen wird angenommen, der relevante Steuersatz gelte für Lohn und Gehalt gleichermaßen. In *Abbildung 3.4* finden Sie die Ausgangslage dargestellt.

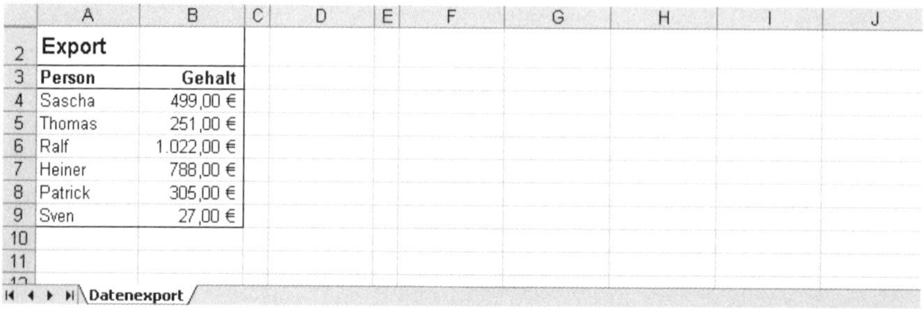

	A	B
2	**Export**	
3	**Person**	**Gehalt**
4	Sascha	499,00 €
5	Thomas	251,00 €
6	Ralf	1.022,00 €
7	Heiner	788,00 €
8	Patrick	305,00 €
9	Sven	27,00 €

Datenexport

Abbildung 3.4: Exportierte Daten als Ausgangslage

Kontrollspalten verwenden. Manchmal ist es ganz hilfreich, vor der Auswertung zunächst einige Kontrollspalten zu verwenden. Das ist einmal dann wichtig, wenn Ihnen die Zusammenhänge innerhalb der Tabelle noch nicht ganz klar sind. Ein beliebter Fehler in exportierten Tabellen ist auch, dass die Zahlen von Excel nur als Text erkannt werden – Berechnungen sind damit nicht ohne weiteres möglich! Kontrollspalten stellen zudem eine wertvolle Hilfe dar, um bestimmte Datensätze herauszufiltern und geschlossen zu betrachten (genauer in *Anhang B*). Sofern Sie Kontrollspalten verwenden, beginnen Sie damit in der ersten freien Spalte hinter dem Datenbereich. Verwenden Sie für die Kontrollspalten aber eindeutige Namen, damit Sie später noch wissen, welche Zellen oder Zusammenhänge Sie im Einzelnen kontrollieren.

Im vorliegenden Fall muss nur geprüft werden, ob die Lohnsummen auch von Excel als ZAHL erkannt werden. Hierfür ist die Kontrollfunktion ISTZAHL hilfreich (genauer in *Anhang A*); sie wird in Spalte D verwendet, wie *Abbildung 3.5* zeigt.

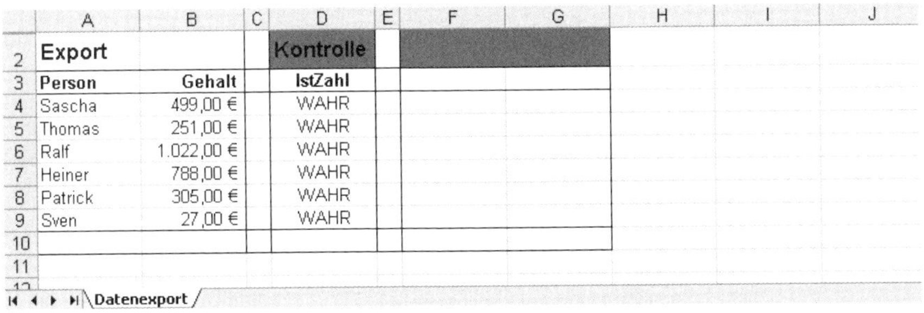

	A	B	C	D	E	F	G	H	I	J
2	**Export**			**Kontrolle**						
3	Person	Gehalt		IstZahl						
4	Sascha	499,00 €		WAHR						
5	Thomas	251,00 €		WAHR						
6	Ralf	1.022,00 €		WAHR						
7	Heiner	788,00 €		WAHR						
8	Patrick	305,00 €		WAHR						
9	Sven	27,00 €		WAHR						
10										
11										

\Datenexport/

Abbildung 3.5: Datentabelle mit Kontrollspalte

Auswertungsspalten verwenden. Sobald Sie alle notwendigen Voraussetzungen und Zusammenhänge geprüft haben, kommen die Auswertungsspalten. Hierin ermitteln Sie notwendige Ergebnisse, die Sie für Ihre Auswertung benötigen. Spätestens jetzt wird Ihnen auffallen, dass im Datenexport der jeweils notwendige Steuersatz fehlt! Aus der Praxis weiß ich, dass in vielen Fällen wichtige Angaben nicht exportiert werden, sondern separat eingebunden werden müssen. Um die Datentabelle möglichst universell zu halten und Eingabefehler zu vermeiden, sind Hilfstabellen in derartigen Fällen praktisch.

Hilfstabellen verwenden. Vor allem bei der Auswertung von Tabellen kann es notwendig sein, Hilfstabellen zu verwenden. Im vorliegenden Fall fehlen beispielsweise die Steuersätze. Da diese anderen Gesetzmäßigkeiten folgen, sind sie am besten in einer separaten Tabelle aufgehoben. Diese könnte wiederum aus einem anderen Programm exportiert worden sein oder von einem entsprechenden Datendienst bereitgestellt werden. Im vorliegenden Fall heißt sie einfach »Steuersatz« (siehe *Abbildung 3.6*).

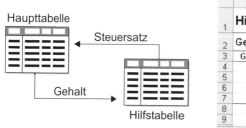

Abbildung 3.6: Hilfstabelle für Steuersätze

Die spannende Frage lautet, wie die Daten der Hilfstabelle in der Auswertung verwendet werden können. An dieser Stelle gewinnen bestimmte Excel-Funktionen an Bedeutung, die auf derartige Aufgaben spezialisiert sind. Für den konkreten Zweck sind die Funktionen INDEX() und VERGLEICH() geeignet; beide werden ausführlich in *Anhang A.* betrachtet. Mittels INDEX geben Sie den Steuersatz zurück, den Sie durch VERGLEICH des tatsächlichen Gehalts mit der Gehaltsklasse zuvor ermittelt haben, eigentlich also ganz einfach.

Nun ist die weitere Auswertung einfach. Da Sie die jeweils relevanten Steuersätze aus der Hilfstabelle bereits bekommen, brauchen Sie die tatsächliche Steuerlast nur noch durch Multiplikation des tatsächlichen Gehalts mit dem relevanten Steuersatz zu ermitteln – fertig. Das Ergebnis sehen Sie in *Abbildung 3.7.*

Abbildung 3.7: Datentabelle mit Auswertungsspalten

Auswertungszeilen verwenden. Beinahe wäre die Übung vollständig gelöst. Es fehlen noch die Gehaltssumme und die Steuersumme. Immer wenn Sie Spaltenergebnisse berechnen, beachten Sie, dass zumindest bei wiederkehrenden Aufgaben die Tabelle unterschiedlich lang sein kann. Wenn Sie das Vorgehen also standardisieren möchten, seien Sie lieber etwas großzügiger, was die Position der Auswertungszeilen betrifft, und lassen Sie ausreichend Platz. Leerzeilen sind in den meisten Fällen für die Berechnung unerheblich.

Praktisch könnte die Zahl der Mitarbeiter schwanken, woraus sich eine unterschiedliche Anzahl an Tabellenzeilen ergibt. Für den Übungsfall wird jedoch davon abgesehen. Da es sich sowohl beim Spaltenergebnis für das Gehalt als auch für die Steuerlast um einfache Summen handelt, können Sie das ganz einfach mit der Excelfunktion SUMME() bestimmen. Die fertige Auswertung sehen Sie in *Abbildung 3.8*.

	A	B	C	D	E	F	G
2	Export			Kontrolle		Auswertung	
3	Person	Gehalt		IstZahl		Steuersatz	Steuerlast
4	Sascha	499,00 €		WAHR		15,00%	74,85 €
5	Thomas	251,00 €		WAHR		15,00%	37,65 €
6	Ralf	1.022,00 €		WAHR		25,00%	255,50 €
7	Heiner	788,00 €		WAHR		20,00%	157,60 €
8	Patrick	305,00 €		WAHR		15,00%	45,75 €
9	Sven	27,00 €		WAHR		10,00%	2,70 €
10	Summe	2.892,00 €					574,05 €

Abbildung 3.8:   Vollständig ausgewertete Datentabelle

Wenn Sie mit Excel Tabellen auswerten, bedarf es etwas mehr Umsicht als bei Einzelaufgaben. Gerade durch Hilfstabellen können die Strukturen sehr unübersichtlich werden, wenn Sie nicht aufpassen. Sorgfältig eingesetzt aber, hat Excel den Vorteil, dass Sie Zusammenhänge auch in Tabellen sehr schnell nachbilden können.

Listen verwenden. Bislang sind Sie stillschweigend davon ausgegangen, dass ein Tabellenblatt nur eine Tabelle enthalten kann. Weil das in der Praxis aber zu unnötig vielen Tabellenblättern innerhalb einer Arbeitsmappe führen würde, gibt es innerhalb von Excel zum Glück die Liste. Hierbei handelt es sich um einen geschlossenen Zellenbereich, den Sie beispielsweise sortieren können, ohne die angrenzenden Zellen zu erfassen. Werfen Sie dazu einen Blick in *Abbildung 3.9*. In diesem Tabellenblatt sehen Sie insgesamt drei jeweils zusammenhängende Zellenbereiche – jeder dieser einzelnen Bereiche stellt eine Liste für Excel dar. Wenn Sie, wie dargestellt, eine Zelle innerhalb eines dieser Bereiche markieren und beispielsweise den Sortierdialog öffnen, erkennen Sie deutlich, dass Excel für das Sortieren nur die Zellen innerhalb einer Liste erfasst und markiert. Im Dialogfeld werden sogar die Überschriften der Liste richtig erkannt und zugeordnet.

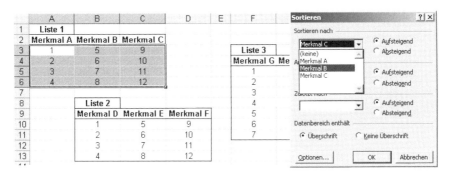

Abbildung 3.9:   Tabellenblatt mit drei Listen

Damit Excel innerhalb eines Tabellenblatts die einzelne Liste richtig erkennt, sind folgende Hinweise wichtig:

- Listen sollten nicht unmittelbar aneinander grenzen. Zwischen zwei Listen sollte also eine freie Zeile oder Spalte Platz bleiben.
- Umgekehrt sollte eine Liste keine freien Zeilen oder Spalten enthalten.
- Formatieren Sie die Überschriften deutlich, damit Excel sie als solche erkennt. Hilfreich hierzu sind Zeichenformatierungen wie FETT und eingefärbte Zellen (MUSTER).
- Rahmen Sie eine Liste ein, damit sie (für Excel) leichter erkannt werden kann.

> Einige Listenbefehle wie das Filtern sind dennoch nur möglich, wenn das Tabellenblatt nicht mehr als eine einzige Liste enthält.

Nach eigener Erfahrung sollte eine Liste mindestens drei Spalten und vier Zeilen haben, damit Excel sie zuverlässig als Liste erkennt.

3.3 Grenzen von Excel

Bei allen Vorzügen, die Sie bis jetzt kennen gelernt haben, möchte ich Ihnen aber auch die Nachteile von Excel nicht vorenthalten.

Der wichtigste Vorteil von Excel ist nämlich auch zugleich der wichtigste Nachteil: die Tabellenkalkulation. Sie müssen alle Lösungen über Zellen nachbilden. Innerhalb dieser Zellen werden die Excel-Funktionen hintereinander weg eingegeben. Das Dialogfeld hierfür bietet zwar etwas Hilfe, wie Sie in *Kapitel 5* noch erfahren werden. Es ist aber derzeit unmöglich, den Zelleninhalt übersichtlich und hierarchisch eingezogen darzustellen. Bei langen Funktionen leidet darunter die Übersichtlichkeit enorm. Das Fehlerrisiko steigt entsprechend.

Auch können Sie innerhalb von Zellen keine Variablen definieren. Wenn Sie also einen Zellenbereich häufiger verwenden, müssen Sie ihn an jeder Stelle wieder neu angeben. Stellen Sie später fest, dass Sie den Zellenbereich auf einen anderen Bereich verlagern müssen, ist es leider notwendig, dies bei jeder Bereichsangabe einzeln anzupassen.

> Das können Sie teilweise vermeiden, indem Sie anstelle der Bezüge Namen verwenden; hierzu ausführlich im nächsten Kapitel.

Einige weitere Restriktionen betreffen die *Mathematik*. Excel ist eine Tabellenkalkulation. Es ist mit Excel leider nicht möglich, eine Funktion wie $x=ax+b$ allgemein einzugeben und zu analysieren. Vielmehr müssten Sie eine Wertetabelle aufstellen und als Diagramm zeichnen lassen, wenn Sie eine mathematische Funktion nachvollziehen möchten.

Die Probleme dieses Verfahrens sind offensichtlich. Nullstellen und Extrema beispielsweise müssen Sie vorher gesondert berechnen, um innerhalb der Wertetabelle an diesen Stellen ausreichend viele Zwischenwerte zu berücksichtigen. Zudem ist Excel – im naturwissenschaftlichen Sinne – nicht sehr genau. Es rechnet mit maximal 15 Nachkommastellen. Für den Hausgebrauch sollte das aber reichen.

In einigen *naturwissenschaftlichen* Disziplinen ist das jedoch zu ungenau und damit nicht ausreichend. In solchen Fällen sollten Sie besser von vornherein eine entsprechende Mathematik-Software verwenden. Es gibt zahlreiche Programme am Markt, die genau auf diesen Zweck zugeschnitten sind.

Schließlich sollen auch die Restriktionen bei *statistischen* Aufgaben erwähnt werden. Hauptproblem ist hier neben der möglicherweise ungenügenden Rechengenauigkeit auch die mangelnde Unterstützung bei der Analyse. In speziellen Statistikprogrammen haben Sie beispielsweise Zusatzfunktionen, die Ihnen bereits bestimmte Analysemethoden empfehlen. In Excel dagegen müssen Sie selbst die geeignete Funktion auswählen und testen, ob sie den Zweck erfüllt.

Eine Grenze bei statistischen Aufgaben kann im Einzelfall auch die Tabellengröße sein. Für den Alltag mögen die 256 Spalten und 65536 Zeilen reichen. Da Excel die Tabellen aber vollständig im Arbeitsspeicher öffnet, ergibt sich möglicherweise als erstes Problem eine etwas reduzierte Arbeitsgeschwindigkeit. Es ist durchaus denkbar, dass Sie größere Datenmengen analysieren möchten. Dann sollten Sie überlegen, auf spezielle Statistikprogramme auszuweichen.

3.4 Arbeitsmappen verwenden

Da es sich bei Excel um eine Tabellenkalkulation handelt, sind unabhängig von der zu lösenden Aufgabe bestimmte Handgriffe notwendig. Diese betreffen zunächst einmal das Anlegen von Excel-Dateien, die auch als *Arbeitsmappen* (»workbooks«) bezeichnet werden.

Eine Arbeitsmappe kann ein oder mehrere Arbeitsblätter enthalten. Dabei handelt es sich sowohl um Tabellenblätter als auch um Diagrammblätter.

> Ein Tabellenblatt, das Diagramme enthält, bleibt strukturell ein Tabellenblatt und wird in Excel als solches behandelt.

Voreinstellungen. Sofern Sie häufiger neue Arbeitsmappen anlegen, können Sie die Anzahl der darin enthaltenen Tabellenblätter vorgeben. Den Wert geben Sie über

EXTRAS ▶ OPTIONEN… ▶ ALLGEMEIN : BLÄTTER IN NEUER ARBEITSMAPPE

vor. Stellen Sie hier eine Anzahl ein, die in den meisten Situationen für Sie hilfreich ist. Sie können später immer noch Arbeitsblätter hinzufügen oder entfernen.

Weiterhin können Sie die Standardschriftart vorgeben, mit der die Zellen formatiert sind. Die Einstellung finden Sie unter

EXTRAS ▶ OPTIONEN… ▶ ALLGEMEIN : STANDARDSCHRIFTART

Auch den SCHRIFTGRAD können Sie dort vorgeben. Alle diese Einstellungen haben aber keinen Einfluss auf bereits vorhandene Arbeitsmappen. Sie müssen also erst eine neue Arbeitsmappe anlegen, damit Sie diese Einstellungen nutzen können.

Neue Arbeitsmappe anlegen. Neue Arbeitsmappen lassen sich ganz einfach anlegen. Dazu blenden Sie über

> DATEI ▸ NEU…

den Aufgabenbereich NEUE ARBEITSMAPPE ein, vgl. *Abbildung 3.10*. Wo er im Programmfenster konkret erscheint, hängt davon ab, an welcher Stelle Sie ihn zuletzt platziert hatten. Hier haben Sie mehrere Möglichkeiten zur Auswahl:

- NEU: Verwenden Sie hier die Variante LEERE ARBEITSMAPPE, um mit einer komplett leeren Arbeitsmappe zu beginnen; sie verwendet die oben festgelegten Voreinstellungen. Stattdessen können Sie auch eine neue Arbeitsmappe AUS BESTEHENDER ARBEITSMAPPE… anlegen – diese Auswahl ermöglicht es Ihnen, über den sich öffnenden Dateibrowser eine schon vorhandene Arbeitsmappe auszusuchen. Diese wird aber ohne den ursprünglichen Dateinamen geöffnet – die vorhandene Datei ist also nicht in Gefahr. Stattdessen können Sie diese neue Arbeitsmappe unter einem neuen – sinnvollen – Namen speichern.
- VORLAGEN: Sie haben selbstverständlich die Möglichkeit, eine der installierten oder selbst entworfenen Arbeitsmappen- und Tabellenvorlagen zu verwenden. Klicken Sie dazu auf AUF MEINEM COMPUTER…, um das aus früheren Excel-Versionen bekannte Dialogfeld VORLAGEN zu öffnen. Auf der ersten Registerkarte ALLGEMEIN finden Sie die eher nüchternen Grundtypen aufgelistet. Die zweite Registerkarte TABELLENVORLAGEN enthält speziellere Vorlagen (ob Sie weitere Registerkarten sehen, richtet sich nach Ihrer Installation).
- ZULETZT VERWENDETE VORLAGEN: Falls Sie bereits Vorlagen verwendet haben, finden Sie im Aufgabenbereich auch diese dritte Gruppe aufgeführt. Sie enthält alle zuletzt verwendeten Vorlagen.

Wählen Sie eine Vorlage aus, die Ihren Anforderungen am nächsten kommt. Vergessen Sie nicht, die Arbeitsmappe recht bald zu speichern. Und wenn Sie sie speichern, verwenden Sie dabei einen möglichst aussagekräftigen Dateinamen.

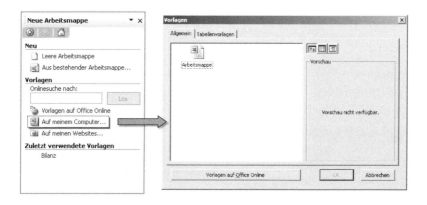

Abbildung 3.10: Aufgabenbereich »Neue Arbeitsmappe«

Wählen Sie den Dateinamen sorgfältig. Sofern Sie mit externen Verknüpfungen arbeiten, werden die Verknüpfungen ins Leere laufen, solange Sie den Dateinamen darin nicht aktualisieren. Notieren Sie sich deshalb im Zweifelsfall den alten und neuen Dateinamen in einer gemeinsamen Liste, falls Sie eine Datei umbenennen müssen.

3.5 Arbeitsblätter verwenden

Excel unterscheidet an Arbeitsblättern nur Tabellen- und Diagrammblätter. In der laufenden Arbeit werden Sie es vor allem mit Tabellenblättern zu tun haben. Diagrammblätter sollten Sie besser über die Diagrammfunktion einfügen (genauer in *Kapitel 9*).

Im Zusammenhang mit Arbeitsblättern tauchen hauptsächlich Fragen auf, die das Einfügen, Verschieben, Kopieren und Löschen der Arbeitsblätter betreffen. Da es bei einigen dieser Aktionen wichtig ist, einzelne oder mehrere Arbeitsblätter markieren zu können, wird diese Technik als Erstes kurz vorgestellt.

Bestimmtes Arbeitsblatt markieren. Arbeitsblätter markieren Sie stets über die Blattregisterkarten. Sollten diese nicht zu sehen sein, blenden Sie sie für die folgenden Handlungen besser ein (genauer in *Kapitel 1*). Beachten Sie, dass in jeder geöffneten Arbeitsmappe stets ein Arbeitsblatt automatisch markiert ist. Sie erkennen es am normalerweise weiß hervorgehobenen Register; die nicht markierten Blattregister sind üblicherweise grau. Sobald Sie in ein bestimmtes Arbeitsblatt wechseln, wird sein Blattregister automatisch markiert.

Mehrere Arbeitsblätter zusammenhängend markieren. Um eine Gruppe benachbarter Arbeitsblätter zu markieren, gehen Sie zunächst auf eines der äußeren Arbeitsblätter der auszuwählenden Gruppe. Navigieren Sie über die Blattregisterkarten, bis Sie das letzte Blattregister eingeblendet haben. *Bevor* Sie auf das Blattregister des letzten Arbeitsblatts klicken, halten Sie ⇧ gedrückt. Sobald Sie nun auf das Blattregister des letzten Arbeitsblatts Ihrer Auswahl klicken, werden automatisch alle eingeschlossenen Arbeitsblätter mitmarkiert.

> Sobald Sie mehrere Arbeitsblätter markiert haben, erscheint in der Titelleiste der Zusatz »[Gruppe]«. Bestimmte Befehle funktionieren dann nicht.

Mehrere Arbeitsblätter selektiv markieren. Nicht immer ist es sinnvoll oder gewollt, mehrere nebeneinander liegende Arbeitsblätter zu markieren. In diesem Fall markieren Sie das erste Arbeitsblatt wie gewohnt. Bevor Sie aber das zweite und weitere Arbeitsblätter markieren, halten Sie *jedes Mal* dabei Strg gedrückt. Alternativ können Sie auch zunächst alle Arbeitsblätter innerhalb des relevanten Bereichs markieren, um dann die nicht benötigten Arbeitsblätter bei gedrückter Strg -Taste wegzuklicken. Die Tasten sind übrigens die gleichen, die Sie auch für die Dateiauswahl im Windows-Explorer verwenden.

Alle Arbeitsblätter markieren. Um alle Arbeitsblätter innerhalb Ihrer Arbeitsmappe zu markieren, klicken Sie mit der rechten Maustaste auf eines der Blattregister. In dem sich öffnenden Menü wählen Sie die Option

[Kontextmenü] ▸ ALLE BLÄTTER AUSWÄHLEN

Arbeitsblattgruppe aufheben. Wenn Sie mehrere Tabellenblätter markiert haben, werden diese als Gruppe gemeinsam angesprochen (so auch der Hinweis in der Titelleiste). Am schnellsten heben Sie diese Mehrfachauswahl auf, indem Sie mit dem Mauszeiger auf eines der Blattregister zeigen. Dann wählen Sie im

[Kontextmenü] ▸ GRUPPIERUNG AUFHEBEN

Um nur einzelne Arbeitsblätter aus der Gruppierung herauszunehmen, drücken Sie [Strg] und klicken dann mit der (linken) Maustaste auf das Arbeitsblatt, das nicht zur Gruppe gehören soll.

Nach dieser kurzen Einführung soll es nun daran gehen, die Arbeitsblätter in Anzahl und Lage zu verändern.

Einzelnes Tabellenblatt einfügen (allgemein). Zunächst soll beschrieben werden, wie Sie ganz allgemein ein einzelnes Arbeitsblatt einfügen. Wie oben angedeutet, ist diese Handlungsanweisung auf das Einfügen von Tabellenblättern begrenzt. Wechseln Sie zu demjenigen Tabellenblatt, *vor* dem Sie ein neues Tabellenblatt einfügen möchten. Über

EINFÜGEN ▸ TABELLENBLATT

fügen Sie ein neues Tabellenblatt ein. Dieses trägt standardmäßig den Namen TABELLE..., wobei dann eine fortlaufende Nummer folgt. Das Umbenennen von Arbeitsblättern wird weiter unten beschrieben. Alternativ hierzu können Sie auch ein vorhandenes Tabellenblatt duplizieren (kopieren und wieder einfügen).

Einzelnes Tabellenblatt einfügen (Vorlage). Während die vorangegangene Handlungsanweisung stets normale Tabellenblätter einfügt, soll Ihnen jetzt beschrieben werden, wie Sie Tabellenblätter einfügen, die auf bestimmten Vorlagen basieren. Klicken Sie dazu mit der rechten Maustaste auf das Blattregister desjenigen Tabellenblatts, *vor* dem Sie ein neues Tabellenblatt einfügen möchten, und wählen Sie im

[Kontextmenü] ▸ EINFÜGEN...

Es öffnet sich das Dialogfeld EINFÜGEN. Dieses entspricht im Wesentlichen dem Dialogfeld VORLAGEN, das Sie beim Anlegen neuer Arbeitsmappen (vgl. *Seite 48*) öffnen können. Der Unterschied ist die Auswahl in der Registerkarte ALLGEMEIN. Im Unterschied zum normalen Dialogfeld finden Sie eine Reihe weitere Einträge:

- TABELLENBLATT: Wählen Sie diesen Eintrag, um ein leeres Tabellenblatt einzufügen (das ist identisch mit dem allgemeinen Einfügen).
- DIAGRAMM: Hierüber öffnen Sie den Diagrammassistenten, der ausführlich in *Kapitel 9* behandelt wird.

Wenn Sie besondere Tabellenvorlagen benötigen, wählen Sie diese im Register TABELLENVORLAGEN aus. Indem Sie Ihre Auswahl über OK bestätigen, wird das entsprechende Tabellenblatt eingefügt.

> Sie haben in diesem Dialogfeld leider nicht die Möglichkeit, aus einer vorhandenen Arbeitsmappe ein Tabellenblatt als Vorlage zu übernehmen. In diesem Fall sollten Sie es aus der entsprechenden Arbeitsmappe in die aktuelle Arbeitsmappe hineinkopieren (vgl. *Seite 54*).

Mehrere Tabellenblätter einfügen. Bislang sind Sie gezwungen, so lange wiederholt Tabellenblätter einzufügen, bis Sie genügend Tabellenblätter in Ihrer Mappe haben. Sie können aber auch mehrere Blätter »in einem Rutsch« einfügen:

1. Markieren Sie hierzu so viele Blattregister, wie Sie Tabellenblätter benötigen, vgl. *Teilbild 1* in *Abbildung 3.11*. Halten Sie zum Markieren der Blattregister ⇧ gedrückt. Beginnen Sie Ihre Markierung mit demjenigen Blatt, *vor* dem Sie die neuen Blätter einfügen möchten.

2. Fügen Sie über EINFÜGEN ▶ TABELLENBLATT die neuen Tabellenblätter ein. Das Ergebnis sehen Sie in *Teilbild 2* in *Abbildung 3.11*.

Selbstverständlich können Sie diese Methode auch auf die spezielle Vorgehensweise anwenden. Sofern Sie anfangs weniger Tabellenblätter in Ihrer Arbeitsmappe haben, als Sie neue Tabellenblätter benötigen, ist das nicht weiter dramatisch. Sie müssen diese Handlungsanweisung lediglich mehrfach wiederholen.

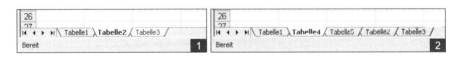

Abbildung 3.11: Mehrere neue Tabellenblätter einfügen

Arbeitsblatt umbenennen. Selten sind bei frisch eingefügten Arbeitsblättern – und jetzt ist es ausnahmsweise egal, ob es sich um Tabellen- oder Diagrammblätter handelt – die Blattbezeichnungen zweckmäßig. Excel verwendet für Tabellenblätter standardmäßig TABELLE... und für Diagrammblätter DIAGRAMM..., jeweils gefolgt von einer fortlaufenden Zahl. Doch das können Sie ändern. Dazu zeigen Sie mit der Maus auf das Blattregister, dessen Bezeichnung Sie ändern möchten, vgl. *Teilbild 1* in *Abbildung 3.12*. Klicken Sie mit der rechten Maustaste und wählen Sie im

[Kontextmenü] ▶ UMBENENNEN

Der Name des angeklickten Arbeitsblatts wird invertiert: Der weiße Hintergrund wird schwarz und die schwarze Schrift weiß, also vollständig markiert. Da die Einfügemarke, obwohl sie nicht blinkt, bereits im Namen steht, können Sie direkt losschreiben. Ihren fertigen Namen bestätigen Sie, indem Sie Return drücken oder mit der Maus irgendwo anders hin klicken. Das Arbeitsblatt ist damit umbenannt – das Ergebnis sehen Sie auch in *Teilbild 2* in *Abbildung 3.12*.

Das Umbenennen selbst ist problemlos. Allerdings besteht Excel innerhalb einer Arbeitsmappe auf eindeutigen Arbeitsblattnamen. Es ist also *nicht möglich*, zwei Arbeitsblättern innerhalb einer Arbeitsmappe die *gleichen Namen* zuzuweisen.

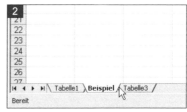

Abbildung 3.12:   Arbeitsblatt umbenennen

> Wenn Sie Arbeitsblätter umbenennen, passt Excel die entsprechenden Bezüge zwischen den Arbeitsblättern innerhalb einer Arbeitsmappe automatisch an. Externe Bezüge von fremden Arbeitsmappen auf das aktuelle Tabellenblatt werden allerdings nicht angeglichen.

Arbeitsblatt verschieben (Maus). Da Excel neue Arbeitsblätter stets vor den markierten Arbeitsblättern einfügt, werden Sie früher oder später in die Situation geraten, Ihre Arbeitsblätter neu anordnen zu wollen. Der intuitive Weg verwendet die Maus, wie *Abbildung 3.13* zeigt:

1. Markieren Sie mit der Maus dasjenige oder diejenigen Arbeitsblätter, die Sie verschieben möchten. In *Teilbild 1* wird das Tabellenblatt »Links« verwendet.

2. Sobald Sie mit der linken Maustaste auf Ihre Auswahl klicken, wird der Mauszeiger um ein Seitensymbol ergänzt, vgl. den Ausschnitt vor *Teilbild 2*. Zugleich erscheint oberhalb des Mauszeigers, immer zwischen zwei Blattregistern, eine kleine Positionsmarke (vgl. *Teilbild 2*). Sie markiert die Einfügestelle.

3. Sobald Sie die linke Maustaste loslassen, werden Ihre verschobenen Arbeitsblätter an der Stelle platziert, die durch den Pfeil markiert wurde; im *Teilbild 3* wurde das linke Arbeitsblatt in die Mitte geschoben. Die vorausgehenden Arbeitsblätter rücken entsprechend an den Anfang.

Sollten Sie den Mauspfeil zu weit wegbewegen vom Blattregister, nimmt der Mauszeiger die Form eines Halteverbotsschilds an, wie der Ausschnitt hinter *Teilbild 3* zeigt. Eigentlich kann wenig schief gehen, solange Sie die Positionsmarke beachten. Ein Hinweis gilt aber erneut den Bezügen. Es ist möglich, auf einen Bereich von Tabellenblättern zu verweisen. Die Gefahr ist, dass Sie beispielsweise das erste Tabellenblatt eines Bereichs nach hinten verschieben, so dass der Bereich kleiner wird, als ursprünglich gedacht war. Gegebenenfalls müssen Sie die Bezüge wieder anpassen.

Abbildung 3.13:   Arbeitsblätter verschieben mittels Maus

Arbeitsblatt verschieben (Menü). Etwas umständlicher, dafür aber mit mehr Möglichkeiten, funktioniert das Verschieben der Arbeitsblätter über das Menü. Als erweiterte Möglichkeit können Sie das Blatt auch in eine andere Arbeitsmappe verschieben. Dazu markieren Sie zunächst wieder diejenigen Arbeitsblätter, die Sie verschieben möchten. Über

BEARBEITEN ▶ BLATT VERSCHIEBEN/KOPIEREN…

öffnen Sie das Dialogfeld VERSCHIEBEN ODER KOPIEREN:

- In der oberen Auswahl ZUR MAPPE finden Sie alle Mappen aufgeführt, die Sie im Moment in Excel geöffnet haben. Vorausgewählt ist die Mappe, in der Sie gerade arbeiten – wählen Sie hier eine andere geöffnete Mappe, um das Arbeitsblatt in diese zu verschieben. In der unteren Auswahl EINFÜGEN VOR können Sie das Blatt angeben, vor dem Ihre Auswahl platziert werden soll. Aufgeführt sind alle Arbeitsblätter der ausgewählten Mappe sowie die relative Position (ANS ENDE STELLEN).
- Da es in dieser Handlungsanweisung nicht darum geht, die ausgewählten Arbeitsblätter zu kopieren, lassen Sie das Kontrollfeld KOPIE ERSTELLEN frei.

Nachdem Sie sich für eine Position entschieden haben, bestätigen Sie Ihre Auswahl über OK. Das Dialogfeld wird automatisch geschlossen und die Blätter werden an die von Ihnen vorgegebene Stelle geschoben. Die Wirkung für Bezüge ist die gleiche, wie wenn Sie die Blätter mittels Maus verschieben.

Arbeitsblatt kopieren (Maus). Das Kopieren von Arbeitsblättern ist eine Alternative zum eher umständlichen Einfügen neuer Arbeitsblätter, die auf Dateivorlagen basieren. Das Kopieren mittels Maus funktioniert grundsätzlich wie das Verschieben mit der Maus (vgl. Seite 52). Der Unterschied besteht darin, dass Sie zusätzlich `Strg` drücken müssen, während Sie die Blattauswahl verschieben und bevor Sie die linke Maustaste wieder freilassen. Als Kontrolle dient Ihnen das Symbol des Mauszeigers, vgl. *Abbildung 3.14*. Es wird nicht nur um das Dokumentensymbol ergänzt. Es hat zusätzlich auch ein Pluszeichen, das Ihnen den Kopiervorgang signalisiert.

Abbildung 3.14:   Arbeitsblätter kopieren mittels Maus

> Kopieren Sie ein vorhandenes Arbeitsblatt, wenn Sie in Tabellen oder Diagrammen bestimmte Effekte ausprobieren möchten, ohne gleich das Gesamtwerk zu gefährden.

Arbeitsblatt kopieren (Menü). Um Arbeitsblätter per Menü zu kopieren, brauchen Sie die entsprechende Handlungsanweisung zum Verschieben nur geringfügig abzuwandeln. Aktivieren Sie einfach im Dialogfeld VERSCHIEBEN ODER KOPIEREN das Kontrollfeld KOPIE ERSTELLEN, um eine Kopie zu erhalten. Die übrigen Hinweise sind identisch.

Arbeitsblatt löschen. Nach längerem und häufigem Arbeiten mit der Arbeitsmappe können Sie leicht in die Situation geraten, zu viele und vor allem überflüssige Arbeitsblätter in der Arbeitsmappe zu haben. In diesem Fall hilft nur noch das Löschen der überflüssigen Arbeitsblätter. *Dieser Löschvorgang ist unumkehrbar!* Beachten Sie das, bevor Sie ein Arbeitsblatt versehentlich endgültig löschen. Dann markieren Sie das oder die Arbeitsblätter, die Sie endgültig entfernen möchten. Über

BEARBEITEN ▶ BLATT LÖSCHEN

wird die Auswahl an Blättern entfernt. Zuvor erscheint eine Sicherheitsabfrage, in der Sie Ihre Handlung bestätigen müssen.

Alternativ zum Menü können Sie hierfür natürlich auch das Kontextmenü verwenden, das Sie durch Anklicken des Blattregisters öffnen. Der entsprechende Befehl lautet hier ganz einfach LÖSCHEN und ist auch in *Abbildung 3.12* zu sehen.

Arbeitsblatt ausblenden. Einer der Vorzüge von Excel ist, dass Sie nicht alles sehen müssen, womit Sie arbeiten. Arbeitsblätter wie die Hilfstabelle im oberen Beispiel können Sie ausblenden und dennoch funktionieren alle Berechnungen. Dadurch erhöhen Sie die Übersichtlichkeit, wenn Ihre Arbeitsmappe bereits sehr viele Arbeitsblätter enthält. Manchmal ist es auch aus Sicherheitsgründen praktisch, bestimmte Hilfsdaten beispielsweise nicht offen zu legen.

Um einzelne Arbeitsblätter auszublenden, markieren Sie diese. Im Beispiel soll das Tabellenblatt »Mitte« ausgeblendet werden, vgl. *Abbildung 3.15*. Über

FORMAT ▶ BLATT ▶ AUSBLENDEN

blenden Sie die markierten Arbeitsblätter aus.

Abbildung 3.15: Arbeitsblatt ausblenden

> Sie können auch einzelne Spalten oder Zeilen ausblenden – müssen also nicht gleich ein ganzes Arbeitsblatt ausblenden, nur um einzelne Inhalte zu verstecken; hierzu ausführlich *Anhang B*.

Arbeitsblatt einblenden. Sowohl um ausgeblendete Arbeitsblätter wieder einzublenden, als auch um zu prüfen, dass keine Arbeitsblätter ausgeblendet sind, öffnen Sie über

    FORMAT ▶ BLATT ▶ EINBLENDEN…

das gleich lautende Dialogfeld. Hier finden Sie alle Arbeitsblätter aufgeführt, die momentan in der aktuellen Arbeitsmappe ausgeblendet sind. In *Abbildung 3.16* sehen Sie das in der vorigen Handlungsanweisung ausgeblendete Tabellenblatt »Mitte«. Markieren Sie die Blätter, die Sie einblenden möchten, und klicken Sie auf OK.

Nun können Sie sicher sein, dass Sie alle Arbeitsblätter sehen. Die Arbeitsblätter funktionieren aber auch im ausgeblendeten Zustand problemlos, was Bezüge zwischen den einzelnen Blättern betrifft. Beispielsweise können Sie die Tabelle zu einem Diagramm ausblenden und das Diagramm wird weiterhin korrekt dargestellt.

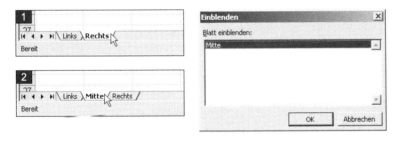

Abbildung 3.16:   Arbeitsblatt einblenden

3.6 Kurz und wichtig

Wenn Sie mit Excel Lösungen erarbeiten, können folgende Hinweise hilfreich sein:

➔ Einzelaufgaben lösen Sie dann am übersichtlichsten, wenn Sie die einzelnen Blöcke innerhalb der Aufgabe voneinander trennen. Machen Sie Ihre Lösung nachvollziehbar, indem Sie die einzelnen Zellen beschriften und die Eingaben oder Ergebnisse kommentieren.

➔ Wenn Sie Tabellen auswerten, verschaffen Sie sich zunächst Klarheit über die Tabellenstruktur und die Aufgabenstellung. Im Einzelfall sind Kontroll- und Auswertungsspalten hilfreich. Hilfstabellen bieten sich immer dann an, wenn zusätzliche Daten notwendig sind.

→ Listen sind eine geschlossene Ansammlung von Zellen, die durch Leerspalten und Leerzeilen von anderen Listen abgetrennt werden; Rahmenlinien können das Erkennen von Listen erleichtern. Während sich das Sortieren auf einzelne Listen anwenden lässt, funktioniert das Filtern nur in Tabellenblättern mit einer Liste.

→ Excel hat seine Grenzen nicht nur in der Rechengenauigkeit. Auch in der Analyse von Funktionen oder statistischen Daten unterliegt es Einschränkungen. In derartigen Fällen sollten Sie die Verwendung einer entsprechenden Spezialsoftware in Erwägung ziehen.

Anlage 3.2: Einstellungen und Tastenkombinationen

Kapitel 4

Daten eingeben

Daten bilden die Grundlage für Ihre Berechnungen. Gerade wenn Sie Einzelaufgaben lösen möchten, werden Sie zunächst die bekannten Annahmen eingeben. Dazu gehören nicht nur Zahlen, sondern auch Text und Uhrzeit beispielsweise. Excel ist hierbei erstaunlich gutmütig und nimmt Ihre Eingabe bereitwillig entgegen. Damit Sie aber frei von Überraschungen arbeiten können, geht es in diesem Kapitel um folgende Fragen:

→ Wie funktioniert die Eingabe in Excel?
→ Wie geben Sie Zahlen ein und warum werden Maßeinheiten wie »km/h« nicht eingegeben, sondern formatiert?
→ Wie geben Sie Datums- und Uhrzeitangaben richtig ein?
→ Welche Unterstützung bietet Ihnen die Gültigkeitsprüfung bei der Eingabe?

Diese Grundlagen sind nach meiner Erfahrung ziemlich wichtig, um sicher mit Excel zu arbeiten.

Voreinstellungen. Sobald Sie etwas in eine Excel-Tabelle eingeben, können Sie angeben, in welche Richtung Sie durch Drücken von ⏎ im Tabellenblatt wandern möchten. Diese Einstellung verändern Sie unter

> EXTRAS ▶ OPTIONEN ... ▶ BEARBEITEN . MARKIERUNG NACH DEM DRÜCKEN DER EINGABETASTE VERSCHIEBEN : RICHTUNG

Die Voreinstellung ist UNTEN. Im Einzelfall kann aber auch eine andere Richtung praktisch sein. Allerdings kommen Sie bereits mit Tab automatisch nach rechts.

Anlage 4.1: Programmhinweise zu Vorversionen

4.1 Eingabelogik

In Excel können Sie direkt loslegen und Ihre Zahlen und Angaben eingeben. Doch zwischen der Eingabe Ihrer Daten und deren Darstellung arbeitet Excel im Hintergrund aktiv mit, bevor das Ergebnis in der Zelle dargestellt wird. Die einzelnen Schritte werden in *Abbildung 4.1* gezeigt.

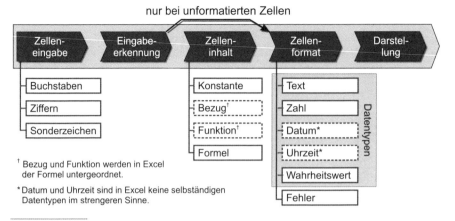

Abbildung 4.1: Von der Eingabe zum Ergebnis

> **Übung 4.1:**
>
> Geben Sie in die beiden Zellen jeweils die Zeichenfolge »10%« ein. Warum erscheint bei der zweiten Eingabe stattdessen »0,1 km/h«?

Geben Sie beispielsweise in eine leere Zelle die Zeichenfolge »10%« ein (*Zelleneingabe*). Dann erkennt Excel bereits während der Eingabe, dass Sie einen Prozentwert meinen (*Eingabeerkennung*). Da Prozentwerte tatsächlich Bruchteile von Hundert sind, wird es in Ihrer Eingabe den Wert »0,1« erkennen (*Zelleninhalt*). Gleichzeitig erkennt Excel Ihre Absicht, einen Prozentwert eingeben zu wollen; es wird den Zellenwert als *Prozentwert* formatieren (*Zellenformat*). Als *Ergebnis* wird es Ihre Eingabe so darstellen, wie Sie sie auch eingegeben haben – soweit die Zelle nicht speziell formatiert ist.

Dieser Schnelldurchgang soll etwas genauer betrachtet werden. Wenn Sie im ersten Schritt etwas in eine Zelle *eingeben*, sehen Sie in *Abbildung 4.1*, welche Möglichkeiten Sie haben: Buchstaben, Ziffern und Sonderzeichen. In den weiteren Abschnitten dieses Kapitels erfahren Sie, wie Sie damit die einzelnen Werte genau eingeben können.

Der mittlere Schritt beschreibt den *Zelleninhalt*. In diesem Kapitel erfahren Sie nur, wie Sie *Konstanten* eingeben. Das sind solche Werte, die sich nicht weiter verändern. Wenn Sie in eine Zelle die Zahl »41« eingeben, wird diese Zahl immer gleich bleiben. Die anderen Inhalte, die erst in *Kapitel 5* vorgestellt werden, sind:

- *Bezüge*: Hier gibt die Zelle den Wert einer anderen Zelle wieder – der Zellenwert ist also variabel.
- *Funktionen*: Sie können komplexe Berechnungen anstellen. Abhängig davon, ob Sie auf andere Zellen verweisen, kann das Zellenergebnis sich verändern.

- *Formeln*: Das sind Kombinationen aus Funktionen, Bezügen und Konstanten, die mithilfe von Operatoren wie den arithmetischen Rechenzeichen, Plus und Minus beispielsweise, gebildet werden. Hiermit können Sie das gesamte Repertoire von Excel ausschöpfen.

Der rechte Bereich, das *Ergebnis*, dürfte Ihnen am verständlichsten erscheinen. Hier sehen Sie, was Sie in Excel überhaupt darstellen können. Das sind einerseits die fünf Datentypen. Zusätzlich sehen Sie den Ergebnistyp FEHLER. Die einzelnen Ergebnistypen lassen sich wie folgt erklären:

- *Text (Datentyp):* Dies sind insbesondere normale Wörter wie »Agenda« oder »Teilnehmer«. Mit Texten können Sie verständlicherweise nicht rechnen.
- *Zahl (Datentyp):* Zahlen sind für Excel nicht nur ganze und Dezimalzahlen. Prozentwerte zählen zu den Zahlen genauso wie Währungsbeträge oder andere Maßeinheiten (Geschwindigkeit beispielsweise). Mit Zahlen können Sie weitergehende Berechnungen anstellen.
- *Datum (Datentyp):* Dies ist ein besonderes Zahlenformat, das die Komponenten Tag, Monat und Jahr in einer einzelnen Zahl zusammenfasst. Ein Datum kann immer nur einen Zeitpunkt beschreiben. Datumsangaben können ebenfalls in Berechnungen eingehen.
- *Uhrzeit (Datentyp):* Auch dies ist ein besonderes Zahlenformat, das mit dem Datum sehr eng zusammenhängt. Es kann behelfsweise auch einen Zeitraum beschreiben. Mit Uhrzeiten können Sie ebenfalls Berechnungen anstellen.
- *Wahrheitswert (Datentyp):* Wahrheitswerte sind beschränkt auf die Varianten WAHR und FALSCH.
- *Fehler (nur Ergebnistyp):* Fehler werden immer dann erzeugt, wenn Sie unzulässige Ergebnisse produzieren. Die unzulässige Division durch Null erzeugt #DIV/0, eine zu schmale Spalte den Fehler #####. Fehler sind aber kein selbständiger Datentyp (ausführlich hierzu *Anhang C*).

Die fünf Datentypen finden Sie auch in *Abbildung 4.2* dargestellt.

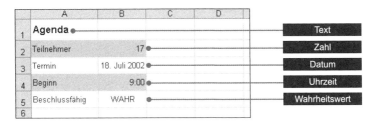

Abbildung 4.2: Datentypen am einfachen Beispiel

Dieser Ablauf von der Eingabe zum Ergebnis wird deutlicher, wenn Sie einen Blick in *Abbildung 4.3* werfen. Es kann nämlich durchaus sein, dass die Zelle bereits ein spezielles Zellenformat hat, im Beispiel »km/h«. Deshalb wird Excel im vierten Schritt des Ablaufs das Zellenformat nicht mehr aus Ihrer Eingabe ableiten. Vielmehr greift es auf das bereits zugewiesene Zellenformat zurück. Da es sich hierbei um »km/h« handelt, wird der erkannte Wert »0,1« entsprechend dem Zellenformat als »0,1 km/h« dargestellt und nicht als »10%«.

	A	B	C	D	E
1	**Beispiel für Eingabe**				
2	Unformatiert:	10%		*Zellenformat passt sich der Eingabe an*	
3					
4	Formatiert:	0,1 km/h		*Eingabe wird in Zellenformat übernommen*	
5					

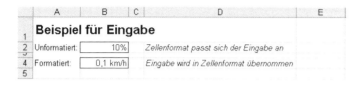

Abbildung 4.3: Eingabe in unformatierte und formatierte Zelle

Übung 4.2:

Geben Sie in die Tabelle die angegebenen Werte ein. Was fällt Ihnen hinsichtlich der Darstellung auf?

In *Abbildung 4.4* sehen Sie unterschiedlichste Eingaben, die teilweise deutlich verschieden dargestellt werden. Das liegt daran, dass Excel aus bestimmten Eingabeweisen auf den einzugebenden Wert und, soweit offen gelassen, auch auf das Zellenformat schließt. Am erstaunlichsten finde ich, dass aus »1/2« wahlweise der »01. Feb.« oder »38018« werden kann (wenn Sie diese Eingabe im Jahr 2004 machen). In den folgenden Abschnitten geht es deshalb ausführlich darum, wie Sie bestimmte Datentypen gezielt eingeben können.

Dies wird eingegeben...

...und so erscheint der Inhalt in der Zelle

	A	B	C	D	E	F	G
2	**Eingabe**		**Ergebnis**		**Zahl?**	**Text?**	**Wahrheit?**
3	15293		15293		WAHR	FALSCH	FALSCH
4	Versuch		Versuch		FALSCH	WAHR	FALSCH
5	20:15		20:15		WAHR	FALSCH	FALSCH
6	29.02.2004		29.02.2004		WAHR	FALSCH	FALSCH
7	29.02.2005		29.02.2005		FALSCH	WAHR	FALSCH
8	1/2		01. Feb		WAHR	FALSCH	FALSCH
9	wahr		WAHR		FALSCH	FALSCH	WAHR
10	12.1070		121.070		WAHR	FALSCH	FALSCH
11	12.10.70		12.10.1970		WAHR	FALSCH	FALSCH

Abbildung 4.4: Eingabe verschiedener Datentypen

Arbeitsreihenfolge. Damit Sie einen sicheren Einstieg in Excel haben, möchte ich Ihnen die Arbeitsreihenfolge beschreiben, die ich auch in meiner Vorlesung verwende:

1. Beschriften Sie die Zellen, in die Sie bestimmte Werte oder Formeln eingeben.
2. Weisen Sie dann den Wertezellen das benötigte Format zu; dieses finden Sie unter

   FORMAT ▸ ZELLEN... ▸ ZAHLEN : KATEGORIE

Das Dialogfeld ist auch in *Abbildung 4.5* zu sehen. Deutlich zu erkennen sind die zahlreichen Formate. Dabei handelt es sich aber größtenteils um Varianten des Datentyps ZAHL. Im weiteren Verlauf dieses Kapitels wird das noch deutlich.

3. Geben Sie dann den Wert oder die Formel in die Zelle ein.
4. Fügen Sie, soweit nötig, noch einen Kommentar oder Bearbeitungshinweis in die Zelle dahinter ein.

Wenn Sie der Zelle kein spezielles Zellenformat zuweisen, versucht Excel wie in *Abbildung 4.1* dargestellt, aus der Eingabe auf einen Datentyp zu schließen.

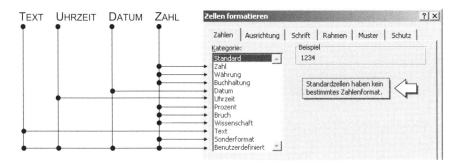

Abbildung 4.5: Passendes Zellenformat auswählen

Da Sie dieses Dialogfeld häufiger benötigen werden, ist es ratsam, sich die Tastenkombination [Strg] + [1] einzuprägen – hiermit gelangen Sie direkt in das Dialogfeld.

4.2 Text und Textreihen

Text werden Sie vor allem eingeben, um Teile Ihrer Tabelle zu beschriften. Natürlich können Sie auch Text eingeben, um Angaben wie »gut« oder »noch nicht erledigt« zu vermerken. Bei längeren Textpassagen werden allerdings die Grenzen einer Tabellenkalkulation deutlich: Es fehlen Absatzwechsel genauso wie Tabstopps – manuelle Zeilenwechsel sind aber möglich. Für den normalen Gebrauch von Texten sind die Möglichkeiten in Excel aber mehr als ausreichend.

Die Notwendigkeit, Text als TEXT auszuweisen, wird sich erst aus den anderen Datentypen erschließen. Dort finden Sie zu Beginn jedes Abschnitts immer eine Abbildung, in der ich den jeweiligen Datentyp dem Datentyp TEXT gegenüberstelle.

Mit TEXT können Sie nicht rechnen – das wird in den weiteren Abschnitten deutlich. Sobald Sie eine ZAHL gemeinsam mit TEXT verwenden, geben Sie daher nur den Wert (ZAHL) ein. Der Text, meistens eine Maßeinheit, wird per Datenformat ergänzt.

Text eingeben. Zunächst möchte ich Ihnen zeigen, wie Sie Text direkt eingeben können. Sofern die Textfolge nur mit Buchstaben beginnt, ist das kein Problem – geben Sie den Text einfach so ein:

  Das ist der Text

Etwas anders verhält es sich, wenn der Text ausschließlich aus Ziffern besteht, bei Telefonvorwahlen beispielsweise. In diesen Situationen können Sie die Ziffernfolge als Text eingeben. Direkt gelingt Ihnen das, indem Sie der Ziffernfolge ein einfaches Anführungszeichen vorweg stellen

  '04171

Dieses »Auskommentieren« von Zahlen funktioniert übrigens auch bei Formeln sehr gut. In den Übungsdateien dieses Buches habe ich damit alle Formeln als Zellenkommentar ergänzt.

> Seit Excel 2002 wird in diesem Fall allerdings ein Smarttag eingeblendet, der Sie darauf hinweist, dass Sie eigentlich eine Zahl eingegeben hätten – um den Text aufrecht zu erhalten, wählen Sie hier FEHLER IGNORIEREN, andernfalls IN EINE ZAHL UMWANDELN.

Das Zuweisen eines bestimmten Datentyps verbirgt sich etwas unauffällig in den Möglichkeiten des Dialogfelds ZELLEN FORMATIEREN, vgl. *Abbildung 4.6*. Markieren Sie diejenigen Zellen, denen Sie ein bestimmtes Datenformat zuweisen möchten. Über

  FORMAT ▶ ZELLEN... ▶ ZAHLEN : KATEGORIE = TEXT

weisen Sie diesen markierten Zellen das TEXT-Format zu. Sie kennen dieses Dialogfeld bereits aus *Abbildung 4.5*; neu ist die spezielle Auswahl. Sobald Sie die Zellen als TEXT deklariert haben, können Sie auch Zahlen und Sonderzeichen eingeben, ohne dass diese von Excel besonders ausgewertet und dargestellt würden.

Abbildung 4.6: Datentyp »Text« auswählen

> Allerdings überwacht Excel auch in diesem Fall Ihre Eingabe. Kommt es zu dem Ergebnis, dass Sie »versehentlich« eine Zahl als Text eingegeben haben, wird es Ihnen einen entsprechenden Hinweis geben.

Da die Texteingabe zugleich das erste Beispiel für die Dateneingabe in Excel-Tabellen ist, werde ich hieran das Zusammenspiel der einzelnen Eingabemöglichkeiten unter Excel erläutern. In *Kapitel 1* haben Sie die Bearbeitungsleiste bereits als Bestandteil des Programmfensters kennen gelernt – um die folgenden Hinweise zu verstehen, sollte sie eingeblendet sein. Wenn Sie dann auf eine Zelle klicken, die nicht leer ist, werden Sie in der Bearbeitungsleiste den zugehörigen Inhalt sehen. Die Bearbeitungsleiste ermöglicht es Ihnen, das Innenleben einer Tabellenzelle zu sehen, ohne die Zelle bearbeiten zu müssen.

Solange es nur um Zellen mit Konstanten wie Text geht, unterscheidet sich der Inhalt nicht von seiner Darstellung. Sobald Sie aber Zellen betrachten, die Bezüge oder gar Formeln beinhalten, gibt es einen Unterschied – dann ist die Bearbeitungsleiste ein unverzichtbares Hilfsmittel.

Eingabe über die Bearbeitungsleiste. Zunächst soll in die Zelle A1 der Titel der Bilanz eingegeben werden. Wechseln Sie zum Tabellenblatt *Bilanz*. Dieses Arbeitsblatt darf nicht geschützt und die Zelle für die Eingabe darf nicht gesperrt sein (dieser Hinweis dient nur der Kontrolle – normalerweise ist das bereits so).

Zelle öffnen. Zunächst müssen Sie die Zelle öffnen:

1. Markieren Sie die Zelle, deren Inhalt Sie bearbeiten oder in die Sie neuen Inhalt eingeben möchten, hier also A1.
2. Gehen Sie dann mit der Maus auf das Eingabefeld der Bearbeitungsleiste. Der Mauszeiger verliert übrigens seine Kreuzform und wandelt sich zum Texteingabezeiger.

Eingabe. Sobald Sie in das Eingabefeld klicken, ändert sich die ehedem fette Zellenmarkierung in einen dünneren Strich (vgl. *Teilbild 1* in *Abbildung 4.7*). Er markiert mögliche verbundene Zellen – doch dazu später mehr. Nun können Sie den Text eingeben. Dabei sind folgende Restriktionen zu beachten:

- Innerhalb einer Zelle können Sie keinen Tabulatorstopp eingeben.
- Innerhalb einer Zelle können Sie auch keinen neuen Absatz beginnen.
- Für einen Zeilenwechsel innerhalb einer Zelle drücken Sie `Alt` + `↵`. Der Texteingabezeiger wechselt in die nächste Zeile.

Zelle schließen. Um die Zelleneingabe zu beenden, stehen Ihnen zwei Möglichkeiten zur Verfügung:

- Über `↵` wechseln Sie zur nächsten Zelle, die Sie über die Optionen angegeben haben (Erklärung im Anschluss an diese Handlungsanweisung).
- Über `Tab` wechseln Sie stets zur nächsten Zelle rechts von der aktuellen Zelle.

Der Inhalt wird damit in die aktive Zelle übernommen und Sie wechseln, je nach Voreinstellung, zur nächsten Zelle.

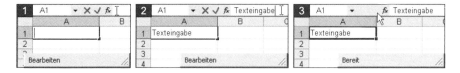

Abbildung 4.7: Zelleneingabe über die Bearbeitungsleiste

> In so genannten Matrix-Formeln müssen Sie die Zelleneingabe anders beenden (genauer in *Kapitel 5*).

Eingabe über die Zelle direkt. Sie brauchen den Bilanztitel nicht über die Bearbeitungsleiste einzugeben. Sie können ihn auch direkt in die Zelle eingeben. Damit Sie den Zelleninhalt über die Zelle direkt ändern können, sollten Sie jedoch sicherstellen, dass unter

EXTRAS ▶ OPTIONEN… ▶ BEARBEITEN : DIREKTE ZELLBEARBEITUNG AKTIVIEREN

das Kontrollfeld aktiviert ist. Andernfalls können Sie diese Handlungsanweisung nicht umsetzen:

1. Öffnen Sie den Zelleninhalt, indem Sie auf die Zelle doppelklicken. Der Mauszeiger verlässt wieder seine Kreuzform und wandelt sich zum Texteingabezeiger, vgl. *Teilbild 1* in *Abbildung 4.8*.

2. Nun stehen Ihnen alle Möglichkeiten offen, die Sie auch in der vorigen Handlungsanweisung hatten. Geben Sie also »Texteingabe« ein.

3. Drücken Sie ⏎, um die Zelle in der von Ihnen angegebenen Richtung zu verlassen (vgl. hierzu *Seite 57*); drücken Sie Tab, um zur nächsten Zelle rechts von der aktiven zu wechseln.

Bei kurzen Inhalten ist es durchaus praktisch, diese direkt in der Zelle zu ändern. Wenn Sie aber längere Formeln und komplizierte Ausdrücke eingeben möchten, werden Sie sehr schnell die Vorzüge der Bearbeitungsleiste schätzen lernen.

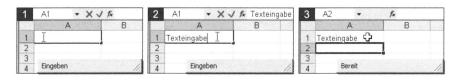

Abbildung 4.8: Eingabe direkt in die Zelle

Nun können Sie auf diese Weise weitere Bezeichnungen in die Tabelle eingeben. Zusätzliche Formatierungen werden im Dialogfeld ZELLEN FORMATIEREN über die Einstellungen der folgenden Registerkarten geändert; vgl. die Handlungsanweisung *Text eingeben*:

- AUSRICHTUNG: Einstellungen zum Ausrichten des Zelleninhalts horizontal und vertikal.
- SCHRIFT: Zeichenformatierungen; bitte *nicht* verwechseln mit dem Zuweisen des richtigen Datentyps!
- RAHMEN: Möglichkeiten, um Zellen oder Zellbereiche durch Rahmenlinien hervorzuheben.
- MUSTER: Hintergrundfarben für Zellen. In diesem Fall darauf achten, dass Sie für die SCHRIFT eine ausreichende Kontrastfarbe gewählt haben, um die Tabelle leserlich zu halten.
- SCHUTZ: Möglichkeiten, um Zelleninhalte vor den Blicken Fremder zu schützen.

Textreihen eingeben. Solange Sie nur einzelne Texte eingeben, ist dies mit den zuvor gezeigten Möglichkeiten schnell erledigt. Anders verhält es sich, wenn Sie wiederkehrende Bezeichnungen oder Angaben eingeben müssen. Doch Excel kann Sie hierbei unterstützen. Angenommen, Sie möchten eine anonymisierte Namensliste erzeugen. Diese Liste soll lediglich aus dem Eintrag »Person...« und einer fortlaufenden Zählung bestehen. Das gelingt wie folgt am schnellsten, vgl. *Abbildung 4.9*:

1. Geben Sie in die Zelle A1 den Text »Person 01« ein und markieren Sie dann diese Zelle.

2. Bringen Sie den Mauszeiger über das Ausfüllkästchen der Markierung. Der Mauszeiger wechselt von dem dicken Kreuz zu einem sehr dünnen Kreuz.

3. Ziehen Sie über das Ausfüllkästchen die Markierung entlang der Spalte A auf die gewünschte Größe. Sie können sie übrigens nur in eine Richtung je Aktion ausdehnen. Die Kurzinformation verrät Ihnen den letzten Eintrag.

4. Wenn die Kurzinformation »Person 05« anzeigt, ist der Bereich ausreichend groß: Lassen Sie die linke Maustaste wieder los.

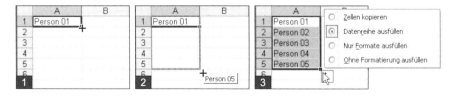

Abbildung 4.9:   Textreihen per Maus eingeben

> Damit diese Methode funktioniert, muss sich der Zahlenteil am vorderen oder hinteren Ende des Zelleninhalts befinden. »1. Person« funktioniert genauso wie »Person 1«. Diese Methode gelingt jedoch nicht, wenn Sie »Die 1. Person« zu einer Reihe aufziehen möchten, weil sich hier der Zahlenteil nicht am Rand befindet.

Die wahrscheinlich richtige Variante wäre zwar, diese Reihe als Datentyp ZAHL einzugeben und den Textteil über die Zahlenformatierung zu ergänzen. Wenn Sie aber wissen, dass Sie mit der Reihe keine weiteren Berechnungen anstellen, können Sie diese Reihe auch als Text eingeben.

Eine Besonderheit seit Excel 2002 sind die Smarttags (vgl. *Teilbild 3*). Diese erscheinen in Form eines eingeblendeten Symbols im Tabellenteil. Sobald Sie mit der Maus auf dieses Symbol zeigen, erweitert es sich um einen Auswahlpfeil. Klicken Sie hierauf, wird eine Auswahl kontextspezifischer Optionen eingeblendet.

Im vorliegenden Fall könnten Sie auswählen, ob Sie den Inhalt der ersten Zelle in alle weiteren *kopieren* (Variante A) oder die Datenreihe *ausfüllen* möchten (Variante B); letztere Option ist aktiv, weil sie Ihrer Aktion entspricht – für die erste Variante müssten Sie in *Schritt 3* zusätzlich Strg drücken. Die beiden anderen Optionen beziehen sich auf den Inhalt und die Formatierungen.

Textfolgen eingeben (Reihenvervollständigung). Eine sehr mächtige und nützliche Eingabehilfe unter Excel sind vordefinierte Textfolgen. Typische Wortgruppen wie die Wochentage von Montag bis Sonntag einzugeben, ist bei der x-ten Wiederholung reichlich lästig. Bevor ich Ihnen zeige, wie Sie eigene Wortfolgen definieren können, lernen Sie, mit den vorhandenen Wortfolgen umzugehen, den Wochentagen beispielsweise (vgl. *Abbildung 4.10*):

1. Geben Sie in eine Zelle das Wort »Montag« ein. Bestätigen Sie die Eingabe und markieren Sie diese Zelle.
2. Wie bei *Textreihen eingeben* (vgl. *Seite 65*) müssen Sie die Markierung wieder über das Ausfüllkästchen erweitern.
3. Achten Sie auf die Kurzinformation am Mauszeiger, während Sie die Auswahl vergrößern. Sie verrät Ihnen, welches der aktuelle Zielwert ist, wenn Sie die Markierung beenden.
4. Sobald die Markierung die gewünschte Größe hat, lassen Sie die linke Maustaste wieder los. Die Fläche enthält in regelmäßiger Folge die Namen der Wochentage.

Seit Excel 2002 erscheint wiederum ein Smarttag am Ende des erweiterten Bereichs. Die Wochentage werden korrekt als solche erkannt. Sie können dieses Beispiel auch mit Monatsnamen problemlos wiederholen.

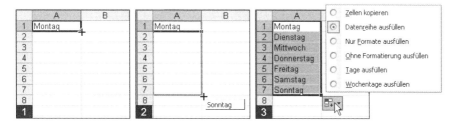

Abbildung 4.10: Wochentage eingeben

Eigene Textfolgen anlegen. Excel ist nicht besonders schlau, wie Sie jetzt sehen werden. Damit auf »Montag« ein »Dienstag« folgt, muss dies Excel nämlich mitgeteilt werden. Das geschieht automatisch, wenn Sie Excel installieren. Um diese Einstellung zu prüfen oder zu verändern, öffnen Sie, wie in *Abbildung 4.11* dargestellt, die entsprechenden Programmeinstellungen über

EXTRAS ▶ OPTIONEN... ▶ BENUTZERDEFINIERTE LISTEN

Hier sehen Sie, sofern die Einträge noch nicht verändert wurden, acht vordefinierte Listen sowie den Eintrag NEUE LISTE. Sobald Sie in der Auswahl BENUTZERDEFINIERTE LISTEN eine Liste wählen, erscheinen im Eingabefeld LISTENEINTRÄGE die einzelnen Listenelemente.

Die vordefinierten Listen können Sie nicht verändern – das Eingabefeld LISTENEINTRÄGE ist in diesem Fall inaktiv.

Eigene Listen können Sie ganz einfach anlegen:

1. Wählen Sie in der linken Auswahl BENUTZERDEFINIERTE LISTEN den Eintrag NEUE LISTE. Die Texteingabe wechselt automatisch in den rechten Bereich LISTENEINTRÄGE.

2. Geben Sie nun das erste Listenelement ein.

3. Um das nächste Listenelement einzugeben, drücken Sie einfach ⏎. Das Texteingabezeichen ist nun in der nächsten Zeile. Geben Sie hier das nächste Listenelement ein.

4. Wiederholen Sie den vorherigen Schritt so lange, bis Ihre Liste vollständig ist – Sie können die Listeneinträge später wieder ändern.

5. Bestätigen Sie Ihre Liste, indem Sie auf HINZUFÜGEN klicken.

6. Die fertige Liste erscheint in der linken Auswahl. Das Dialogfeld können Sie jetzt wieder schließen.

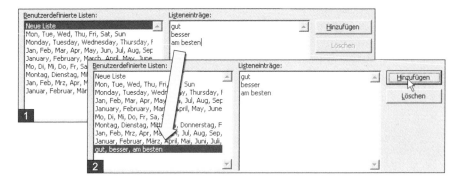

Abbildung 4.11: Benutzerdefinierte Liste anlegen

> Falls Ihre Liste bereits in einer Tabelle steht, klicken Sie im Dialogfeld auf IMPORTIEREN. Sie können dann die Listenwerte auswählen. Excel fügt sie als neue Liste hinzu, ohne Verknüpfungen.

Benutzerdefinierte Listen können Sie auf diese Weise auch ganz einfach ändern. Sobald Sie die Liste in der Auswahl BENUTZERDEFINIERTE LISTEN gewählt haben, erscheinen alle Einträge im rechten Bereich LISTENEINTRÄGE. Im Unterschied zu den vorgegebenen Listen können Sie hier die Einträge verändern, ergänzen und löschen.

Es wird Sie sicherlich interessieren, ob Ihre Liste auch funktioniert. Wiederholen Sie dazu die Handlungsanweisung *Textfolgen eingeben (Reihenvervollständigung)*; geben Sie in die erste Zelle aber einen Wert Ihrer selbst definierten Liste ein, beispielsweise »gut«, vgl. *Abbildung 4.12*.

Abbildung 4.12: Benutzerdefinierte Liste ausprobieren

Eingabe über die Auswahlliste. Die nächste Eingabemöglichkeit, die ich Ihnen zeigen möchte, eignet sich zur wiederholten Eingabe von Werten, ohne dass Sie hierfür eine spezielle Liste anlegen – die angebotenen Werte ergeben sich aus den bereits eingegebenen. Voraussetzung ist, dass sich die Werte bereits innerhalb der gleichen Spalte in einer der angrenzenden Zellen befinden. Damit das folgende Beispiel gelingt, sollte die Einstellung

> EXTRAS ▶ OPTIONEN... ▶ BEARBEITEN : AUTOVERVOLLSTÄNDIGEN FÜR ZELLWERTE AKTIVIEREN

aktiviert sein. Dann haben Sie zwei Alternativen.

(1) Automatische Auswahlliste. Die automatische Auswahlliste bietet sich immer dann an, wenn Sie den Text erst gar nicht eingeben, sondern gleich übernehmen möchten. Das lässt sich am besten am Ausfüllen einer Wertetabelle beschreiben. Die folgenden Schritte finden Sie auch in *Abbildung 4.13* dargestellt:

1. Öffnen Sie die Zelle und klicken Sie dann mit der rechten Maustaste hinein. Es öffnet sich das Kontextmenü (vgl. *Teilbild 1*).
2. Wählen Sie hier den Menüeintrag DROPDOWN-AUSWAHLLISTE… Es öffnet sich unterhalb der Zelle eine Liste, die Ihnen eine Reihe von Inhalten anbietet. Dies sind, in einfacher Zusammenstellung, alle Werte der angrenzenden Zellen der gleichen Spalte (vgl. *Teilbild 2*).
3. Über die Richtungstasten ↑ und ↓ und natürlich auch mithilfe der Maus wählen Sie den gewünschten Eintrag aus – wenn Sie über die Richtungstasten wählen, müssen Sie den Eintrag mit ⏎ bestätigen.
4. Die Eingabe beenden Sie mit ⏎.

Möchten Sie anstelle der automatischen Auswahlliste bestimmte Werte vorgeben, lesen Sie bitte die Möglichkeiten zur Gültigkeitsprüfung nach.

Abbildung 4.13:   Dateneingabe über die Auswahlliste

(2) Automatische Vervollständigung. Die zweite Möglichkeit ist, mit der Eingabe des gewünschten Werts zu beginnen. Sobald Excel einen übereinstimmenden Wert findet, wird es die passende Ergänzung als Eingabevorschlag anbieten. Die hierzu notwendigen Schritte sind in *Abbildung 4.14* dargestellt:

1. Beginnen Sie dazu in Zelle B6 oder in der nächsten freien Zelle darunter mit der Eingabe des Wohnorts, beispielsweise »Hamburg«.
2. Sobald Excel aufgrund des vorangehenden (und gegebenenfalls auch nachfolgenden) Zelleninhalts erkennt, was Sie möchten, schlägt es Ihnen den Rest vor.
3. Möchten Sie diesen Wert übernehmen, beenden Sie die Eingabe mit ⏎.
4. Wenn die vorgeschlagene Vervollständigung nicht Ihren Vorstellungen entspricht, geben Sie Ihren Text ganz normal weiter ein. Lassen Sie sich nicht davon beeindrucken, dass Excel ständig nach passenden Vervollständigungen sucht. Sobald sich keine mehr finden, ist die Eingabe wieder wie gehabt.
5. Ihren auf diese Weise eingegebenen Wert können Sie durch ⏎ bestätigen.

Die automatische Vervollständigung kann anfangs irritieren und mitunter auch lästig werden, wenn Sie häufiger mit ähnlichen, aber nicht gleichen Werten arbeiten. Deaktivieren Sie dann einfach die oben genannte Option. Im Unterschied zur automatischen Auswahlliste hat die Vervollständigung aber den Vorteil, dass Sie mit den Fingern auf der Tastatur bleiben können. Der Arbeitsfluss wird dadurch nicht gebremst.

Abbildung 4.14: Dateneingabe durch automatisches Vervollständigen

> Schlägt Excel Ihnen bereits eine Vervollständigung vor und Sie möchten nur die »kurze« Variante eingeben, geben Sie den Wert so weit wie nötig ein. Um den vorgeschlagenen Rest abzulehnen, drücken Sie einfach [Backspace] – die Vervollständigung wird entfernt. Beenden Sie dann die Eingabe.

Eingabe in mehrere markierte Zellen. Bislang haben Sie Werte stets in einzelne Zellen eingegeben. Nun sollen Sie auf einfache Weise die Tabelle mit Grundwerten »initialisieren«. Diese Werte werden später noch individuell abgeändert, dienen jetzt aber der Orientierung:

1. Markieren Sie diejenigen Zellen, in die Sie die Werte eingeben möchten.

2. Sie können nur über die Bearbeitungsleiste einen Wert in die aktive Zelle eingeben – das aber wie gewohnt. Sie können auch die Auswahlliste verwenden. Ihr Inhalt richtet sich aber nach der aktiven Zelle und deren Auswahlliste.

3. Im Unterschied zu allen vorangegangenen Handlungsanweisungen müssen Sie diesmal die Eingabe zwingend mit [Strg] + [↵] bestätigen. Der Inhalt der aktiven Zelle wird damit in alle markierten Zellen übertragen.

Sie können den Wert natürlich auch einmal in die Zwischenablage übernehmen, um ihn entsprechend oft wieder einzufügen. Dieses Verfahren ist aber weniger elegant.

Eingabe in mehrere markierte Tabellenblätter. Angenommen, Sie möchten mehrere Tabellenblätter mit gleichen Inhalten vorbereiten. Dann können Sie natürlich ein Blatt fertig gestalten und dieses anschließend kopieren. Wenn Sie aber nur einzelne Werte in alle Tabellen eingeben möchten und die Tabellenblätter sich sonst unterscheiden, wäre dies eher mühsam. Sie müssten zahlreiche Stellen nachbessern. Sofern sich die Zellen an der jeweils gleichen Position befinden, ist die folgende Methode eleganter:

1. Markieren Sie, wie in der vorangegangenen Handlungsanweisung, diejenigen Zellen, in die Sie die Werte eingeben möchten.

2. Wechseln Sie zum Blattregister. Markieren Sie unter Zuhilfenahme von `Strg` und `⇧` diejenigen Tabellenblätter, auf die sich Ihre Eingabe ebenfalls auswirken soll.

3. Geben Sie, wie in der vorangegangenen Handlungsanweisung, den Wert in die aktive Zelle ein.

4. Sofern Sie nur eine einzelne Zelle markiert hatten, können Sie die Eingabe über `↵` abschließen. Hatten Sie mehrere Zellen markiert, müssen Sie die Eingabe über `Strg` + `↵` abschließen.

Da Sie bei der Auswahl der Tabellenblätter keine Kontrolle darüber haben, was sich in den einzelnen Blättern befindet, sollten Sie vorher einen prüfenden Blick darauf werfen, um nicht versehentlich vorhandene Werte zu überschreiben.

Spalten- und Zeilenunterschiede aufspüren. An einem einfachen Textbeispiel möchte ich Ihnen zeigen, wie Sie den Inhalt einer Zelle mit den Inhalten der angrenzenden Zellen vergleichen können. Um das lebendiger zu gestalten, sehen Sie in *Abbildung 4.15* eine Tabelle, in der das Wort »Wurm« markiert ist. Aufgabe ist es nun, alle Zellen zu markieren, die ebenfalls das Wort »Wurm« enthalten. Aus Sicht von Excel geht es darum, alle Zellen zu markieren, die sich von der aktuell markierten unterscheiden. Öffnen Sie über

BEARBEITEN ▶ GEHE ZU… ▶ INHALTE…

- das Dialogfeld INHALTE auswählen. Wenn Sie jetzt, wie in *Abbildung 4.15* dargestellt, die Alternative SPALTENUNTERSCHIEDE auswählen und bestätigen, passiert Folgendes:
- Excel dehnt den Vorgabebereich auf die gesamte Zeile (!) aus, in der Sie die Zelle markiert haben.
- Nun wird in den angrenzenden Zellen oberhalb und unterhalb geschaut, welche Zelle innerhalb einer Spalte den gleichen Inhalt aufweist wie die Zelle, die sich in der Zeile der Startzelle befindet.
- Da im Beispiel in jeder Zelle der Zeile 3 der Eintrag »Wurm« steht, werden somit alle »Wurm«-Zellen oberhalb und unterhalb der Zeile gefunden.

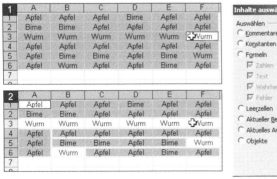

Abbildung 4.15: Spaltenunterschiede ermitteln

Text aufspüren. Solange Ihre Tabelle überhaupt nur aus Text besteht, werden Sie dieser Handlungsanweisung wenig Bedeutung beimessen. Sobald Sie aber weiter hinten im Buch angelangt sind, möchten Sie möglicherweise nur diejenigen Zellen markieren, die einfachen und direkt eingegebenen Text enthalten. Dazu öffnen Sie über

    BEARBEITEN ▶ GEHE ZU… ▶ INHALTE…

das Dialogfeld INHALTE AUSWÄHLEN. Um nur den direkt eingegebenen Text aufzuspüren,

- aktivieren Sie das Optionsfeld KONSTANTEN
- und deaktivieren Sie innerhalb dieser Gruppe alle Kontrollfelder außer TEXT.

Wenn Sie auf OK klicken, wird Excel alle Zellen markieren, die direkt eingegebenen Text enthalten. Übrigens finden Sie in *Abbildung 4.16* auch die Unterscheidungen, die Sie in *Abbildung 4.1* bereits kennen gelernt haben.

Abbildung 4.16: Text aufspüren

4.3 Zahlen und Zahlenreihen

Zahlen sind der wichtigste und wohl auch häufigste Datentyp, den Sie in Excel-Tabellen benötigen werden. Deshalb möchte ich Ihnen als Erstes hierzu einen Tipp geben, der im weiteren Verlauf deutlich wird.

> Immer wenn Sie innerhalb einer Zelle Zahlen mit Text kombinieren müssen (»5 Personen«, »3,7 km/h«), geben Sie nur die Zahl ein – die Maßeinheit wird erst durch den Datentyp zugewiesen.

Was passiert, wenn Sie sich nicht an diesen Tipp halten, sehen Sie in *Abbildung 4.17*. In der Spalte *Richtig* wurden alle Eingaben korrekt als Datentyp ZAHL deklariert. Dass die Zelle B4 in der Ergebnisansicht nicht nur die Zahl »17«, sondern zusätzlich »Personen« zeigt, wurde über das Zahlenformat zugewiesen – es ist keine Eingabe, wie Sie mit Blick in die Bearbeitungsleiste erkennen! Den Unterschied sehen Sie in der rechten Spalte. Hier wurde die Personenanzahl als Text ebenfalls mit eingegeben. Jeder Versuch, einen Text mit einer Zahl zu verrechnen, muss zwangsläufig scheitern. Die Fehlermeldung in der Zelle B12 ist also unvermeidbar.

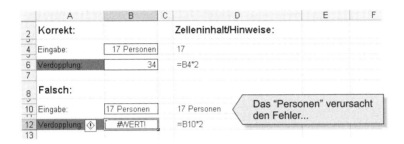

Abbildung 4.17: Abgrenzung Zahl und Text

Die Datentypen TEXT und ZAHL weisen also weitreichende Unterschiede auf. In der Ergebnisdarstellung der einzelnen Zelle ist dieser Unterschied nicht unbedingt auszumachen – der Blick in die Bearbeitungsleiste zeigt den Unterschied aber deutlich. Und spätestens beim Rechnen werden Sie anhand des Fehlers bemerken, ob Sie mit Zahlen oder Text rechnen.

Um das Beispiel auszubauen, werfen Sie bitte einen Blick auf *Abbildung 4.18*. Hier sehen Sie einige wichtige Untertypen des Datentyps ZAHL. Allen diesen Ergebnissen in der Spalte B ist gemeinsam, dass eventuelle Formatierungen wie die Währungszeichen, das Prozentzeichen oder der Bruchstrich erst durch das Zahlenformat erzeugt werden. In der Zelle selbst steht immer nur der Wert, ohne Einheit.

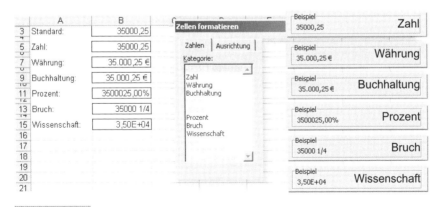

Abbildung 4.18: Datentyp »Zahl« auswählen (mit Untertypen)

Bevor Sie mit dem Zuweisen von Zahlentypen beginnen, sollten Sie einige allgemeinere Einstellungen überprüfen, die das Programm und das Betriebssystem betreffen.

Zahlenvorgaben definieren. Sofern Sie häufiger mit bestimmten allgemeinen Vorgaben arbeiten möchten, aktivieren Sie

> EXTRAS ▶ OPTIONEN… ▶ BEARBEITEN : FESTE DEZIMALSTELLE SETZEN

Dann können Sie über die Auswahl STELLENANZAHL einen Wert vorgeben. Diese Einstellung ist ganz nützlich, wenn Sie standardmäßig mit Kommazahlen arbeiten.

Ländereinstellungen festlegen. Abhängig von der Region, in der Ihr Computer steht, können das Dezimaltrennzeichen, das Tausendertrennzeichen und das Währungssymbol variieren. Zumindest bei älteren Betriebssystemen kann es notwendig sein, die Währung von DM auf Euro umzustellen. Die Währungseinstellungen finden Sie unter

> START ▶ EINSTELLUNGEN ▶ SYSTEMSTEUERUNG ▶ REGIONS- UND SPRACHOPTIONEN ▶ REGIONALE EINSTELLUNGEN : [STANDARDS UND FORMATE]

Im Bereich BEISPIELE sehen Sie die derzeit aktiven Einstellungen. Sofern Sie kein festes Gebietsschema verwenden möchten, klicken Sie auf ANPASSEN… In den einzelnen Registerkarten können Sie die Einstellungen anpassen.

Damit Excel auf diese Systemeinstellungen zurückgreift, aktivieren Sie in Excel die Einstellung

> EXTRAS ▶ OPTIONEN… ▶ INTERNATIONAL : TRENNZEICHEN VOM BETRIEBSSYSTEM ÜBERNEHMEN

Standardmäßig ist es bereits aktiv.

Zahlen eingeben. Folgende Hinweise sind für Sie wichtig, wenn Sie Zahlen eingeben:

- *Positive Zahlen:* Um eine positive Zahl einzugeben, brauchen Sie nur die entsprechenden Zifferntasten zu drücken. Es ist dabei egal, ob Sie die Tasten oberhalb der Buchstaben oder die Tasten des separaten Ziffernblocks verwenden.
- *Negative Zahlen:* Zur Eingabe einer negativen Zahl drücken Sie zunächst das Minuszeichen ⌐ – das ist der Bindestrich, der sich gemeinsam mit dem Unterstrich die Taste teilt – und geben Sie dann die Zahl ein.
- *Dezimalzahlen:* Verwenden Sie das eingestellte Dezimalzeichen, um den ganzzahligen Teil vom Bruchteil abzutrennen.
- *Tausenderwerte:* Tausenderpunkte geben Sie nicht manuell ein, sondern weisen sie durch das Zahlenformat zu.

Einfache Zahlen ohne besondere Einheiten einzugeben, ist normalerweise nicht schwierig. Deshalb möchte ich Ihnen ein paar Hinweise für wichtige Zahlentypen geben.

> Wenn Sie die Zahlen über das Menü formatieren, müssen Sie selbstverständlich die entsprechenden Zellen markiert haben.

(1) Währungsbeträge. Excel kann die in den Systemeinstellungen eingetragene Währung bei der Eingabe automatisch erkennen. Angenommen, Sie haben unter Windows Euro (»€«) als Standardwährung eingetragen, könnten Sie den Euro-Währungsbetrag »15,20 €« direkt eingeben als

    15,20 € ⏎   oder € 15,20 ⏎

Beide Varianten sind möglich. Alle anderen Währungsbeträge müssen Sie über das Zellenformat realisieren:

    FORMAT ▶ ZELLEN… ▶ ZAHLEN : KATEGORIE = WÄHRUNG

Diese Alternative hat den Vorteil, dass Sie die Einstellungen für DEZIMALSTELLEN, WÄHRUNGSSYMBOL und NEGATIVE ZAHLEN detailliert anpassen können.

(2) Buchhaltungswerte. Buchhaltungswerte unterscheiden sich von Währungsbeträgen nur dadurch, dass das Währungszeichen bei linksseitiger Platzierung linksbündig ausgerichtet wird und negative Zahlen nicht besonders formatiert werden können. Ansonsten bestehen keinerlei Unterschiede. Sie können sie bei der Eingabe auch nicht besonders kenntlich machen; es geht nur über den Datentyp:

    FORMAT ▶ ZELLEN… ▶ ZAHLEN : KATEGORIE = BUCHHALTUNG

(3) Prozentwerte. Für Prozentwerte existiert wie bei Währungsbeträgen eine Möglichkeit, diese Werte auch direkt einzugeben. Voraussetzung hierfür ist, dass Sie die Einstellung

    EXTRAS ▶ OPTIONEN… ▶ BEARBEITEN : AUTOMATISCHE PROZENTWERTEINGABE AKTIVIEREN

aktiviert haben. Dann können Sie einen Wert von »16,0%« direkt eingeben als

    16,0% ⏎   oder %16,0 ⏎

Genauer können Sie Prozentwerte darstellen, indem Sie der Zelle den Datentyp

    FORMAT ▶ ZELLEN… ▶ ZAHLEN : KATEGORIE = PROZENT

zuweisen. Bei Prozentwerten denken Sie aber bitte daran, dass 100% dem Wert »1« entspricht.

Abbildung 4.19: Prozentwerte eingeben

(4) Bruchzahlen. Wenn Sie Bruchzahlen direkt eingeben möchten, müssen Sie stets eine Ganzzahl mit eingeben, vgl. *Abbildung 4.20.* Angenommen, Sie möchten den Wert »0,5« als Bruch eingeben, lautet die Eingabe

0 [Leertaste] 1/2 [↵]

Um den Wert 12,75 als Bruch einzugeben, lautet die Eingabe »12 3/4«. Am sichersten gelingt es aber über den passenden Datentyp:

FORMAT ▶ ZELLEN… ▶ ZAHLEN : KATEGORIE = BRUCH

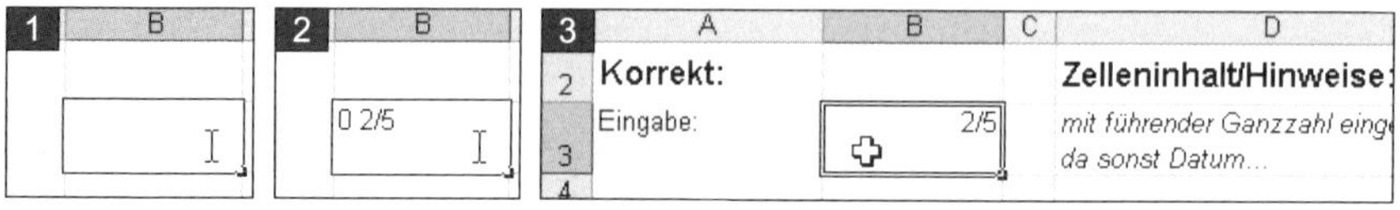

Abbildung 4.20: Bruchzahlen eingeben

(5) Wissenschaftliche Zahlen. Wissenschaftliche Zahlen sind so genannte Exponentialzahlen. Da sie oftmals besonders große oder kleine Werte ausdrücken, wird der Übersichtlichkeit halber die Zahl aufgeteilt. Über eine erste Zahl wird der Wert und über den Exponentialteil die Größenordnung ausgedrückt. Um den Wert »100« einzugeben, drücken Sie

1E2 [↵]

Excel erkennt daraus »1,00E02«. Um den Wert »0,01« einzugeben, drücken Sie »1e-2« und Excel erkennt daraus 1,00E-02. Genauer geht es wiederum über den passenden Datentyp:

FORMAT ▶ ZELLEN… ▶ ZAHLEN : KATEGORIE = WISSENSCHAFT

Eigene Zahlenformate zuweisen. Excel kennt eine ganze Reihe vordefinierter Zahlenformate. Wenn Sie aber die Geschwindigkeit »52,7 km/h« eingeben müssen, bietet Excel Ihnen keine vordefinierte Alternative an, nicht einmal als SONDERFORMAT. Sie können aber selber beliebige Zahlenformate festlegen. Dazu markieren Sie die entsprechende Zelle und öffnen

FORMAT ▶ ZELLEN… ▶ ZAHLEN : KATEGORIE = BENUTZERDEFINIERT

Hier können Sie mithilfe der Formatierungsschalter, auf die ich in diesem Buch nur am Rande eingehen werde, zahlreiche Anpassungen vornehmen. Um eine Zahl als Geschwindigkeit zu formatieren, geben Sie in das Eingabefeld TYP »#,###" km/h"« ein. Dieser Ausdruck besteht aus zwei Teilen:

- Das #-Zeichen ist ein allgemeiner Ziffernplatzhalter, der allerdings nicht signifikante Nullen unterdrückt. »#,###« sorgt also dafür, dass alle Zahlen mit maximal drei Nachkommastellen angezeigt werden – sind die letzten Kommastellen nur Nullen (»27,200«), werden diese nicht dargestellt (»27,2«).

- Dahinter steht in Anführungszeichen die zugewiesene Einheit, hier also »km/h«. Das führende Leerzeichen sorgt dafür, dass zwischen der Zahl und der Einheit etwas Platz ist.

In der Auswahl des Dialogfelds sowie in der Excel-Hilfe finden Sie weitere hilfreiche Beispiele, um eigene Zahlenformate zu definieren.

Zahlenreihen eingeben. Während Excel bei Textreihen noch auf benutzerdefinierte Listen (vgl. *Seite 66*) zurückgreifen muss, können Sie Zahlenreihen direkt erzeugen.

Eingabe per Maus. Am einfachsten geben Sie Zahlenreihen mithilfe der Maus ein, wie Sie in *Abbildung 4.21* sehen können. Allerdings sind bei dieser Methode nur arithmetische Reihen möglich (die Differenz der einzelnen Elemente zueinander ist konstant):

1. Geben Sie in die erste Zelle den *Startwert* der Reihe ein, beispielsweise »1«. Dann geben Sie in die Nachbarzelle den Folgewert ein. Als Nachbarzelle ist jede senkrecht oder waagerecht angrenzende Zelle geeignet. Im Beispiel wird die Zelle unterhalb genommen und ihr der Wert »2« zugewiesen. Die Differenz des ersten zum zweiten Wert bestimmt den Verlauf der arithmetischen Reihe.
2. Markieren Sie beide Zellen; ob Sie von links nach rechts oder unten nach oben markieren, ist unbedeutend und bringen Sie den Mauszeiger über das Ausfüllkästchen der Markierung.
3. Erweitern Sie die Markierung, bis die Reihe die gewünschte Länge hat. Die QuickInfo gibt Ihnen den Hinweis auf den gerade aktuellen Endwert.
4. Sobald der Umfang stimmt, lassen Sie die linke Maustaste wieder los.

Seit Excel 2002 erscheint am Ende der Reihe ein Smarttag. Hier können Sie zwar nicht eine arithmetische in eine geometrische Reihe überführen; Sie haben aber einige andere nützliche Auswahlmöglichkeiten.

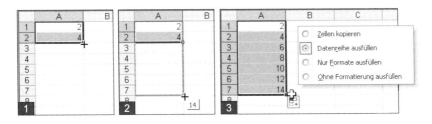

Abbildung 4.21: Zahlenreihen per Maus eingeben

Eingabe per Menü. Etwas mehr Komfort bietet Ihnen der Weg über das Menü, vgl. *Abbildung 4.22*:
- Tragen Sie in eine Zelle den *Startwert* ein.

- Markieren Sie diese Zelle. Wenn Sie die Reihe auf eine Anzahl von Zellen begrenzen möchten, markieren Sie zusätzlich zur Startzelle auch die angrenzenden Zellen, soweit nötig.

Öffnen Sie dann über

BEARBEITEN ▶ AUSFÜLLEN ▶ REIHE…

das gleich lautende Dialogfeld:

- Wählen Sie hier als Erstes den Reihentyp aus. Für den Datentyp ZAHL gibt es LINEAR (also: arithmetisch) und GEOMETRISCH.
- Die Wirkung des INKREMENT (»Schrittweite«) richtet sich nach dem Reihentyp. Bei *linearen* Reihen ist das Inkrement die Differenz zweier Reihenelemente, bei *geometrischen* Reihen der Quotient – oder umgekehrt: Bei arithmetischen Reihen wird das Inkrement stets zum jeweiligen Reihenelement addiert, bei geometrischen Reihen wird das jeweilige Reihenelement stets mit dem Inkrement multipliziert.
- Falls Sie im Vorfeld dieses Dialogfelds keinen Zellenbereich markiert haben, tragen Sie in das Eingabefeld ENDWERT den maximal zulässigen Wert des letzten Glieds ein. Excel wird beim Ausfüllen im Zweifelsfall unter diesem Wert bleiben. Ist der Endwert geringer als der Startwert, erweitert um das Inkrement, wird diese Aktion nicht ausgeführt.
- Falls Sie im Vorfeld keinen Zellenbereich markiert haben, müssen Sie bei REIHE IN zudem noch angeben, ob Sie die Zahlenreihe entlang der ZEILE oder SPALTE ausfüllen möchten – die Wirkung ist selbsterklärend.

Klicken Sie auf OK, um die Aktion auszuführen. Das Ergebnis sehen Sie in *Teilbild 2*. Diese Aktion wird kein Ergebnis produzieren, wenn der Endwert zu kurz gegriffen ist. Das kann gerade bei geometrischen Reihen sehr leicht passieren, weil ein multiplikativer Anstieg oftmals sehr schwer eingeschätzt werden kann.

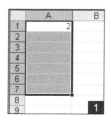

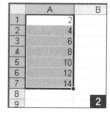

Abbildung 4.22:   Zahlenreihen per Menü eingeben

Zahlen aufspüren. Bislang habe ich Ihnen nur gezeigt, wie Sie Zahlen eingeben können. Genauso wie Sie Text aufspüren können (vgl. hierzu *Seite 72*), gelingt dies auch mit Zahlen. Dazu aktivieren Sie innerhalb der Gruppe KONSTANTEN als einziges das Kontrollfeld ZAHLEN, vgl. *Abbildung 4.23*.

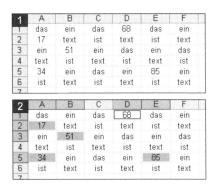

Abbildung 4.23: Zahlenwerte aufspüren

4.4 Datum und Datumsreihen

Alle Angaben, die Zeitpunkte betreffen, folgen in Excel einer eigenen Logik. Das liegt daran, dass Excel für Zeitangaben, seien es Datums- oder Uhrzeitangaben, eine so genannte serielle (also fortlaufende) Zahl verwendet. Deren Nullpunkt stimmt aber nicht etwa mit dem Beginn unserer Zeitrechnung überein, also Christi Geburt. Sondern Microsoft hat den Nullpunkt auf das Jahr 1900 verlegt. Da diese Zahl keine negativen Werte annehmen kann, sind alle Angaben vor 1900 in Excel nicht darstellbar. Auf die Probleme, die daraus resultieren, geht *Kapitel 8* genauer ein.

Bei Datumsangaben ist es ausgesprochen wichtig, dass sie richtig eingegeben werden. In *Abbildung 4.24* finden Sie dieses dargestellt. In der linken Spalte »Richtig« wurde das Datum richtig klassifiziert. Das Hinzufügen zweier Tage lässt das Datum vom 07. auf den 09. März ansteigen. In der rechten Spalte wurde das Datum als Text klassifiziert. Der hohe Wert, den Sie in der Zelle D6 sehen, verdeutlicht Ihnen die serielle Zahl, die ich bereits erwähnt habe.

Abbildung 4.24: Abgrenzung Datum und Text

Nullpunkt festlegen. Der kleinste Datumswert ist standardmäßig der 1. Januar 1900. Dies können Sie um vier Jahre nach vorne verlegen, sofern Sie die Einstellung

　　EXTRAS ▶ OPTIONEN... ▶ BERECHNUNG : 1904-DATUMSWERTE

aktivieren. Dann wird der 1. Januar 1904 zum kleinsten zulässigen Datumswert.

> Der (mir bekannte) einzige Vorteil dieser Einstellung ist, dass Sie dann mit negativen Datumswerten rechnen könnten – was in der Praxis nur in Spezialfällen notwendig ist.

Restriktionen für Datumsangaben. Der letzte zulässige Datumswert ist in jedem Fall der 31. Dezember 9999. Schaltjahre werden korrekt berücksichtigt. Weil die Datumszahl keine negativen Werte annehmen kann, führen Datumswerte vor dem 1. Januar 1900 bzw. 1904 zu Fehlermeldungen in der Berechnung.

> Zeiträume können Sie nicht als Datumsangaben eingeben. Der Zeitraum »9 Monate« ist keine Datumsangabe, sondern eine Zahl in der Einheit »Monate«!

Ländereinstellungen festlegen. Zunächst sollten Sie wieder die Ländereinstellungen im Betriebssystem kontrollieren, die sich auch auf die Datumsanzeige auswirken. Diese finden Sie bei den Währungseinstellungen (vgl. *Seite 74*). Wichtige Datumseinstellungen sind beispielsweise, welchem Jahrhundert zweistellige Jahreszahlen zugeordnet werden sollen, mit welchem Trennzeichen die Datumskomponenten bei der Eingabe voneinander abgetrennt und wie kurze und lange Datumsangaben angezeigt werden sollen.

Datumsangaben eingeben. Zunächst möchte ich Ihnen einige Varianten vorstellen, mit denen Sie Datumsangaben direkt eingeben können. Ein zulässiges Trennzeichen wäre der *Punkt*:

　　17.05.1999 ⏎ oder 17.05.99 ⏎

Sie können die führenden Nullen auch weglassen und »17.5.1999« oder »17.5.99« eingeben. Anstelle des Punkts können Sie ebenso gut auch den *Bindestrich* als Trennzeichen verwenden. Wichtig hierbei ist, dass Sie die einzelnen Komponenten in der deutschen Reihenfolge eingeben, also TAG-MONAT-JAHR:

　　17-05-1999 ⏎ oder 17-05-99 ⏎

Führende Nullen können auch hier weggelassen werden, also »17-5-1999« oder »17-5-99«. Statt des Bindestrichs können Sie auch den Schrägstrich zum Trennen verwenden:

　　17/05/1999 ⏎ oder 17/05/99 ⏎

Führende Nullen können weggelassen werden (beispielsweise »17/5/99«).

> Damit diese Angaben nicht mit Bruchzahlen verwechselt werden, müssen die drei Angaben direkt aufeinander folgen; Leerzeichen sind zu vermeiden.

Eine weitere zulässige Variante sind ausgeschriebene Angaben:

12. MAI 1999 ⏎ oder 12. MAI 99 ⏎

Möglich, im Einzelfall aber gefährlich ist es, wenn Sie nur die ersten beiden Datumskomponenten angeben. Eine Eingabe wie

17/05 ⏎ oder 17/05 ⏎

wird als »17. Mai« erkannt und um das aktuelle Jahr (in meinem Fall: 17.05.2004) ergänzt. Wenn die Interpretation in Tag und Monat aber nicht sinnvoll ist wie bei »12.15«, wird die Eingabe allerdings als MONAT-JAHR-Angabe interpretiert – Sie erhalten dann »Dezember 2015« und als Tag wird automatisch der Monatserste ergänzt.

> Ein nicht existierendes Datum wie der »29. Februar 2003« wird nicht als Datum erkannt, sondern als Text, da dieser Tag nicht existiert!

Am sichersten ist es in jedem Fall, wenn Sie das Datum der Zelle als Datentyp direkt zuweisen. Die Einstellung finden Sie unter

FORMAT ▶ ZELLEN... ▶ ZAHLEN : KATEGORIE = DATUM

Abgesehen davon, dass Sie sich bei der Eingabe von Datumsangaben an bestimmte Konventionen halten müssen, unterscheidet sich das Vorgehen nicht von der allgemeinen Eingabe.

Abbildung 4.25: Datum eingeben

Datumsreihe eingeben. Datumsreihen können Sie ähnlich den Zahlenreihen sowohl per Maus als auch per Menü ausfüllen. Eine Besonderheit gilt es bei beiden Varianten zu beachten. Da eine Datumsangabe bis zu vier Komponenten enthält, müssen Sie in jedem Fall überlegen, was für die Datumsreihe relevant ist:

- TAG: Die Tageszahl läuft kontinuierlich fort.
- WOCHENTAG: Die Tageszahl überspringt Samstage und Sonntage.

- MONAT: Der Monat wird gezählt, die Tageszahl bleibt konstant oder wird auf den nächsten vorhandenen Wert abgerundet: 31.01. – 28.02. – 31.03. …
- JAHR: Nur das Jahr wird gezählt, Tag und Monat bleiben unverändert oder werden auf den nächsten vorhandenen Wert abgerundet.

Eingabe per Maus. Am einfachsten ist es wiederum, in eine Zelle den Startwert einzugeben, beispielsweise den »17.05.1999«. Im Unterschied zu Zahlenreihen genügt bereits der Startwert, um die Datumsreihe aufzuziehen (vgl. hierzu *Seite 66*). Standardmäßig wird die Variante TAG verwendet. Sobald Sie die Reihe aber fertig aufgezogen haben, erscheint seit Excel 2002 am Ende ein Smarttag. Hierüber können Sie auswählen, welche dieser Komponenten Sie fortgesetzt wissen möchten, vgl. *Abbildung 4.26*.

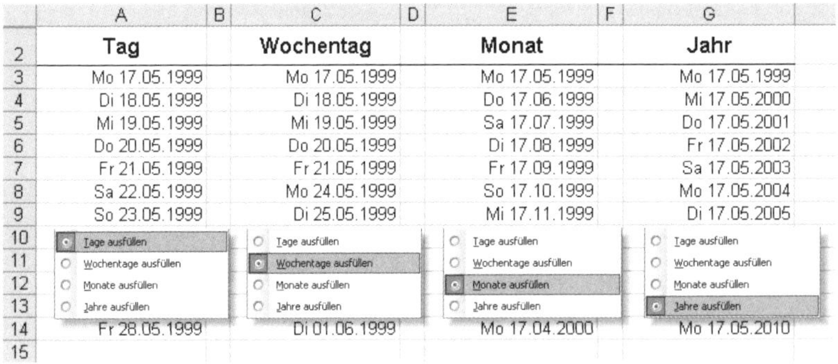

Abbildung 4.26: Datumsreihe aus Startwert per Maus aufziehen

Natürlich haben Sie auch die Möglichkeit, ergänzend zum Startwert einen ersten *Folgewert* einzugeben. Sobald Sie die Datumsreihe über beide Werte aufziehen, wird automatisch das vorgegebene Intervall berücksichtigt. Aber auch dieses können Sie anschließend über die vier Varianten Ihren Bedürfnissen anpassen.

Eingabe per Menü. Genauer gelingen Datumsreihen über das Menü. Wichtig ist, dass Sie zunächst als Startwert ein Datum eingeben. Anschließend markieren Sie den Bereich (inklusive des Startwerts), den Sie mit der Reihe ausfüllen möchten; falls der Startwert kein Datum ist, verweigert Excel das Ausfüllen von Datumsreihen. Öffnen Sie nun über

BEARBEITEN ▶ AUSFÜLLEN ▶ REIHE…

das gleich lautende Dialogfeld:

- Als TYP für die Reihe wählen Sie DATUM.
- Wichtig sind die datumsspezifischen Varianten in der Gruppe ZEITEINHEIT. Sie sind allesamt bereits oben erklärt.
- Schließlich müssen Sie noch das INKREMENT (»Schrittweite«) eingeben, dessen konkrete Wirkung sich nach der Zeiteinheit richtet. Der Wert »1« gemeinsam mit der Zähleinheit »Monat« zählt den Kalendertag über die Monate hinweg.

- Sofern Sie vor Öffnen des Dialogfelds einen Zellenbereich markiert hatten, können Sie den ENDWERT offen lassen. In diesem Fall können Sie weiterhin offen lassen, ob Sie die Datumsreihe entlang der ZEILE oder SPALTE ausfüllen möchten.

Klicken Sie auf OK, um die Datumsreihe auszufüllen.

Datumsangaben aufspüren. Datumsangaben können Sie nicht speziell aufsuchen, da Excel sie den Zahlen unterordnet. Wenn Sie also die Handlungsanweisung *Zahlen aufspüren* (vgl. *Seite 78*) umsetzen, werden auch Datumsangaben markiert.

4.5 Uhrzeit und Zeitreihen

Uhrzeit- und Zeitraumangaben sind mit den Datumsangaben eng verbunden, wie *Kapitel 8* genauer zeigt. Ähnlich wie bei Datumsangaben gibt es auch bei der Eingabe von Zeitangaben einiges zu beachten, damit Sie damit richtig rechnen können und nicht, wie in *Abbildung 4.27* dargestellt, einen Fehler erzeugen.

Abbildung 4.27:   Abgrenzung Uhrzeit und Text

Ländereinstellungen festlegen. Wie bereits für die Zahlen und das Datum beschrieben, sollten Sie zunächst die Einstellungen Ihres Betriebssystems daraufhin überprüfen, wie die Uhrzeitanzeige eingestellt ist. Diese Angaben finden Sie bei den Währungseinstellungen (vgl. *Seite 74*). Prüfen Sie beispielsweise, ob Zeitangaben im 12- oder 24-Stunden-System dargestellt werden sollen.

Uhrzeit eingeben. Wie bei den vorangegangenen Datentypen auch, möchte ich Ihnen zeigen, wie Sie Uhrzeitangaben direkt eingeben können. Die Reihenfolge aller Komponenten ist

   STUNDE : MINUTE : SEKUNDE , BRUCHTEIL

Wie dargestellt, verwenden Sie allgemein den Doppelpunkt. Nur Bruchteile von Sekunden werden durch Komma abgetrennt. Sofern Sie nur *zwei Komponenten* eingeben, werden diese automatisch als STUNDE : MINUTE interpretiert. Die Eingabe

   08:17 ↵

wird als »08 Uhr 17 Minuten 0 Sekunden« interpretiert; führende Nullen können Sie übrigens weglassen. Auf der sicheren Seite sind Sie, wenn Sie alle drei Komponenten angeben:

   08:17:05 ↵

Angenommen, Sie tragen Rundenzeiten von Sportveranstaltungen ein, so können Sie die Stundenangabe auch weglassen, sofern Sie dafür den Sekundenbruchteil mit angeben. Die Angabe

01:32,155 ⏎

wird als »0 Stunden, 1 Minute, 32 Sekunden, 155 Tausendstel« interpretiert.

> Verwenden Sie für die Stunde einen Wert größer als 23, interpretiert Excel zusätzlich eine Datumsangabe in den Wert hinein.

Mehr Kontrolle über die Zahlendarstellung haben Sie, wenn Sie der Zelle das Zeitformat über

FORMAT ▸ ZELLEN… ▸ ZAHLEN : KATEGORIE = UHRZEIT

zuweisen. Sie haben einmal die Möglichkeit, auf vordefinierte Zeitformate zurückzugreifen. In der KATEGORIE: BENUTZERDEFINIERT können Sie zudem besondere Zeitdarstellungen definieren.

Uhrzeitreihen eingeben. Im Unterschied zu Datumsreihen können Sie Uhrzeitreihen am einfachsten nur mittels Maus eingeben, da sie ohne zusätzliche Datumsangabe wie Zahlenreihen behandelt werden. Dazu geben Sie, wie bei Zahlenreihen, einen Startwert und einen ersten Folgewert ein und markieren beide. Sobald Sie diese Markierung über das Ausfüllkästchen erweitern, wird die Uhrzeitreihe ausgebaut.

Zeitangaben aufspüren. Zeitangaben können Sie, wie Datumsangaben auch, nicht speziell aufspüren, da Excel sie ebenfalls den Zahlen unterordnet. Wenn Sie aber die Hinweise befolgen, mit denen Sie *Zahlen aufspüren* (vgl. *Seite 78*), dann werden auch die Zeitangaben markiert.

4.6 Gültigkeitsprüfung verwenden

Bislang haben Sie erfahren, wie Sie beliebige Werte und Texte in eine Zelle eingeben und richtig formatieren können. Sobald Sie aber anfangen, Tabellenblätter für bestimmte Aufgaben zu entwickeln, werden Sie sich fragen, wie Sie die Eingabe in einzelne Zellen eingrenzen können.

Hierbei hilft Ihnen die Gültigkeitsprüfung. Sobald Sie eine Zelle mit einer Gültigkeitsprüfung versehen, können Sie nur noch die Werte eingeben, die Sie zugelassen haben – bei jeder Eingabe erfolgt eine Gültigkeitsprüfung. Das ist ganz praktisch, wenn Sie über Excel-Tabellen beispielsweise Umfragen machen und sicherstellen wollen, dass nur sinnvolle Angaben vermerkt werden.

Am besten werfen Sie einen Blick auf *Abbildung 4.28*. Dort sehen Sie direkt unterhalb der Gültigkeitsprüfung die Ihnen inzwischen vertrauten Datentypen. Unterhalb der einzelnen Datentypen finden Sie die Möglichkeiten, die Sie zur Gültigkeitsprüfung haben.

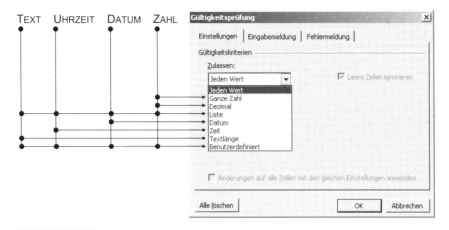

Abbildung 4.28: Mögliche Gültigkeitsprüfungen in Excel

Die Eingabe des Datentyps TEXT beispielsweise können Sie auf eine bestimmte maximale TEXTLÄNGE eingrenzen. Oder Sie definieren von vornherein eine LISTE der zulässigen Texte – das können einzelne Wörter und ganze Absätze sein. Den Datentyp ZAHL können Sie wahlweise auf GANZE ZAHLEN oder DEZIMALZAHLEN eingrenzen. Wie bei TEXT haben Sie daneben die Möglichkeit, den Benutzer aus einer LISTE von Zahlen auswählen zu lassen. Der Typ BENUTZERDEFINIERT wird in diesem Buch nicht behandelt. Hierüber können Sie komplexe Gültigkeiten festlegen.

Gültigkeitsprüfung für Text festlegen. Als Erstes soll für Text eine Gültigkeitsprüfung festgelegt werden. Im Beispiel soll es darum gehen, die Urteile auf die Einträge einer Liste einzugrenzen, vgl. *Abbildung 4.29*.

Tabellenlayout. Sobald Sie mit Gültigkeitsprüfungen arbeiten, empfiehlt es sich, ein bestimmtes Tabellenlayout einzuhalten. Wie in der Abbildung zu sehen, ordnen Sie die Werte am besten oberhalb der eigentlichen Liste an. Dann haben Sie die Gültigkeitswerte übersichtlich verfügbar. Zugleich können Sie diese Tabellenzeilen ausblenden.

Gültigkeitsprüfung. Die Liste der Werte, die als gültig erkannt werden, haben Sie also bereits angelegt. Beginnen Sie dann mit der Umsetzung. Dazu markieren Sie den Zellenbereich, dem Sie eine Gültigkeit zuweisen möchten. Über

DATEN ▶ GÜLTIGKEIT…

öffnen Sie das Dialogfeld GÜLTIGKEITSPRÜFUNG. Im Vordergrund sollte sich die Registerkarte EINSTELLUNGEN befinden, vgl. *Abbildung 4.29*:

1. Als ZULASSEN wählen Sie die Alternative LISTE aus. Klicken Sie nun in das Eingabefeld QUELLE.

2. Über das Auswahlsymbol am rechten Feldrand öffnen Sie die Zellenauswahl. Die Liste muss sich zwingend im *gleichen Tabellenblatt* befinden!

3. Markieren Sie die Zellen C4 bis C8 (hier sollte der Text stehen, den Sie vor dem ersten Schritt eingegeben haben) und übernehmen Sie die Auswahl über das Symbol am rechten Rand.

4. Achten Sie darauf, dass die beiden Kontrollfelder LEERE ZELLEN IGNORIEREN und ZELLENDROPDOWN aktiviert sind.

5. Über die Registerkarte EINGABEMELDUNG können Sie eine Kurzinformation festlegen. Die Einstellungen der Registerkarte FEHLERMELDUNG erlauben es Ihnen, die Wirkung eines Gültigkeitsverstoßes festzulegen – dies wird im Anschluss betrachtet.

6. Über OK schließen Sie das Dialogfeld und übernehmen die Einstellungen.

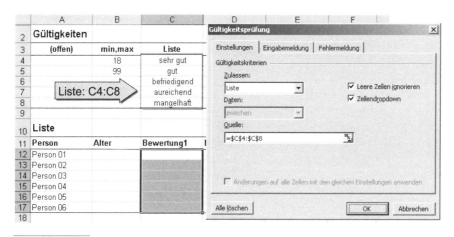

Abbildung 4.29: Gültige Auswahlliste für Text festlegen

Sobald Sie in eine der Zellen klicken, denen Sie diese Gültigkeitsprüfung zugewiesen haben, werden Sie am rechten Zellenrand einen Auswahlpfeil entdecken. Hierüber können Sie einen der Texte auswählen. Sie können ihn selbstverständlich auch direkt eingeben. Unterläuft Ihnen allerdings ein Rechtschreibfehler, werden Sie eine Fehlermeldung bekommen. Was dann genau passiert, richtet sich danach, welchen Typ Fehlermeldung Sie ausgewählt haben. *Abbildung 4.30* zeigt die drei Alternativen. Am engsten ist die Alternative STOPP. Hier können Sie nur wiederholen oder abbrechen. Nicht gültige Inhalte können hier unter keinen Umständen eingegeben werden. Am schwächsten ist die Alternative INFORMATION. Hier brauchen Sie den Hinweis nur zu bestätigen und Sie können den nicht gültigen Inhalt dennoch eingeben.

Gültigkeitsprüfung für Zahlen festlegen. Eine Gültigkeitsprüfung lässt sich natürlich auch für Zahlen festlegen. Alternativ zur Liste können Sie die Eingabe insbesondere auf ganze Zahlen oder Dezimalzahlen eingrenzen. Da Sie bei den statistischen Daten nur ganzzahlige Werte eingeben sollen, ist die Gültigkeitsprüfung ein sinnvolles Werkzeug, um die Eingabe zu kontrollieren:

1. Markieren Sie die Zellen, denen Sie eine Gültigkeitsprüfung zuweisen möchten.
2. Über DATEN ▶ GÜLTIGKEIT… öffnen Sie das Dialogfeld GÜLTIGKEITSPRÜFUNG. Im Vordergrund sollte erneut die Registerkarte EINSTELLUNGEN sein.
3. Als ZULASSEN wählen Sie den Typ GANZE ZAHL aus. Über die Auswahl DATEN können Sie angeben, dass sie ZWISCHEN zwei noch anzugebenden Werten liegen.
4. Tragen Sie in das Eingabefeld MINIMUM den Wert 0 und in das Eingabefeld MAXIMUM den Wert 6 ein.
5. Diesmal können Sie nur das Kontrollfeld LEERE ZELLEN IGNORIEREN aktivieren. Eine EINGABEMELDUNG und eine FEHLERMELDUNG können Sie nach Belieben festlegen; vgl. hierzu *Schritt 5* auf *Seite 86*.
6. Über OK bestätigen Sie Ihre Einstellungen.

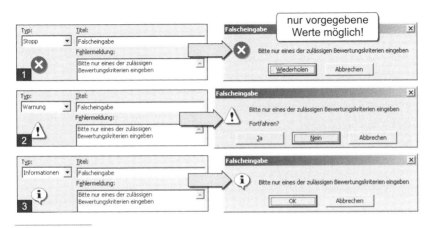

Abbildung 4.30: Gültigkeitsalternativen

Sobald Sie jetzt versuchen, einen unzulässigen Wert in eine der eingerichteten Zellen einzugeben, werden Sie darauf hingewiesen, dass dieser Wert außerhalb des zulässigen Bereichs liegt. Die Wirkung richtet sich abermals nach der Fehlerwirkung.

Vorhandene Gültigkeitsprüfungen aufspüren. Gültigkeitsprüfungen haben den Nachteil, dass man sie einer Zelle von außen nicht ansieht. Um dennoch herauszufinden, welche Zellen mit einer Gültigkeitsprüfung versehen wurden, können Sie wieder die Inhaltssuche verwenden, vgl. *Abbildung 4.31*:

1. Über BEARBEITEN ▶ GEHE ZU… öffnen Sie das gleichnamige Dialogfeld.
2. Klicken Sie hier auf INHALTE…, um das Dialogfeld INHALTE AUSWÄHLEN zu öffnen.
3. Aktivieren Sie das Optionsfeld GÜLTIGKEITSPRÜFUNG, um entsprechende Zellen aufzuspüren. Die Unterauswahl ALLES wird sämtliche Gültigkeitsprüfungen innerhalb des aktuellen Tabellenblatts aufspüren. Sofern Sie bereits eine Zelle mit einer Gültigkeitsprüfung markiert haben, können Sie über die Un-

terauswahl GLEICHE auch diejenigen Zellen aufspüren, deren Gültigkeitsprüfung der aktuellen Zelle entspricht.

4. Wenn Sie auf OK klicken, wird Excel alle Zellen markieren, denen eine Gültigkeitsprüfung zugewiesen wurde, die der Unterauswahl entspricht.

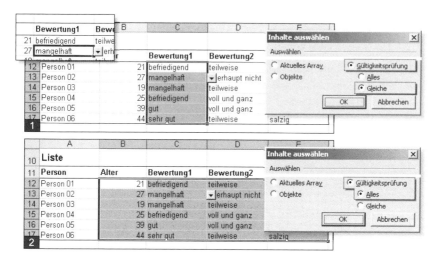

Abbildung 4.31:   Gültigkeitsprüfungen aufspüren

4.7 Kurz und wichtig

Damit Sie von Anfang an sicher in Excel eingeben können, sind folgende Hinweise wichtig:

→ Excel überwacht Ihre Eingaben im Hintergrund und wertet sie aus, soweit Sie nicht ein spezielles Zellenformat vorgeben.

→ Zahlen geben Sie einfach als Zahlen ein. Gehört zur Zahl ein beschreibender Text wie eine Maßeinheit (»km/h« beispielsweise), wird diese formatiert und nicht eingegeben – im Zweifelsfall interpretiert Excel den Inhalt nämlich insgesamt als Text.

→ Geben Sie Datums- und Uhrzeitangaben möglichst vollständig ein, damit sie nicht mit anderen Angaben (Bruchzahl beispielsweise) verwechselt werden.

→ Mithilfe der Gültigkeitsprüfung können Sie die Eingabe auf bestimmte Werte eingrenzen.

Anlage 4.2: Einstellungen und Tastenkombinationen

Kapitel 5

Ergebnisse berechnen

Im vorigen Kapitel haben Sie die Annahmen einer Aufgabe eingegeben, die Konstanten. Das sind meist Zahlen und Beschriftungen. Im vorliegenden Kapitel wird mit diesen Eingaben gerechnet. Das können entsprechend der empfohlenen Vorgehensweise Zwischenschritte sein oder Ergebnisse. Dabei lernen Sie die wesentlichen Hilfsmittel kennen:

➔ Wieso bilden die Bezüge in Excel die Grundlage bei Berechnungen?
➔ Wie werden die Grundrechenarten in Excel eingegeben?
➔ Was sind Funktionen und wie werden sie verwendet?
➔ Wie bilden Sie eigene Formeln und welche Besonderheit haben Matrixformeln?
➔ Welche Hilfe bieten Ihnen die Statusleiste und die Zwischenablage?

In Verbindung mit dem vorherigen Kapitel erfahren Sie hier die wesentlichen Grundlagen, um in Excel eigene Aufgaben zu lösen. Die nachfolgenden Kapitel vertiefen dieses Wissen. Erst *Kapitel 9* führt Sie in einen weiteren Bereich von Excel ein, das Gestalten von Diagrammen.

Voreinstellungen. Excel rechnet normalerweise mit 15 Nachkommastellen. Wenn Sie aber nur eine oder zwei Nachkommastellen anzeigen lassen, kann es bei umfangreichen Berechnungen zu – scheinbar – unerwarteten Rundungseffekten kommen. Um dies zu vermeiden, aktivieren Sie

> EXTRAS ▶ OPTIONEN… ▶ BERECHNUNG : GENAUIGKEIT WIE ANGEZEIGT

Diese Einstellung ist selbsterklärend – und gilt als Programmeinstellung für alle Arbeitsmappen, die Sie nun öffnen.

> Ich persönlich lasse diese Einstellung inaktiv. Stattdessen verwende ich die Excel-Funktion RUNDEN(), um einzelne Ergebnisse zu runden

Weiterhin haben Sie die Möglichkeit, anstelle des Zellenergebnisses den Zelleninhalt darzustellen. Allerdings ist das nur selten praktisch (eigentlich nur zu Lehrzwecken), weil Sie den Zelleninhalt auch in der Bearbeitungsleiste sehen können. Prüfen Sie deshalb, ob die Einstellung

> EXTRAS ▶ OPTIONEN… ▶ ANSICHT ▶ [FENSTEROPTIONEN] : FORMELN

deaktiviert ist.

Anlage 5.1: Programmhinweise zu Vorversionen

5.1 Bezüge

Bezüge sind eine Art Querverweis auf andere Zellen oder Zellenbereicahe. In *Kapitel 3* erfuhren Sie, dass Sie Aufgaben in Excel strukturiert lösen sollten. Mit Bezügen können Sie die Annahmen, die Sie bereits in einigen Zellen stehen haben, in Ihren weiteren Berechnungen berücksichtigen, ohne sie hierfür neu eingeben zu müssen. Bezüge ersparen Ihnen somit doppelte Arbeit und schützen zugleich vor Fehlern.

Bezugssystem einstellen. Excel kennt zwei unterschiedliche Bezugssysteme. Im Rahmen dieses Buchs wird nur das so genannte A1-Bezugssystem verwendet. Alle Bezugsadressen werden hierbei auf den Ursprung des Tabellenblatts in der linken oberen Ecke bezogen. Die Alternative hierzu – sie wird in diesem Buch nicht verwendet – ist das als Z1S1-Bezug bezeichnete System. Es arbeitet ohne festen Ursprung. Stattdessen werden alle Bezüge auf die jeweilige Zelle selbst bezogen. Um nur das A1-Bezugssystem zu verwenden, prüfen Sie bitte, ob die Einstellung

EXTRAS ▶ OPTIONEN… ▶ ALLGEMEIN : Z1S1-BEZUGSART

deaktiviert ist. Namensbezüge sind von dieser Einstellung nicht betroffen.

Übung 5.1:

Üben Sie die unterschiedlichen Bezüge. Die Wirkung können Sie in den Tabellen anhand der Namenswahl beurteilen.

Bezug eingeben. Zunächst zeige ich Ihnen, wie Sie einen einfachen Bezug eingeben. Die wichtigsten Teilschritte sehen Sie auch in *Abbildung 5.1*:

1. Markieren Sie die Zelle B10 und klicken Sie in die Bearbeitungsleiste, um mit der Eingabe zu beginnen, vgl. *Teilbild 1* (insoweit kein Unterschied zur Eingabe von einfachem Text, vgl. *Kapitel 4*).

2. Geben Sie als Erstes ein Gleichheitszeichen ein, vgl. *Teilbild 2*. Hiermit signalisieren Sie, dass der folgende Zelleninhalt keine Konstante ist.

3. Klicken Sie in der Tabelle auf die Zelle B4. Hierauf soll die Zelle B10 verweisen. Sobald Sie auf die Zelle klicken, wird ihre Adresse in die Bearbeitungsleiste übernommen, vgl. *Teilbild 3*. Zugleich wird die markierte Zelle durch einen Rahmen eingefasst, dessen Farbe identisch ist mit der Zellenadresse in der Bearbeitungsleiste.

4. Klicken Sie wieder in die Bearbeitungsleiste hinter die Zellenadresse. Der Rahmen der markierten Zelle B4 wird »massiv«, bleibt aber eingefärbt.

5. Drücken Sie ⏎ oder klicken Sie mit der Maus auf das Symbol EINGEBEN, um die Eingabe abzuschließen. Nun verschwindet die Markierung der bezogenen Zelle B4 und in der Zelle B10 erscheint der Inhalt aus B4, vgl. *Teilbild 4*.

Insgesamt steht in der Zelle B10 also

=B4

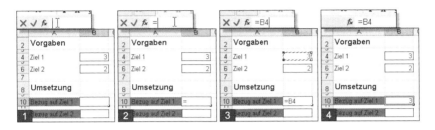

Abbildung 5.1: Bezug eingeben

Bezüge in Dialogfeldern. In vielen Dialogfeldern von Excel bietet sich Ihnen die Möglichkeit, Bezüge in Tabellenblätter einzugeben. Excel hat dabei eine eigene Logik, die ich kurz beschreiben möchte. Sie können den Bezug natürlich per Tastatur in das Eingabefeld eingeben – es geht jedoch auch per Maus, was häufig einfacher ist:

1. Klicken Sie auf die Schaltfläche, die Sie am rechten Rand des Eingabefelds sehen, vgl. *Abbildung 5.2*.

2. Sobald Sie darauf geklickt haben, reduziert sich das (ehedem große) Dialogfeld auf ein einfaches Eingabefeld. Dieses gibt den Blick frei auf die Arbeitsmappe.

3. Wählen Sie nun über das Blattregister das gewünschte Arbeitsblatt aus; sofern zulässig, können Sie auch mehrere Arbeitsblätter markieren.

4. Sobald Sie innerhalb des (sichtbaren) Tabellenblatts Zellen markieren, sehen Sie, wie die Zellenadressen in das Eingabefeld des reduzierten Dialogfelds übernommen werden. Soweit zulässig, können Sie mithilfe von Strg auch mehrere Zellenbereiche markieren.

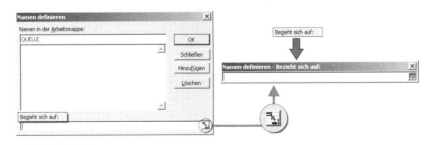

Abbildung 5.2: Dialogfeld auf Eingabefeld reduzieren

5. Sobald der Bezug stimmt, klicken Sie auf die Schaltfläche am rechten Rand des Eingabefelds, vgl. *Abbildung 5.3* – das Dialogfeld erscheint wieder in seiner ursprünglichen Größe.

Diese Eingabemöglichkeit werden Sie recht häufig in Excel antreffen. Damit Sie in den reduzierten Dialogfeldern den Überblick behalten, achten Sie auf die Bezeichnung in der Titelleiste. Sie setzt sich, wie in *Abbildung 5.2* deutlich hervorgehoben, aus dem Namen des eigentlichen Dialogfelds sowie der Bezeichnung des gewählten Eingabefelds zusammen.

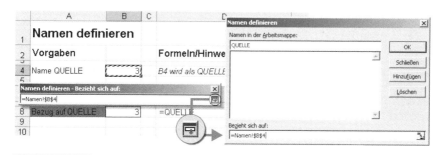

Abbildung 5.3: Reduziertes Dialogfeld wieder maximieren

Bezüge sind ein zentrales Thema in Excel. Das Programm kennt insgesamt mehrere Bezugsalternativen. Diese sind in *Abbildung 5.4* vergleichend dargestellt und werden nun genauer betrachtet. Beginnen möchte ich mit den Varianten der *Adressierung*, genauer der *Zellenadressen*.

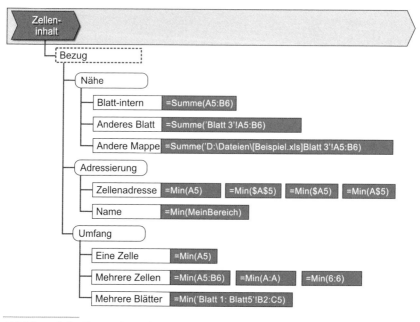

Abbildung 5.4: Bezugsalternativen

Relative Bezüge. Der oben eingegebene Bezug ist ein so genannter relativer Bezug. Ob ein Bezug relativ oder absolut ist, macht für den einzelnen Bezug keinen Unterschied. Erst wenn Sie den Zelleninhalt in eine andere Zelle übertragen, werden die Unterschiede deutlich, wie *Abbildung 5.6* für relative Bezüge zeigt

1. Markieren Sie die Zelle B4 und klicken Sie in die Bearbeitungsleiste. Geben Sie hier das Gleichheitszeichen ein und klicken Sie auf die Zelle A3; die Zellenadresse erscheint als Bezug wiederum in der Bearbeitungsleiste. Beenden Sie die Eingabe – in der Zelle B4 steht »=A3«.

2. Markieren Sie nun die Zelle B4. In der Ecke rechts unten sehen Sie das Ausfüllkästchen, das Sie bereits von der Eingabe halbautomatischer Textreihen (vgl. *Seite 65*) her kennen. In *Abbildung 5.5* habe ich Ihnen das Vorgehen für die konkrete Aufgabe noch einmal zusammengestellt.

3. Bringen Sie den Mauszeiger über das Ausfüllkästchen (achten Sie auf seine Form!) und erweitern Sie die Markierung auf die Spalte. Lassen Sie dann die Maustaste wieder los.

4. Während die Spalte noch markiert ist, zeigen Sie mit dem Mauszeiger wiederum auf das Ausfüllkästchen und erweitern die Markierung auf die benachbarten Spalten.

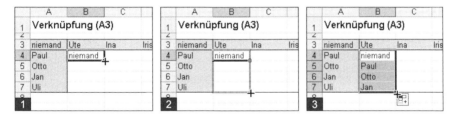

Abbildung 5.5: Bezüge auf benachbarte Zellen übertragen

Im Ergebnis sehen Sie eine Tabelle, die sowohl die Frauen- als auch die Männernamen zeigt. Wenn Sie mit der Maus auf eine einzelne Zelle klicken, erkennen Sie deutlich, dass Excel die Bezüge angepasst hat. Während in der Zelle B4 noch der Bezug auf A3 zeigt, heißt der Bezug in Zelle D6 dagegen C5.

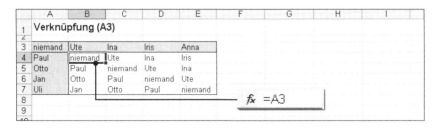

Abbildung 5.6: Tabelle mit relativen Bezügen

Absolute Bezüge. Die Besonderheiten der Bezüge werden deutlich, wenn ich Ihnen die nächste Variante vorstelle, die absoluten Bezüge. In diesem Fall lautet die interne Marschroute beispielsweise »Gehe direkt zu Zelle A3«. (Sie kennen diese Weganweisung vielleicht von Monopoly: »Gehe direkt ins Gefängnis…«) Bei absoluten Bezügen wird nicht nach links oder rechts geschaut, sondern nur auf die absolut definierte Zelle. Am Beispiel wird die Wirkung deutlich:

1. Beginnen Sie wie oben damit, in die Zelle B4 einen Bezug auf die Zelle A3 einzugeben – beenden Sie die Eingabe aber noch nicht, nachdem Sie auf A3 geklickt haben.
2. Damit der Bezug absolut wird, drücken Sie jetzt einmal [F4]. Excel fügt damit sowohl vor der Spaltenbezeichnung »A« als auch vor der Zeilennummer »2« ein Dollarzeichen ein – insgesamt steht in der Zelle also »=$A$3«. Das Dollarzeichen signalisiert die Absolutheit.
3. Sie können die Eingabe nun abschließen. Falls die Markierung dabei weitergewandert ist, markieren Sie Zelle B4 bitte erneut.
4. An der Markierung sehen Sie rechts unten das Ausfüllkästchen. Übertragen Sie damit den Zelleninhalt zunächst auf die unten angrenzenden Zellen in der Spalte. Anschließend erweitern Sie die Zelleninhalte auf die benachbarten Spalten.

Der Unterschied dieser beiden Bezugsvarianten wird deutlich, wenn Sie jetzt in die Tabelle schauen. Diesmal fehlen sämtliche Namen in der Tabelle. Stattdessen steht dort überall »niemand«. Sie können auf eine beliebige Zelle klicken. Stets finden Sie als Bezug »=$A$3« darin vermerkt.

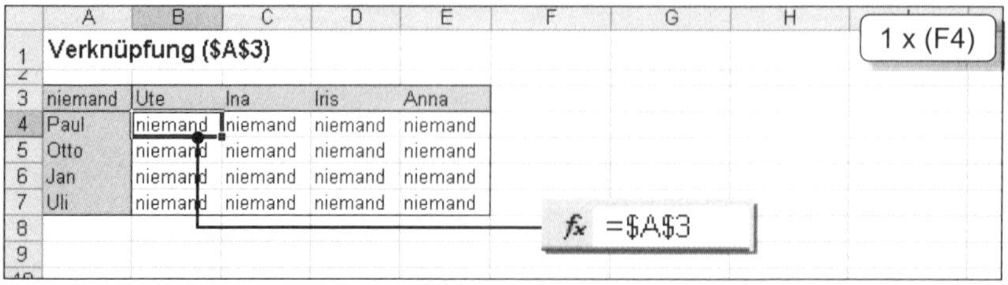

Abbildung 5.7: Tabelle mit absoluten Bezügen

Sie müssen beide Zellkoordinaten absolut setzen. In *Abbildung 5.8* sehen Sie die beiden verbleibenden Varianten. Das linke Teilbild hält die Zeile konstant, das rechte Teilbild die Spalte. Folglich enthält jede der beiden Tabellen nur die Namen eines Geschlechts.

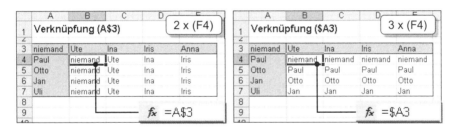

Abbildung 5.8:   Kombinierte relative und absolute Bezüge

Bezugsart wechseln. Am schnellsten können Sie einen relativen in einen anderen Bezug umwandeln, wenn Sie während der Eingabe zunächst ganz normal auf die Zelle oder den Zellenbereich klicken, um die Zellenadresse zu übernehmen. Solange die Einfügemarke noch direkt hinter dem Bezug blinkt, drücken Sie

F4

Der Bezug wird dann der Reihe nach von RELATIV in ABSOLUT, ZEILENABSOLUT und SPALTENABSOLUT umgewandelt, bevor er durch erneutes Drücken wieder RELATIV wird. *Abbildung 5.9* zeigt die Reihenfolge.

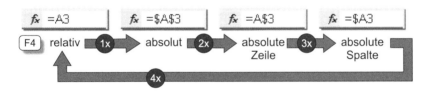

Abbildung 5.9:   Bezugsart wechseln

Spalten- und Zeilenbezüge. Mit Bezügen können Sie nicht nur auf einzelne Zellen verweisen. In vielen Fällen ist es notwendig, auf einen Zellenbereich zu verweisen. Wenn der Bereich alle Zellen einer Zeile oder Spalte umfasst, wird er als *eindimensional* bezeichnet. Im Fall eines Zeilenbezugs können Sie entweder alle Spalten der Zeile 4 angeben; dann lautet der Bezug »=A4:IV4« (die Spalte IV ist die 256. Spalte – mehr hat ein Tabellenblatt nicht!). Einfacher geht es aber, indem Sie die Spaltenbezeichnungen weglassen: Die Angabe

=4:4

reicht völlig aus. Um auf eine gesamte Spalte zu verweisen, haben Sie umgekehrt die Möglichkeit, alle Zeilen der Spalte anzugeben, also »=E1:E65536«, um alle Zellen der Spalte E zu beschreiben (mehr als 65.536 Zeilen hat eine Excel-Tabelle nicht). Die Angabe

=E:E

reicht aber völlig aus. Die Gefahr bei dieser Art von Bezügen ist jedoch, einen Zirkelbezug herzustellen (hierzu genauer *Anhang C.*).

> Selbstverständlich können Sie diese Bezüge auch absolut verwenden, also
> »$4:$4« und »$E:$E« – oder kombiniert als »$4:4« oder »E:$E«.

Bezüge auf andere Tabellenblätter. Bezüge müssen nicht innerhalb einer Tabelle bleiben. Wie Sie am Beispiel in *Kapitel 3* bereits gesehen haben, können Bezüge auch auf andere Tabellenblätter verweisen. Diese Variante wird in *Abbildung 5.4* unter *Nähe* aufgeführt. Die Eingabe ist ziemlich einfach, wie *Abbildung 5.10* beweist:

1. Markieren Sie im Tabellenblatt »Ergebnisse« die Zelle B4 und klicken Sie in die Bearbeitungsleiste, um mit der Eingabe zu beginnen. Geben Sie wiederum zunächst ein Gleichheitszeichen ein, vgl. *Teilbild 1*, um Excel zu signalisieren, dass Sie eine Formel und keine Konstante eingeben.

2. Klicken Sie im Blattregister auf das Tabellenblatt »Vorgaben«, da sich darin das Verweisziel befindet. In *Teilbild 2* sehen Sie, dass auf die Zelle B3 im Tabellenblatt »Vorgaben« verwiesen wird. Achten Sie dabei auf die Statusleiste. Sobald das Zieltabellenblatt aktiviert ist, markieren Sie dort die gewünschte Zielzelle, also B3.

3. Klicken Sie wieder in die Bearbeitungsleiste und hinter den Bezug, um den aktuellen Bezug zu beenden.

4. Drücken Sie die Taste ⏎ oder klicken Sie mit der Maus auf das Symbol EINGEBEN, um die Eingabe in die Zelle abzuschließen, vgl. *Teilbild 3*.

Die Syntax eines blattübergreifenden Bezugs setzt sich aus dem Namen des Tabellenblatts, wie er sich aus dem Blattregister ergibt, und der Zellenadresse zusammen, beispielsweise

='VORGABEN'!B3 ⏎ oder ='ANDERE TABELLE'!A4:B5 ⏎

Beide Bestandteile werden durch ein Ausrufungszeichen voneinander getrennt. Sofern der Name des Tabellenblatts Leerzeichen enthält, wird er in einfache Anführungszeichen eingeschlossen. Bei Bezügen in andere Tabellenblätter können Sie zwar die Zellenadressen absolut und relativ setzen, der Name des Tabellenblatts lässt diese Unterscheidung jedoch nicht zu.

Abbildung 5.10:   Bezug auf ein anderes Tabellenblatt eingeben

Bezüge erkennen. Im Zusammenhang mit Bezügen sind zwei Dinge noch wichtig: Wie können einbezogene Tabellenzellen aufgespürt und gegebenenfalls hervorgehoben werden? Der ersten Frage widmet sich diese Handlungsanweisung, die zweite Frage wird in der folgenden Handlungsanweisung beantwort. Bezüge können Sie ähnlich aufspüren, wie Sie auch Konstanten aufgespürt haben. Dazu öffnen Sie das folgende Dialogfeld mit der Einstellung

BEARBEITEN ▶ GEHE ZU... ▶ INHALTE... : FORMELN

Über die Kontrollfelder unterhalb von FORMELN können Sie angeben, auf welche Art von Datentyp die Bezüge verweisen dürfen: Zellen mit TEXT, mit ZAHLEN, mit WAHRHEITSWERTEN oder mit FEHLERN. Wenn Ihre Zusammenstellung stimmt, klicken Sie auf OK und Excel wird alle Zellen markieren, die der Vorgabe entsprechen.

Einbezogene Tabellenzellen markieren. Häufig ist es weniger von Interesse, wo sich Zellen mit darin enthaltenen Bezügen befinden. Wichtiger ist die Frage, welche Zellen direkt oder indirekt in eine Zelle eingehen (VORGÄNGER) oder auf welche Zellen sich die aktuelle Zelle direkt oder indirekt auswirkt (NACHFOLGER). Am Beispiel der Vorgängerzellen möchte ich das Vorgehen zeigen, vgl. *Abbildung 5.11*. Verwenden Sie dazu die Tabelle aus *Übung 5.1*. Markieren Sie beispielsweise die Zelle D7. Dann öffnen Sie das folgende Dialogfeld mit der Einstellung

BEARBEITEN ▶ GEHE ZU... ▶ INHALTE... : VORGÄNGERZELLEN

Um alle verbundenen Vorgängerzellen zu ermitteln, wählen Sie das aktivierbare Optionsfeld ALLE EBENEN. Sobald Sie auf OK klicken, werden im Tabellenblatt alle Zellen markiert, deren Inhalte in die markierte Zelle eingehen. Schön zu erkennen ist die Diagonale, in der sich der Name vom Tabellenrand in den Tabelleninhalt durchzieht.

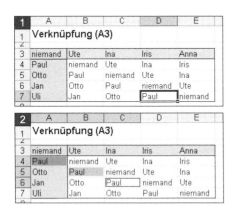 

Abbildung 5.11: Vorgängerzellen aufspüren und markieren

Überflüssige Zellen aufspüren. Das Markieren von Bezügen ist auch hilfreich, um zu erkennen, ob nach zahlreichen Arbeiten in der Tabelle gewisse Spalten überflüssig geworden sind. In diesem speziellen Fall würden Sie die fragwürdige Zelle markieren und NACHFOLGERZELLEN auf ALLEN EBENEN suchen lassen.

> In *Anhang C* wird gezeigt, wie Sie die Bezüge auch durch Pfeile darstellen können.

Um die unmittelbaren Vorgängerzellen zu entdecken, haben Sie neben der Möglichkeit über das Dialogfeld auch eine optische Kontrolle. Sobald Sie den Inhalt einer Zelle öffnen, werden mögliche Bezüge in bestimmten Farben dargestellt. Diese Farben korrespondieren mit den Markierungsfarben, mit denen die Bezugsziele hervorgehoben werden.

5.2 Namen

Namen sind eine besondere Variante des Bezugs und gerade in umfangreichen Excel-Arbeiten eine wertvolle Hilfe. Wie Sie oben gesehen haben, verweisen Bezüge entweder relativ oder absolut auf bestimmte Zellen, beispielsweise »=A4« oder »=$A$4:$B$5«.

Dies kann in umfangreichen Berechnungen im Einzelfall zu Problemen führen. Erstens sehen Sie einem Bezug nicht an, was sich dahinter verbirgt. Der Bezug »=$A$4:$B$5« kann auf die Zusammenstellung einzelner Annahmen oder auf wichtige Zwischenschritte verweisen. Angenommen, er weist auf die Annahmen. Wenn Sie Ihre Aufgabe erweitern und den Bereich der Annahmen auf die Zellen A4 bis E7 erweitern, müssen Sie jeden Bezug »=$A$4:$B$5« innerhalb der Tabelle finden und auf »=$A$4:$E$7« erweitern – das birgt Fehler in sich.

Einschränkungen. Beachten Sie bitte, dass Namen bestimmten Kriterien entsprechen müssen, um akzeptiert zu werden:

- Leerzeichen und bestimmte Sonderzeichen können nicht verwendet werden.
- Namen, die wie Zellenadressen (beispielsweise »E5«) klingen, sind ebenfalls ausgeschlossen.
- Jeder Name darf innerhalb einer Arbeitsmappe (nicht: Tabellenblatt) nur einmal vorkommen.

Falls Sie diese Hinweise nicht beachten, wird Excel Sie mit einer Fehlermeldung zur erneuten Eingabe auffordern.

Übung 5.2:

Üben Sie anhand der Beispieldateien das Definieren und Verwenden von Namen. Wiederholen Sie schließlich die vorhergegangene Übung, indem Sie aber diesmal Namen für die Bezüge verwenden – was fällt auf?

Namen zuweisen (Dialogfeld). Namen helfen Ihnen hierbei weiter. Anstatt auf den Zellenbereich direkt zu verweisen, können Sie dem Zellenbereich nämlich auch einen Namen zuweisen. Wenn Sie den Zellenbereich später erweitern müssen, brauchen Sie nur den Namen »auszudehnen«. Am Beispiel wird das deutlich. Dazu öffnen Sie über

>   EINFÜGEN ▶ NAMEN ▶ DEFINIEREN…

das Dialogfeld NAMEN DEFINIEREN. Dieses Dialogfeld nennt Ihnen in der Zusammenstellung NAMEN IN DER ARBEITSMAPPE alle Namen, die Sie innerhalb der Arbeitsmappe gerade definiert haben. Im Eingabefeld BEZIEHT SICH AUF finden Sie den jeweiligen Bezug. Dieser ist stets blattgenau angegeben, vgl. *Abbildung 5.12*. Eigene Namen legen Sie wie folgt fest:

1. Geben Sie im Eingabefeld NAMEN IN DER ARBEITSMAPPE den Namen ein, der die Zelle oder die Zellenauswahl bezeichnen soll. Möglicherweise hat Excel hier bereits eine Bezeichnung von einer Nachbarzelle als Vorschlag eingetragen – in diesem Fall löschen Sie zunächst die Vorgabe und schreiben dann Ihren Namen hinein.

2. Klicken Sie anschließend in das Eingabefeld BEZIEHT SICH AUF. Hier können Sie den Bezug entweder per Tastatur eingeben (wie *Bezüge auf andere Tabellenblätter*, vgl. *Seite 96*). Oder Sie wählen die Variante per Maus, vgl. *Seite 91*).

3. Um den Namen festzulegen, klicken Sie auf HINZUFÜGEN. Der Name erscheint nun in der Zusammenstellung. Sie können noch weitere Namen festlegen oder das Dialogfeld SCHLIESSEN.

Der wesentliche Vorteil dieser Variante ist, dass Sie bereits sehen, welche anderweitigen Namen in der Arbeitsmappe vorhanden sind. Hierdurch fällt es leichter, eine anfangs gewählte Systematik der Namen beizubehalten.

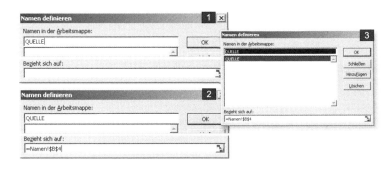

Abbildung 5.12: Namen zuweisen

> Wenn Sie später die »Quelle« ausdehnen müssen, erweitern Sie einfach den Namen auf den vergrößerten Bereich – den Bezug in der Zelle selbst müssen Sie nicht mehr ändern.

Namen zuweisen (Namensfeld). Eine schnellere Möglichkeit, Namen festzulegen, geht über das NAMENSFELD, das Bestandteil der BEARBEITUNGSLEISTE ist, vgl. *Abbildung 5.13*:

1. Markieren Sie die Zelle B4, der Sie den Namen »Quelle« zuweisen möchten.
2. Platzieren Sie die Einfügemarke im NAMENSFELD der Bearbeitungsleiste.
3. Geben Sie den Namen ein und bestätigen Sie ihn mittels ⏎.

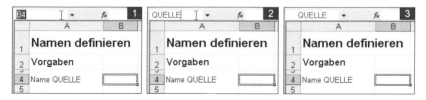

Abbildung 5.13: Namen über das Namensfeld zuweisen

> Sobald Sie im Tabellenblatt etwas markiert haben, wofür eindeutig ein Name definiert ist, erscheint dieser im Namensfeld.

Namensbezug automatisch erstellen. Sofern Ihre Daten in einer Listenform angeordnet sind (hierzu ausführlich *Kapitel 3*), können Sie eine Funktionalität von Excel verwenden, um aus den Spalten- und Zeilenbezeichnungen automatisch Namen definieren zu lassen. Das Ganze funktioniert wie in *Abbildung 5.14* dargestellt:

1. Markieren Sie innerhalb des Tabellenblatts die Liste, für die Sie Namen festlegen möchten. Im Beispiel ist das die zweite Liste.
2. Über EINFÜGEN ▸ NAMEN ▸ ERSTELLEN… öffnen Sie das Dialogfeld NAMEN ERSTELLEN.
3. Da sich die Bezeichnungen (»Namensvettern«) nur in der OBERSTEN ZEILE befinden, ist dieses Kontrollfeld zu aktivieren (Excel wählt es automatisch vor, wenn es eine Struktur erkennt). Die übrigen sind freizulassen.
4. Klicken Sie auf OK, um die Aktion auszuführen und das Dialogfeld wieder zu schließen.

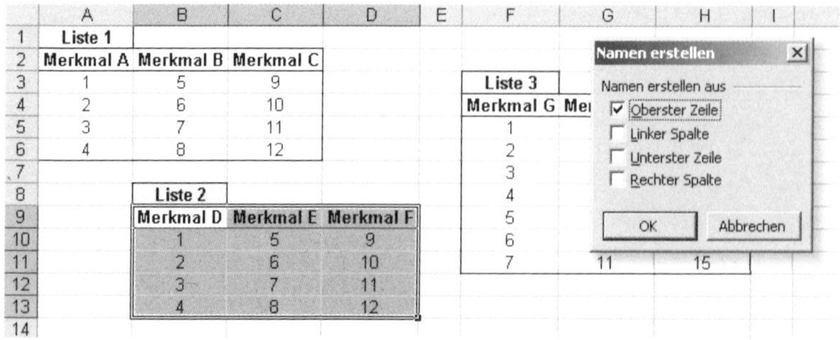

Abbildung 5.14: Name aus Listenbezeichnung automatisch erstellen

> Ob die Aktion erfolgreich war, können Sie ganz einfach über das Namensfeld herausfinden. Dort sollten Sie alle Spaltenbezeichnungen aus der Liste als neue Namen finden.

Namen entfernen. Es kann schließlich vorkommen, dass Sie bestimmte Namen nicht mehr benötigen. Sollten Sie einen Namen löschen, der in einer Formel noch verwendet wird, erhalten Sie dort die Fehlermeldung »#NAME«. Um das zu vermeiden, empfehle ich Ihnen, sicherheitshalber zu prüfen, ob die benannte Zelle so genannte »Nachfolger« hat (vgl. *Seite 97*). Sobald Sie wissen, dass der Name nirgends mehr verwendet wird, öffnen Sie über

EINFÜGEN ▶ NAMEN ▶ DEFINIEREN…

das bereits bekannte Dialogfeld NAMEN DEFINIEREN:

1. Wählen Sie hier den Namen aus, den Sie entfernen möchten.
2. Klicken Sie dann auf LÖSCHEN – der Name wird nun entfernt. Anschließend können Sie das Dialogfeld wieder SCHLIESSEN.

Nachdem Sie erfahren haben, wie Sie Namen festlegen und entfernen, möchte ich Ihnen noch einige Lösungswege aufzeigen, mit denen Sie gelegentlich vorkommende Situationen meistern können.

Namen verschieben. Wenn Sie bereits Namen verwenden, kann es vorkommen, dass Sie den Bezug verändern müssen. Im Ergebnis funktioniert das Ganze so, wie wenn Sie den Namen neu definierten. Öffnen Sie über

EINFÜGEN ▶ NAMEN ▶ ERSTELLEN…

das Dialogfeld NAMEN ERSTELLEN:

1. Wählen Sie hier den Namen aus, dessen Zellenbereich Sie verändern möchten.
2. Im Eingabefeld BEZIEHT SICH AUF können Sie den geänderten Zellenbereich eingeben.
3. Klicken Sie dann auf HINZUFÜGEN, um dem Namen den neuen Zellenbereich zuzuweisen.

Namen umbenennen. Manchmal müssen Sie einen Namen nachträglich ändern, weil beispielsweise die Bezeichnung nicht mehr in die gewählte Systematik passt. Dies geht im Unterschied zum Erstellen neuer Namen nur über das Dialogfeld und nicht über das Namensfeld. Zunächst müssen Sie über

EINFÜGEN ▶ NAMEN ▶ ERSTELLEN…

das bereits bekannte Dialogfeld NAME ERSTELLEN öffnen:

1. Wählen Sie den umzubenennenden Namen in der Liste aus; er erscheint im Eingabefeld NAMEN IN DER ARBEITSMAPPE.

2. Um nur den Namen des Zellenbereichs zu ändern, geben Sie den neuen Namen ein und klicken Sie auf HINZUFÜGEN.
3. Der gleiche Zellenbereich trägt dadurch im Moment noch zwei Namen, einmal die alte und einmal die neue Bezeichnung.
4. Wählen Sie nun die alte Bezeichnung aus und entfernen Sie sie, indem Sie auf LÖSCHEN klicken.

Sie können das Dialogfeld nun wieder SCHLIESSEN.

Namen verwenden. Namen lassen sich genauso verwenden wie Bezüge. Sofern Sie anstelle des Namens einen Zellenbereich auswählen, der sich mit einem Namen deckt, wird Excel sogar von alleine den Namen verwenden. Allerdings hat Excel für Namen auch ein eigenes Dialogfeld, um das Einfügen zu erleichtern. Dazu öffnen Sie die Zelle oder Funktion, in der Sie den Namen verwenden möchten. Drücken Sie dann

F3

Nun öffnet sich das Dialogfeld NAMEN EINFÜGEN. Wählen Sie hier den gewünschten Namen aus und klicken Sie auf OK – der Name wird übernommen.

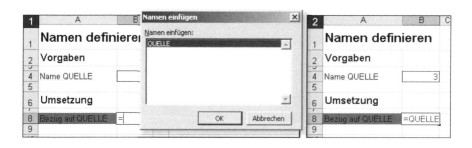

Abbildung 5.15:   Name über das Dialogfeld einfügen

> Dieses Dialogfeld funktioniert übrigens auch in anderen Dialogfeldern, insbesondere FUNKTIONSARGUMENTE.

Namen übernehmen. Wenn Sie bereits vorhandene Zellenadressen durch Ihre neu definierten Namen ersetzen lassen möchten, hält Excel hierfür eine entsprechende Funktion bereit. Dazu öffnen Sie über

EINFÜGEN ▶ NAMEN ▶ ÜBERNEHMEN…

das Dialogfeld NAMEN ÜBERNEHMEN; es ist auch in *Abbildung 5.16* dargestellt:

1. Im oberen Teil dieses Dialogfelds sehen Sie die Liste aller in der Arbeitsmappe definierten Namen. Hier können Sie auswählen, welche der vorhandenen Namen in dem folgenden Ersetzungsvorgang berücksichtigt werden sollen:

Einfaches Anklicken genügt, um einen Namen erst zu markieren und bei erneutem Anklicken wieder zu entmarkieren (Zusatztasten sind nicht notwendig).

2. Klicken Sie auf OPTIONEN, um das Dialogfeld zu erweitern. Legen Sie hier fest, wie Excel sich bei Konflikten in der Reihenfolge verhalten soll.

3. Sobald die Einstellungen stimmen, klicken Sie auf OK. Das Dialogfeld schließt sich und Excel setzt Ihre Vorgaben um.

Sofern Excel Zellenadressen findet, die sich mit Namensangaben decken, wird es diese ohne weiteren Kommentar gegen die jeweiligen Namen austauschen. Findest es keine übereinstimmenden Bereiche, erscheint eine Fehlermeldung mit dem Hinweis, dass nichts gefunden wurde.

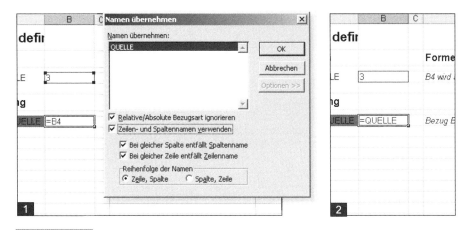

Abbildung 5.16: Bezüge durch Namen ersetzen mittels Dialogfeld

Namen aufspüren. Wenn Sie Namen verwenden, werden Sie auch in die Verlegenheit kommen, nachträglich herausfinden zu müssen, welche Namen bereits vorhanden sind und welche Zellen oder Bereiche sie jeweils markieren. Am schnellsten geht das über das NAMENSFELD in der BEARBEITUNGSLEISTE:

1. Öffnen Sie über den Auswahlpfeil die NAMENSLISTE.

2. Wählen Sie hier den gewünschten Namen aus. Sofort wechselt die Markierung zum zugeordneten Bereich – wundern Sie sich aber nicht, wenn Sie hierdurch möglicherweise auf ein anderes Tabellenblatt gelangen.

Anstatt den Namen auszuwählen, können Sie ihn auch eingeben. Dieses Verfahren hat aber einen Nachteil: Wenn Sie sich verschreiben, nimmt Excel an, Sie wollten einen neuen Namen definieren – das Ergebnis entspricht dem Schnellverfahren auf *Seite 100*.

5.3 Operatoren

Operatoren werden landläufig als »Rechenzeichen« bezeichnet. Wichtige Operatoren sind beispielsweise Plus und Minus. Diese und weitere benötigen Sie, um in Excel aus Konstanten, Bezügen und Funktionen eigene Formeln zu bilden.

> **Übung 5.3:**
>
> Lösen Sie die genannten Rechenaufgaben mithilfe von Excel. Verwenden Sie dabei nur Operatoren und (noch) keine Excel-Funktionen.

Arithmetische Operatoren. Sehr oft werden in Excel die arithmetischen Operatoren wie Plus und Minus verwendet. Hiermit können Sie einzelne Berechnungselemente miteinander verbinden, beispielsweise Bezüge. Aber auch Konstanten, also direkt eingegebene Zahlen, und Funktionen sind denkbare Berechnungselemente.

(1) Addition. Durch Addition summieren Sie die beiden angrenzenden Ausdrücke (Summanden) und ermitteln ihre Summe, vgl. *Abbildung 5.17*. Das Pluszeichen ist das normale Zeichen auf der Tastatur:

=3+2 ⏎ oder =B4+B6 ⏎

> Anstelle dieses Operators könnten Sie auch die Excel-Funktion SUMME() verwenden.

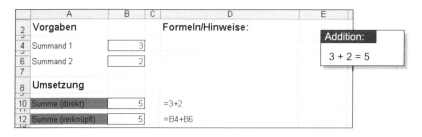

Abbildung 5.17:   Addition mit Pluszeichen

(2) Subtraktion. Durch Subtraktion ziehen Sie den nachfolgenden Ausdruck (Subtrahend) vom vorhergehenden Ausdruck (Minuend) ab und ermitteln so die Differenz zwischen beiden, vgl. *Abbildung 5.18*. Als Minuszeichen verwenden Sie den normalen Bindestrich auf der Tastatur:

=3-2 ⏎ oder =B4-B6 ⏎

> Eine spezielle Excel-Funktion, eine Kompaktlösung wie die SUMME() für die Addition, gibt es in Excel hierfür nicht.

5.3 Operatoren

	A	B	C	D	E
2	Vorgaben			Formeln/Hinweise:	
4	Minuend	3			Subtraktion:
6	Subtrahend	2			3 - 2 = 1
7					
8	Auswertung:				
10	Differenz (direkt)	1		=3-2	
12	Differenz (verknüpft)	1		=B4-B6	

Abbildung 5.18: Subtraktion mit Minuszeichen

Der Bindestrich wird übrigens auch als Trennzeichen verwendet, um bei der Datumseingabe die einzelnen Bestandteile voneinander abzutrennen. Da es sich dabei aber um Konstanten handelt und somit das vorangestellte Gleichheitszeichen fehlt, kollidieren diese beiden verschiedenen Verwendungszwecke nicht miteinander.

(3) Multiplikation. Durch Multiplikation berechnen Sie aus den beiden angrenzenden Ausdrücken (Faktoren) das Produkt, vgl. *Abbildung 5.19*. Das Multiplikationszeichen ist das Sternchen, das Sie normalerweise über dem Pluszeichen auf der gleichen Taste finden:

=3*2 ↵   oder =B4*B6 ↵

> Anstelle dieses Operators könnten Sie auch die Funktion PRODUKT() verwenden.

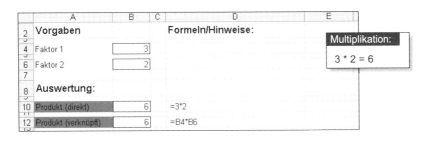

	A	B	C	D	E
2	Vorgaben			Formeln/Hinweise:	
4	Faktor 1	3			Multiplikation:
6	Faktor 2	2			3 * 2 = 6
7					
8	Auswertung:				
10	Produkt (direkt)	6		=3*2	
12	Produkt (verknüpft)	6		=B4*B6	

Abbildung 5.19: Multiplikation mit »Mal«-Sternchen

(4) Division. Mittels Division teilen Sie den vorderen Ausdruck (Zähler, Dividend) durch den nachfolgenden Ausdruck (Nenner, Divisor) und ermitteln so den Quotienten, vgl. *Abbildung 5.20*. Das Divisionszeichen ist der normale Schrägstrich auf der Tastatur:

=3/2 ↵   oder =B4/B6 ↵

Beachten Sie, dass der bei handschriftlichen Berechnungen verwendete Doppelpunkt kein zulässiges Divisionszeichen für Excel ist. Er wird nur in Bezügen verwendet und dient dazu, einen Zellenbereich anzugeben, vgl. *Spalten- und Zeilenbezüge* auf *Seite 95*.

> Sie könnten alternativ zum Divisionszeichen die Funktion QUOTIENT() verwenden.

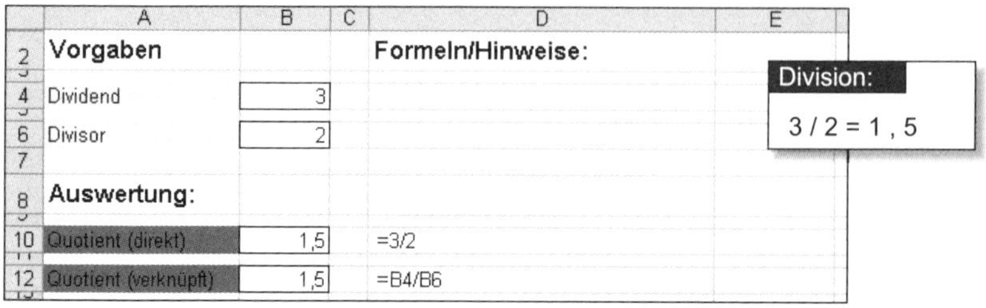

	A	B	C	D	E
2	Vorgaben			Formeln/Hinweise:	
4	Dividend	3			Division:
6	Divisor	2			3 / 2 = 1,5
7					
8	Auswertung:				
10	Quotient (direkt)	1,5		=3/2	
12	Quotient (verknüpft)	1,5		=B4/B6	

Abbildung 5.20: Division mit »Geteilt durch«-Schrägstrich

Verwechseln Sie daneben den Schrägstrich als Divisionszeichen nicht mit dem Schrägstrich, mit dem Sie bei der Konstanteneingabe die einzelnen Komponenten eines Datums voneinander trennen. Viele Zeichen werden in unterschiedlichen Situationen verwendet.

(5) Potenzieren. Mithilfe dieser Berechnung potenzieren Sie den vorderen Ausdruck (Grundzahl, Basis) mit dem nachfolgenden Ausdruck (Hochzahl, Exponent) und ermitteln so die Potenz. Das Potenzierungszeichen ist das gewöhnliche Accent circonflexe auf der Tastatur, häufig auf der Taste unterhalb der Taste [Esc]:

=3^2 [↵] oder =B4^B6 [↵]

> Alternativ könnten Sie auch die Funktion POTENZ() verwenden.

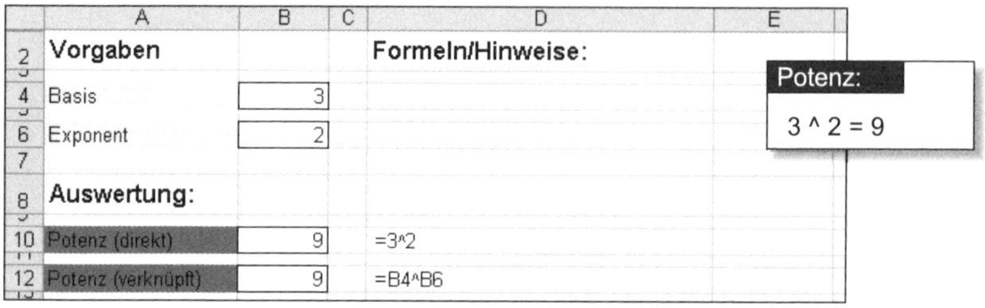

	A	B	C	D	E
2	Vorgaben			Formeln/Hinweise:	
4	Basis	3			Potenz:
6	Exponent	2			3 ^ 2 = 9
7					
8	Auswertung:				
10	Potenz (direkt)	9		=3^2	
12	Potenz (verknüpft)	9		=B4^B6	

Abbildung 5.21: Potenzieren mit Accent circonflexe

Mathematisch betrachtet ist das Potenzieren die Umkehrfunktion des Wurzelziehens, für das Ihnen Excel keinen besonderen Operator anbietet. Es lässt sich aber mathematisch beweisen, dass Sie mithilfe des Potenzierens auch beliebige Wurzeln ziehen können. Dazu müssen Sie den Kehrwert des Exponenten verwenden. Den Kehrwert ermitteln Sie, indem Sie 1 geteilt durch die Zahl rechnen, also »1/x«. Um aus 49 die zweite Wurzel zu ziehen, wäre die entsprechende Anweisung also

=49^0,5 ⏎ oder =49^(1/2) ⏎

denn »1/2 = 0,5«.

> Die Funktion WURZEL() kann hingegen nur zweite Wurzeln berechnen.

Vergleichsoperatoren. Jeder Zelleninhalt, bei dem es sich nicht um eine Konstante handelt, beginnt mit einem Gleichheitszeichen. Das haben Sie inzwischen erfahren. Vergleichsoperatoren sind in bestimmten Funktionen notwendig. Die Funktion SUMMEWENN() kennt beispielsweise das Argument KRITERIUM, wie im nächsten Abschnitt gezeigt wird.

Die wichtigsten Vergleichsoperatoren finden Sie in *Tabelle 5.1* zusammengefasst. Sehr deutlich ist dort zu sehen, wie sich jeweils zwei der dort behandelten Operatoren ergänzen. Wenn ein Ausdruck nicht gleich ist (Gleichheit = falsch), dann ist er ungleich (Ungleichheit = wahr). Ist ein Ausdruck nicht gleich oder größer (gleich oder größer = falsch), dann ist er kleiner (kleiner = wahr).

Vergleich	Symbol	Bedeutung
Gleichheit	=	»1=1« ist wahr, »1=2« ist falsch.
Ungleichheit	<>	»1<>1« ist falsch, »1<>2« ist wahr.
Größer	>	»1>1« ist falsch, »1>2« ist ebenfalls falsch. »2>1« ist wahr.
Gleich oder größer	>=	»1>=1« ist wahr, »1>=2« ist falsch.
Gleich oder kleiner	<=	»1<=1« ist wahr, »1<=2« ist ebenfalls wahr. »2<=1« ist falsch.
Kleiner	<	»1<1« ist falsch, »1<2« ist wahr.

Tabelle 5.1: Vergleichsoperatoren

Verkettungsoperator. Den Verkettungsoperator werden Sie noch genauer kennen lernen. Das Zeichen hierfür ist das kaufmännische Und-Zeichen (»&«). Sie können mit seiner Hilfe Inhalte aus unterschiedlichen Zellen und Funktionen zu einer gemeinsamen Zeichenkette, beispielsweise einem Lösungssatz, verknüpfen. Als Beispiel wurde eine Variante aus *Kapitel 4* gewählt. Der Text wurde per Markierung hervorgehoben – die relevanten Wörter sind also in Zelle A3 und D5 enthalten, wie *Abbildung 5.22* zeigt. Um diese zu verketten, geben Sie in B9 ein:

=A3&" "&D5

Als Ergebnis erhalten Sie die Lösung »der Weg«. Dieses kleine Beispiel veranschaulicht, wie Sie mithilfe dieses Operators Textfolgen verbinden können.

	A	B	C	D	E	F	G	H
1	1	7	13	19	25	31		
2	2	8	14	20	26	32		
3	der	9	15	21	27	33		
4	4	10	16	22	28	34		
5	5	11	17	Weg	29	35		
6	6	12	18	24	30	36		
7								
8				Kommentar				
9	Lösung	der Weg		=A3&" "&D5				
10								

Abbildung 5.22: Textteile verketten mit »&«

Andere Operatoren. Es gibt daneben noch eine ganze Reihe anderer Operatoren, die Sie in Excel verwenden können. Einige dieser Operatoren haben allerdings verschiedene Bedeutungen.

- *Dollarzeichen:* Das Dollarzeichen wird in Zellenbezügen verwendet, um einen Bezug in dem (hier immer verwendeten) A1-Bezugssystem absolut zu definieren. Die Beispiele finden Sie ab *Seite 65*.
- *Prozentzeichen:* Das Prozentzeichen haben Sie in Zusammenhang mit dem Datentyp ZAHL und dem dortigen Untertyp PROZENT als Eingabehilfe kennen gelernt.
- *Semikolon:* Das Semikolon trennt innerhalb einer Funktion mehrere Argumente voneinander ab. In einer Matrix trennt es die einzelnen Zeilen: {1;2;3} bildet eine einspaltige und dreizeilige Matrix.
- *Punkt:* Der Punkt trennt in Datumsangaben die einzelnen Angaben voneinander. In einer Matrix trennt er die Spaltenwerte voneinander: {3.6.9} ergibt eine einzeilige Matrix mit drei Spalten.
- *Doppelpunkt:* Der Doppelpunkt trennt in Uhrzeitangaben die einzelnen Komponenten voneinander. Bei Zellbezügen trennt er die erste von der zweiten Positionsangabe, beispielsweise »E1:E15«.
- *Geschweifte Klammer:* Die geschweifte Klammer definiert eine Matrix. Berücksichtigen Sie aber bitte, dass äußere geschweifte Klammern, die also vor dem Gleichheitszeichen der Zellenformel anfangen und ganz hinten wieder schließen, nicht direkt eingegeben, sondern mithilfe der Tastenkombination [Strg]+[⇧]+[↵] erzeugt werden.
- *Doppelte Anführungszeichen:* Doppelte Anführungszeichen werden verwendet, um innerhalb von Formeln Text kenntlich zu machen.
- *Einfache Anführungszeichen:* Einfache Anführungszeichen werden als eröffnendes (und einseitiges) Zeichen verwendet, um eine Eingabe als Text zu deklarieren, ohne zuvor den Datentyp der Zelle auf TEXT zu ändern. Paarweise werden sie beispielsweise in Bezügen auf andere Tabellenblätter verwendet,

um Blattbezeichnungen einzukleiden, die Leerzeichen enthalten und deshalb eigentlich ungeeignet für Bezüge wären.

- *Ausrufungszeichen:* Das Ausrufungszeichen trennt in einem Bezug den Namen des Tabellenblatts oder des Tabellenblattbereichs von der Zellenangabe. Es ist nicht möglich, mit seiner Hilfe Fakultäten zu berechnen, auch wenn es in der Mathematik diese Berechnung symbolisiert.

Es gibt noch eine Reihe weiterer Zeichen, die in Excel eine besondere Bedeutung haben. Sie sind aber im Alltag nicht so häufig anzutreffen und werden deshalb hier nicht weiter behandelt. Obige Auflistung kann Ihnen aber helfen, ein Gefühl dafür zu entwickeln, was in Excel besonders belegt ist.

Klammern verwenden. Klammern werden nicht nur in Funktionen verwendet, um diese voneinander abzugrenzen. Klammern können auch – wie aus dem Mathematikunterricht noch bekannt – verwendet werden, um innerhalb von Berechnungen eine besondere Reihenfolge vorzugeben. Grundsätzlich gilt nämlich auch in Excel »Punktrechnung vor Strichrechnung« – »Mal« und »Geteilt« gelten als Punkt-, »Plus« und »Minus« als Strichrechnung. Die Eingabe

=6+3*2+9 ↵

berechnet als Ergebnis 21, die Eingabe

=(6+3)*(2+9) ↵

dagegen 99; vgl. hierzu auch *Abbildung 5.23.* Wie Sie sehen, verwenden Sie als Klammern stets die öffnende und schließende runde Klammer. Sie finden sie über der »8« und der »9« auf der Tastatur.

A	B	C	D	E
Umsetzung				
ohne Klammern:	21		=6+3*2+9	
mit Klammern:	99		=(6+3)*(2+9)	

Abbildung 5.23: Klammern gliedern Berechnungen

Klammern nachvollziehen. Wenn Ihre Formel aus nur einer einzigen Funktion wie »=SUMME(A1:B2)« oder »=(6+3)*(2+9)« besteht, werden Sie wohl keine Schwierigkeiten haben, den ordnungsgemäßen Gebrauch der Klammern zu prüfen. In umfangreichen Formeln ist es aber sehr viel schwerer, die Übersicht zu behalten.

Excel hilft Ihnen da weiter, indem es die verschiedenen Klammerpaare verschieden farbig darstellt. Sobald Sie mit der Einfügemarke zu einer Klammer kommen, wird das entsprechende Klammerpaar fett hervorgehoben, wie auch *Abbildung 5.24* zeigt:

1. Dazu platzieren Sie die Einfügemarke direkt hinter der letzten Klammer, wie in *Teilbild 1* zu sehen.

2. Sobald Sie die Einfügemarke vor die Klammer bewegen (mittels Cursortaste), wird für einen Augenblick das Klammerpaar hervorgehoben, wie *Teilbild 2* zeigt.

3. Sobald der Augenblick vorbei ist, blinkt die Einfügemarke vor der Klammer – die Hervorhebung ist verschwunden – so zu sehen in *Teilbild 3*.

Sobald Sie jetzt die Einfügemarke wieder zurückbewegen, wird das Klammerpaar erneut hervorgehoben. Mit allen anderen Klammerpaaren funktioniert das genauso.

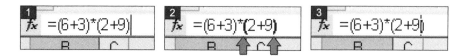

Abbildung 5.24:   Klammern leichter erkennen

5.4   Funktionen

Während Bezüge und Operatoren so etwas wie das Grundgerüst in Excel darstellen, bilden die Funktionen das Kernstück von Excel. Erst hierüber entfaltet Excel seine Mächtigkeit, die es so hilfreich macht. Funktionen sind so etwas wie das Vokabular von Excel. Je mehr Funktionen Sie kennen, desto besser können Sie mit Excel auch die kompliziertesten Berechnungen umsetzen.

> Wegen ihrer Bedeutung habe ich Ihnen in *Anhang A* die wichtigsten allgemeinen Funktionen zusammengestellt. Alle speziellen Funktionen finden Sie in den folgenden Kapiteln jeweils am Ende beschrieben.

In fast allen Fällen ist es theoretisch möglich, die einzelne Funktion wegzulassen und stattdessen die Berechnung über Tabellen und mithilfe von Operatoren zu lösen. Im Folgenden wird aber deutlich, dass Funktionen, wenn ihr Einsatz erst einmal verstanden wurde, sehr viele Vorteile haben. Flexibilität und Übersichtlichkeit der Berechnung sind die beiden wichtigsten.

Die Funktionen werden von Excel in bestimmte Gruppen eingeteilt. Die Abgrenzung richtet sich nach dem primären Ziel der Funktion. Im täglichen Einsatz sind diese Gruppierungen weniger relevant, da die meisten Funktionen in mehreren Zusammenhängen sinnvoll verwendet werden können. Im Rahmen dieses Buchs werden Funktionen aus den folgenden Gruppen verwendet:

- *Finanzmathematik:* Funktionen aus dieser Gruppe sind Bw() und Kapz().
- *Statistische Funktionen:* Ein Beispiel hierfür sind die Funktionen Min() und Trend(). Die Funktionen dieser Gruppe dienen der statistischen Datenanalyse.
- *Mathematische und trigonometrische Funktionen:* Diese Funktionen übernehmen allgemeine Aufgaben wie das Summieren mehrerer Zahlen mittels Summe().

- *Suche und Bezug:* Drei Vertreter dieser Gruppe sind INDEX(), VERGLEICH() und ZEILE(). Mithilfe dieser Funktionen werden Sie Zellenbereiche durchsuchen.
- *Logische Funktionen:* Die im Allgemeinen wichtigste Funktion dieser Gruppe ist WENN(). Hiermit können Sie den weiteren Verlauf von logischen Bedingungen abhängig machen.
- *Information:* Der Schwerpunkt dieser Gruppe liegt darin, den Datentyp oder Fehlertyp einer Zelle zu ermitteln. Funktionen dieser Art werden häufig gemeinsam mit WENN() verwendet.
- *Datums- und Uhrzeitfunktionen:* Aus dieser Gruppe werden unter anderem DATUM() und WOCHENTAG() verwendet.

Es gibt daneben noch einige weitere Gruppen, auf die dieses Buch allerdings nicht eingeht.

Funktionen verstehen. Alle Funktionen in Excel sind nach einem bestimmten Schema aufgebaut, das ich Ihnen nun beschreiben möchte. Werfen Sie dazu einen Blick in *Abbildung 5.25*.

Funktionsname. In der Abbildung finden Sie eine Funktion für bedingte Summen beschrieben – in Excel heißt sie SUMMEWENN(). Auf einen Funktionsnamen folgt stets ein Klammerpaar – der Name steht also vor der Klammer.

Funktionsargumente. Einige Funktionen führen komplizierte Berechnungen aus, ohne dass Sie das erkennen könnten. Deswegen erleichtern Funktionen die Berechnung, indem wichtige Schritte gebündelt werden. Damit die Funktion aber mit Ihren ganz konkreten Werten rechnet, müssen Sie dies der Funktion mitteilen. In Excel werden diese »Botschaften« als ARGUMENTE bezeichnet. Die Funktion SUMMEWENN() kennt maximal drei. Argumente sind die Verbindung zwischen den Berechnungen, die die Funktion im Hintergrund ausführt, und Ihren Werten, aus denen Sie mithilfe der Funktion ein Ergebnis berechnen möchten.

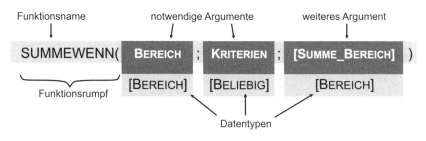

Abbildung 5.25: Aufbau von Funktionen

Viele Funktionen erlauben mehr Argumente, als sie im Einzelfall zum Errechnen einer Lösung benötigen. Deswegen werden die Argumente auch unterteilt in

- notwendige Argumente: Diese werden im Dialogfeld FUNKTIONSARGUMENTE (vgl. *Abbildung 5.28*) fett gezeigt, in der QuickInfo zur Funktion dagegen normal (vgl. *Abbildung 5.29*).

- weitere Argumente: Diese werden im Dialogfeld FUNKTIONSARGUMENTE normal gezeigt, in der QuickInfo zur Funktion dagegen in eckigen Klammern.

Wie Sie in *Abbildung 5.25* bereits sehen, sind die Argumente BEREICH und KRITERIEN stets erforderlich, also *notwendig*, das Argument SUMME_BEREICH hingegen ist möglich, kann also weggelassen werden.

Lassen Sie ein zwingendes Argument weg, liefert Excel als Ergebnis einen Fehler. Fehlen mögliche Argumente, berechnet Excel den Wert mit bestimmten Annahmen. Die Bedeutung der Argumente ergibt sich immer aus der Funktion selbst:

- Zunächst müssen Sie einen BEREICH vorgeben, den Excel verwenden soll. Falls Sie das dritte Argument SUMME_BEREICH angeben, wird Excel den BEREICH nur verwenden, um das Kriterium zu prüfen. Andernfalls wird es auch in diesem Bereich die Summe ermitteln.
- Damit nicht alle Zellen summiert werden, geben Sie als KRITERIUM vor, welche Zellen einbezogen werden dürfen und welche nicht. Im Beispiel sind das alle Zellen, deren Wert »2« nicht übersteigt.
- Schließlich können Sie – müssen aber nicht – angeben, ob die Summe aus einem besonderen Bereich, SUMME_BEREICH, ermittelt werden soll.

Beide Varianten finden Sie in *Abbildung 5.26* gegenübergestellt. Deutlich zu erkennen ist, dass die erste Variante das Argument SUMME_BEREICH weglässt. Aufgrund dessen werden die Werte im Zellenbereich B3 bis B8 anhand des Kriteriums geprüft. Entsprechen sie der Prüfung, werden sie unmittelbar summiert. Bei der zweiten Variante werden nicht die Werte der Spalte B summiert. Sondern zu allen Werten, die in der Spalte B dem Kriterium entsprechen, werden die zeilengleichen Werte in der Spalte C summiert.

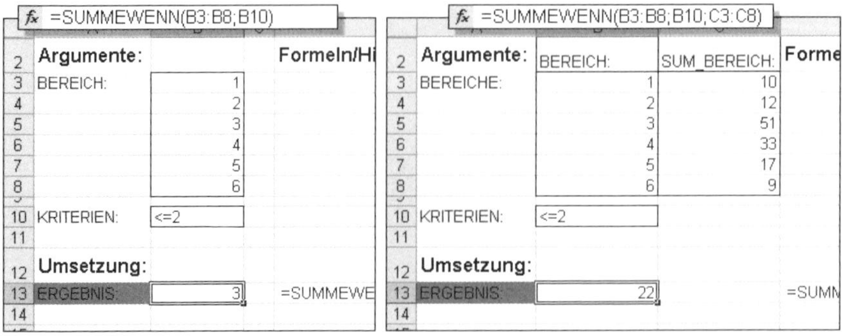

Abbildung 5.26: Funktion »SUMMEWENN()« in beiden Varianten

Alle Argumente werden innerhalb des Klammerpaars angegeben, das unmittelbar auf den Namen der Funktion folgt. Die einzelnen Argumente innerhalb dieser Klammer werden durch Semikolon voneinander getrennt:

- Damit Excel weiß, welches Argument Sie gerade angeben, müssen Sie sich strikt an die von Excel vorgegebene Reihenfolge der Argumente halten.

- Um ein Argument auszulassen, vermerken Sie einfach nichts für das Argument (auch nicht Null!); die direkt aufeinander folgenden Semikolons signalisieren Excel, dass Sie das Argument nicht füllen möchten.

Die Argumente müssen nicht als Zahlen direkt eingegeben werden. Seine Leistungsfähigkeit verdankt Excel nicht zuletzt der Tatsache, dass Argumente auch aus Bezügen, Berechnungen und weiteren Funktionen bestehen können.

Funktion eingeben. Für Funktionen hält Excel einige Hilfsmittel bereit, die Ihnen die Eingabe erleichtern sollen. Grundsätzlich sind nämlich zwei Ausgangssituationen vorstellbar: Entweder kennen Sie bereits eine geeignete Funktion oder Sie sind noch auf der Suche.

Eingabe mit Funktionssuche. Kaum jemand kennt alle Excel-Funktionen und kann sie direkt eingeben. Häufig beginnt die Arbeit mit der Suche einer geeigneten Funktion. Dafür hat Excel eine spezielle Suchmaske. Markieren Sie die Zelle, in die Sie die Funktion eingeben möchten, und öffnen Sie über

> Einfügen ▶ Funktion…

das Dialogfeld Funktion einfügen, dargestellt in *Abbildung 5.27*. Hier können Sie im oberen Eingabefeld Funktion suchen Ihre Aufgabenstellung umschreiben, im Beispiel »abhängige summe mit kriterium« (auf die Groß-Kleinschreibung kommt es hierbei nicht an …). Excel stellt Ihnen dann im Bereich Funktion auswählen einige Funktionen zusammen, von denen es denkt, dass diese auf Ihre Aufgabe zutreffen. Im Beispiel ist der erste Treffer bereits geeignet:

- Wählen Sie die Funktion SummeWenn und klicken Sie auf Hilfe für diese Funktion, wenn Sie mittels der Programmhilfe Näheres zur Funktion erfahren möchten.
- Klicken Sie auf die Funktion SummeWenn, wenn Sie direkt loslegen möchten, und dann auf OK – Excel fügt die Funktion ein und öffnet das Dialogfeld Funktionsargumente, das ich im zweiten Teil dieser Handlungsanweisung beschreibe.

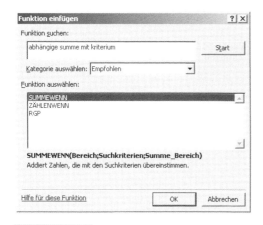

Abbildung 5.27:   Dialogfeld »Funktion einfügen« mit eingegebener Suche

> Schneller öffnen Sie die Suchmaske, wenn Sie auf das Symbol FUNKTION EINFÜGEN in der Bearbeitungsleiste klicken.

Eingabe mit Funktionsvorgabe. Sofern Sie bereits die Funktion kennen, ist es schneller, den direkten Weg zu gehen:

1. Geben Sie den Funktionsnamen und die öffnende Klammer ein (damit signalisieren Sie Excel, dass Sie eine Funktion eingeben möchten).
2. Öffnen Sie dann über EINFÜGEN ▶ FUNKTION… das Dialogfeld FUNKTIONSARGUMENTE (schneller geht es über das Symbol FUNKTION EINFÜGEN in der Bearbeitungsleiste).

Dieses Dialogfeld ist auch in *Abbildung 5.28* dargestellt. Wie hilfreich es bei der Eingabe ist, möchte ich Ihnen an diesem Beispiel zeigen:

- Der Name der Funktion bezeichnet zugleich die Gruppe aller Argumente – sie bildet den oberen Bereich.
- Unterhalb dieser Gruppe wird die Aufgabe der Funktion beschrieben, im Beispiel »Addiert Zahlen, die mit Suchkriterien übereinstimmen«.
- Weiterhin sehen Sie zwei Gleichheitszeichen. Das obere gibt Ihnen das Ergebnis der Funktion wieder, das untere das Formelergebnis, also das Ergebnis der Zelle insgesamt (sobald Sie mehrere Funktionen innerhalb einer Zelle verwenden, können sich Abweichungen ergeben).

Schön zu sehen ist, dass hinter jedem Argument auch der benötigte Datentyp angegeben wird; die Hinweise »Bezug« und »Beliebig« sind eindeutig.

Mithilfe dieses Dialogfelds ist die Eingabe der Funktion sehr einfach:

1. Platzieren Sie die Einfügemarke im ersten Argument, BEREICH. Wie oben bereits beschrieben, können Sie das Dialogfeld auf dieses Eingabefeld reduzieren, um mit der Maus den Bereich B3 bis B8 zu markieren. Anschließend vergrößern Sie es wieder.
2. Nun können Sie als Nächstes das SUCHKRITERIUM eingeben; dazu verweisen Sie auf die Zelle B10.
3. Sofern Sie die einfache Variante, also ohne das Argument SUMME_BEREICH, verwenden, ist die Funktion vollständig eingegeben. Sie können die Eingabe abschließen, indem Sie
    - auf OK des Dialogfelds klicken,
    - auf das Symbol EINGEBEN der Bearbeitungsleiste (der grüne Haken) klicken oder
    - die Taste ⏎ drücken.

Unabhängig davon, wie Sie die Eingabe beendet haben, werden Sie als Ergebnis »3« erhalten – nur die ersten beiden Zellen enthalten einen Wert der gleich »2« oder kleiner ist.

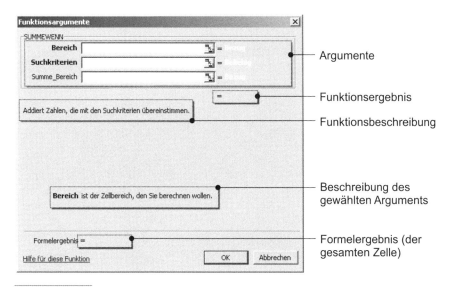

Abbildung 5.28: Dialogfeld »Funktionsargumente« zur Funktionseingabe

Solange Sie in der Bearbeitungsleiste oder daraus abgeleitet in einem Eingabefeld des Dialogfelds FUNKTIONSARGUMENTE aktiv sind, können Sie die Einfügemarke innerhalb des Eingabefelds nicht über die Richtungstasten verschieben. Sie können stattdessen nur die Maus verwenden.

QuickInfo verwenden. Wenn Sie Funktionen eingeben, bekommen Sie nicht nur durch das Dialogfeld FUNKTIONSARGUMENTE Unterstützung. Prüfen Sie, ob die Einstellung

EXTRAS ▶ OPTIONEN… ▶ ALLGEMEIN ▶ [EINSTELLUNGEN] : QUICKINFO FÜR FUNKTIONEN

aktiv ist. Diese QuickInfo gibt Ihnen innerhalb der Bearbeitungsleiste einige Hinweise:

- Sobald Excel eine Funktion erkannt hat, erscheint diese QuickInfo – bleibt sie trotz aktivierter Einstellung aus, haben Sie also bereits im Ansatz einen Fehler gemacht.
- Befinden Sie sich innerhalb der Funktionsargumente, wird das gerade aktive Argument fett hervorgehoben.
- Umgekehrt können Sie auf eines der Argumente klicken, um es innerhalb der Bearbeitungsleiste zu markieren.

In *Abbildung 5.29* sehen Sie, wie Sie mithilfe der QuickInfo innerhalb einer eingegebenen Funktion sicher navigieren können.

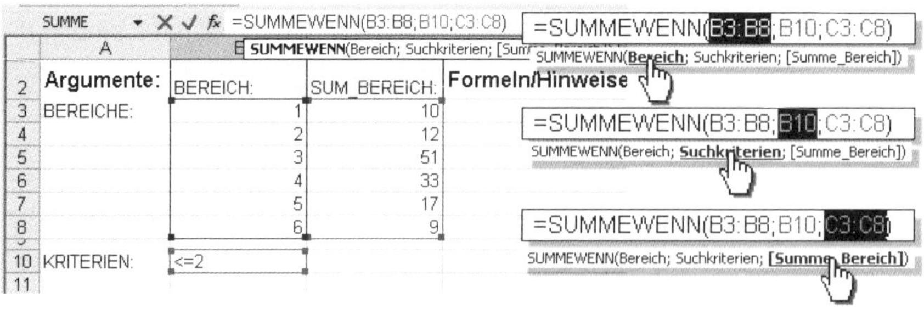

Abbildung 5.29: Navigation in Funktionen und ihren Argumenten

Eingabe überprüfen. Das Dialogfeld FUNKTIONSARGUMENTE unterstützt Sie nicht nur bei der Eingabe. Auch danach leistet es gute Dienste:

- Wenn Sie eine der verschachtelten Funktionen aus den folgenden Beispielen öffnen und den Überblick verlieren, platzieren Sie einfach die Einfügemarke innerhalb der Bearbeitungsleiste.
- Öffnen Sie dann das Dialogfeld (über das Symbol der Bearbeitungsleiste oder per Menü). Sobald Sie die Einfügemarke anders platzieren, passt sich das Dialogfeld mit seinen Möglichkeiten und Hinweisen der aktuell relevanten Funktion an und verschachtelte Funktionen erscheinen innerhalb des jeweiligen Arguments.

Gerade die Vorschau des Argumentergebnisses, des Funktionsergebnisses und des Formelergebnisses helfen Ihnen dabei, Fehlern auf die Spur zu kommen.

Passende Funktion wählen. Wichtig für Sie ist die Frage, worauf Sie achten sollten, wenn Sie selbst eine Funktion verwenden möchten. Die folgende Liste fasst die wichtigsten Kriterien zusammen:

- Aussage und Datentyp des Ergebnisses
- Mögliche Argumente und ihre Datentypen
- Fehlerquellen bei der Eingabe

Ergebnis. Das Wichtigste einer Funktion ist natürlich, ob sie der Lösungsfindung dient. Excel kennt so viele Funktionen, dass sich eine Suche häufig lohnt. Um die Kapitalverzinsung zu berechnen, gibt es beispielsweise spezielle Funktionen (genauer in *Kapitel 6*).

Wichtig beim Ergebnis ist auch, was genau zurückgegeben wird. Die Datumsfunktion WOCHENTAG() beispielsweise ermittelt zwar den Wochentag eines Datums, gibt ihn aber nur als Zahl zurück. Der Wert »5« ist zwar für einen Programmierer bereits aussagekräftig; erst wenn er in »Freitag« übersetzt wird, erschließt sich das Ergebnis auch dem normalen Anwender.

> Der zurückgegebene Datentyp ist vor allem dann wichtig, wenn das Ergebnis in eine andere Berechnung übernommen werden soll.

Argumente. Sie haben oben bereits gesehen, dass viele Funktionen auf Argumente zurückgreifen, um Ergebnisse zu berechnen. Angenommen, die Funktion Zw() würde keinen Barwert berücksichtigen, dann müssten Sie für diesen die Verzinsung separat berechnen. Die Argumente helfen Ihnen häufig, weitere Zwischenberechnungen zu vermeiden – das übernimmt die Funktion für Sie. Allerdings ist es wichtig, als was die Argumente »angeliefert« werden müssen. In den meisten Fällen sind das Zahlen. Teilweise sind aber nur bestimmte Werte zulässig. Das Argument F beispielsweise ist entweder »0« oder »1« – und nichts anderes sonst.

Fehlerquellen. Beachten Sie auch die möglichen Fehlerquellen einer Funktion. Im Beispiel oben ist eine wichtige Fehlerursache das Vorzeichen. Da die Funktion standardmäßig von negativen Zahlungsströmen und negativen Barwerten ausgeht, müssen Sie also für die Sparbuchsituation die Vorzeichen umkehren.

> Testen Sie alle unbekannten Funktionen zunächst mit einfachen Beispielen und leichten Zahlen, die Sie auch »zu Fuß« nachrechnen können, um die Arbeitsweise zu verstehen.

Vorteile von Funktionen. Um den Gebrauch von Funktionen deutlicher zu machen, möchte ich *Übung 5.3* noch einmal aufgreifen. Indem Sie den Operatoren die entsprechenden Funktionen entgegensetzen, werden Sie sehr schnell die Vorteile erkennen. In *Abbildung 5.30* sehen Sie eine Addition dreier Summanden mithilfe von Operatoren – das kennen Sie bereits von *Seite 104*.

	A	B	C	D
2	Vorgaben			Formeln/Hinweise:
4	Summand 1	3		
6	Summand 2	1		
8	Summand 3	2		
10	Umsetzung			
14	Summe (verknüpft)	6		=B4+B6+B8

Abbildung 5.30: Zellen summieren durch Addition

	A	B	C	D
2	Vorgaben			Formeln/Hinweise:
4	Summand 1	3		
6	Summand 2	1		
8	Summand 3	2		
10	Umsetzung			
16	Summe (Funktion)	6		=SUMME(B4:B8)

Abbildung 5.31: Zellen summieren mit »SUMME()«

Alternativ hierzu können Sie auch die Summenformel verwenden. Die Excel-Funktion hierfür lautet SUMME(). Als Funktionsargument ZAHL1 übergeben Sie den Bereich B4 bis B8. Die Lösung sehen Sie in *Abbildung 5.31*.

Natürlich können Sie Operatoren und Funktionen beliebig miteinander kombinieren, wie in *Abbildung 5.32* zu sehen ist. Sofern Sie keinen Fehler gemacht haben, wird das Ergebnis in allen Fällen das gleiche sein.

	A	B	C	D
2	Vorgaben			Formeln/Hinweise:
4	Summand 1	3		
6	Summand 2	1		
8	Summand 3	2		
9				
10	Umsetzung			
18	Summe (kombiniert)	6		=B4+SUMME(B6:B8)
19				

Abbildung 5.32:   Zellen summieren durch Addition und »SUMME()«

5.5   Formeln

Formeln haben Sie bereits im letzten Beispiel des vorigen Abschnitts kennen gelernt. Als Formel werden in Excel Kombinationen aus Bezügen, Operatoren und Funktionen bezeichnet. Kurzum alles, was keine Konstante ist, stellt eine Formel dar. In *Abbildung 5.33* sehen Sie die beiden möglichen Formeltypen.

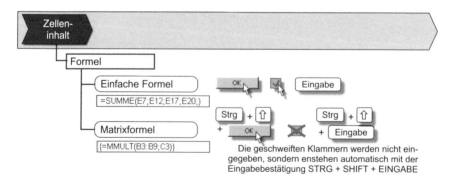

Abbildung 5.33:   Formeltypen

> Formeln beginnen in Excel-Zellen immer mit einem »=...«.

5.5.1 Einfache Formeln

Normalerweise werden Sie es nur mit so genannten einfachen Formeln zu tun haben. Zu diesen Formeln ist nichts Besonderes anzumerken, da Sie sie in den kleinen vorhergehenden Beispielen bereits gesehen haben und in den nachfolgenden Kapiteln ausführlich kennen lernen werden. Einfache Formeln können Sie auf die übliche Weise eingeben.

5.5.2 Matrixformeln

Matrixformeln führen im Unterschied zu einfachen Formeln mehrere Berechnungen innerhalb der Formel aus. Da das zunächst einmal schwer vorstellbar ist, möchte ich Ihnen das anhand eines einfachen Beispiels zeigen.

> Möglicherweise kennen Sie Matrixformeln unter der Bezeichnung Array-Formeln.

Oben haben Sie bereits die Funktion SUMMEWENN() kennen gelernt. Sie können die gleiche Berechnung auch mithilfe der Funktion SUMME() umsetzen, wenn Sie diese Funktion in einer Matrixformel verwenden.

Matrixformel eingeben. Am Beispiel wird deutlich, wie Sie Matrixformeln eingeben und was das Besondere an ihnen ist. Sie beginnen so, als wollten Sie eine normale Formel eingeben: Geben Sie zunächst das Gleichheitszeichen und dann die Excel-Funktion »Summe« ein. In der Zelle sollte bislang

    =SUMME(

stehen. Öffnen Sie dann das Dialogfeld FUNKTIONSARGUMENTE und fahren Sie fort:
- Die Summenformel hat nur ein Argument, ZAHL1.
- Dieses Argument wird durch die Funktion WENN() gebildet:
  - Das Argument PRÜFUNG ist wie bei der Funktion SUMMEWENN() der Vergleich des Werts in B10 mit den Werten des Bereichs B3 bis B8.
  - Als DANN_WERT wird der Zellenbereich C3 bis C8 übergeben.

Damit Sie diese Formel als Matrixformel abschließen und *nicht* als einfache Formel, müssen Sie die Eingabe zwingend mit der Tastenkombination

    Strg + ⇧ + ↵

beenden.

> Sobald Sie die Eingabe einer Matrixformel korrekt beenden, fügt Excel automatisch geschweifte Klammern um die Formel herum – diese Klammern können Sie nicht manuell eingeben!

Den Aufbau dieser Matrixformel finden Sie auch in *Abbildung 5.34* schematisiert. Die Stufen sollen die Verschachtelungsebenen verdeutlichen. Insofern können Sie diese Abbildung mit *Abbildung 5.25* vergleichen.

Abbildung 5.34: Excel-Funktion »Summe()« in einer Matrixformel

Nur weil Sie diese verschachtelte Summenfunktion in eine Matrixformel kleiden, wird das korrekte Ergebnis ausgegeben, im Beispiel »22«, vgl. *Abbildung 5.35*. Die Funktion SUMMEWENN() musste für dieses Beispiel etwas modifiziert werden, um den Vergleich mit der Matrixformel zu erleichtern.

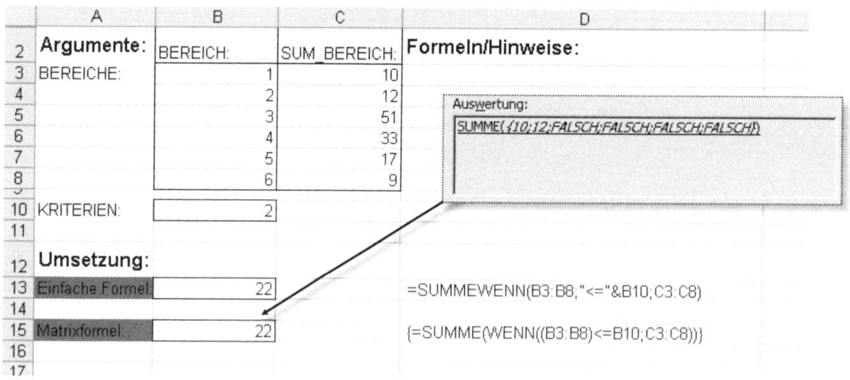

Abbildung 5.35: Vergleich einer einfachen und einer Matrixformel

Innerhalb der Abbildung sehen Sie rechts oben die Auswertung eingeblendet (hierzu ausführlich *Anhang C.*). Daran dürfte die Arbeitsweise einer Matrixformel deutlich werden. Die Funktion WENN() übergibt alle Werte aus der Prüfung an die Summe. Allerdings sind nur solche Werte eine ZAHL, die der Prüfung entsprechen. Für alle anderen Werte wird FALSCH zurückgegeben, was bei der Summe nicht berücksichtigt wird.

5.6 Berechnungen mittels Statusleiste

Nicht alle Berechnungen machen es notwendig, Formeln hierfür zu bilden. Excel hat eine Statusleiste, über die Sie auch manches Ergebnis schnell ermitteln können.

Funktion auswählen. Die Funktionen der Statusleiste sind:

- MITTELWERT: Bestimmt den Mittelwert aus allen markierten Zellen, soweit sie Zahlen enthalten.
- ZÄHLEN: Zählt alle nicht leeren, markierten Zellen.
- ANZAHL: Zählt alle markierten Zellen mit Zahlen.
- MAX: Ermittelt aus allen markierten Zellen den größten Wert.
- MIN: Ermittelt aus allen markierten Zellen den kleinsten Wert.
- SUMME: Bildet aus allen markierten Zellen die Summe.

Die Auswahl ist recht einfach:

1. Klicken Sie mit der rechten Maustaste auf die Statusleiste. Es öffnet sich das Kontextmenü.
2. Wählen Sie in diesem Kontextmenü die gewünschte Funktion; wählen Sie KEIN(E), um nichts anzeigen zu lassen.
3. Markieren Sie nun beliebige Zellen – in der Statusleiste erscheint das Ergebnis entsprechend der Auswahl.

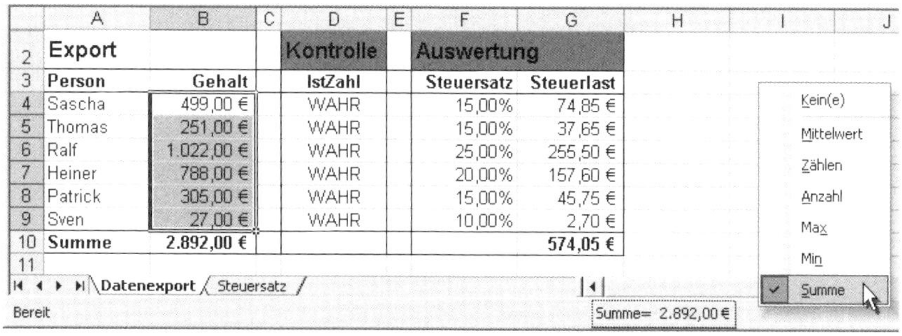

	A	B	C	D	E	F	G
2	Export			Kontrolle		Auswertung	
3	Person	Gehalt		IstZahl		Steuersatz	Steuerlast
4	Sascha	499,00 €		WAHR		15,00%	74,85 €
5	Thomas	251,00 €		WAHR		15,00%	37,65 €
6	Ralf	1.022,00 €		WAHR		25,00%	255,50 €
7	Heiner	788,00 €		WAHR		20,00%	157,60 €
8	Patrick	305,00 €		WAHR		15,00%	45,75 €
9	Sven	27,00 €		WAHR		10,00%	2,70 €
10	Summe	2.892,00 €					574,05 €

Abbildung 5.36: Funktion in der Statusleiste auswählen

5.7 Berechnungen mittels Zwischenablage

Nicht nur die Statusleiste hält besondere Funktionalitäten bereit. Auch die Zwischenablage kann in Excel mehr als nur »kopieren« und »einfügen« – sie kann auch »berechnend« eingefügt werden.

Besonderheiten in Excel. Während der Umgang mit der Zwischenablage allgemein nicht besonders schwer fällt, gilt es in Excel einige Besonderheiten zu berücksichtigen.

- Wenn Sie in Excel genau eine Zelle markieren und in die Zwischenablage übernehmen, dann befindet sich in der Zwischenablage eine Zelle mit Inhalt.
- Öffnen Sie allerdings eine Zelle und markieren Sie nur den Zelleninhalt, also eine kürzere oder längere Zeichenfolge, befindet sich keine Zelle, sondern eine Zeichenfolge in der Zwischenablage – im Klartext: Text.

Für Excel macht es einen Unterschied, ob Sie eine Zelle (inklusive Inhalt) oder nur den Inhalt markiert haben. Im ersten Fall haben Sie das Objekt »Zelle« mit all seinen Zellenformatierungen markiert und in die Zwischenablage übertragen. Im letzteren Fall hätten Sie hingegen Text markiert, ohne ein Zellenobjekt und ohne die Zellenformatierungen.

> Wenn Sie etwas markieren, um es in die Zwischenablage zu übernehmen, vergewissern Sie sich, was Sie gerade markieren.

Wert in die Zwischenablage übernehmen. Wie Sie einen Wert in die Zwischenablage übernehmen, das werden Sie wahrscheinlich bereits wissen, weil Excel sich hierbei an der normalen Windows-Logik orientiert. Sie markieren die Zelle oder den Zellenbereich, den Sie übertragen möchten. Über

BEARBEITEN ▶ KOPIEREN

übernehmen Sie den Inhalt der Markierung in die Zwischenablage.

Sobald Sie eine oder mehrere Zellen markiert und in die Zwischenablage übernommen haben, erscheint um den Bereich eine blinkende Linie. Nur solange diese Linie blinkt, ist der Inhalt auch aus der Zwischenablage abrufbar – der Aufgabenbereich ZWISCHENABLAGE erlaubt es Ihnen, den Inhalt abzuschätzen.

Drücken Sie beispielsweise [Esc], hört die Linie auf zu blinken und Sie können nichts mehr aus der Zwischenablage einfügen. In diesem Fall kopieren Sie den Inhalt einfach noch einmal in die Zwischenablage.

Wert direkt einfügen. So können Sie den Inhalt der Zwischenablage auf einfachem Wege in die Tabelle zurückbringen. Dazu markieren Sie die Zelle, an deren Position Sie den Inhalt der Zwischenablage in das Tabellenblatt einfügen möchten. Über

BEARBEITEN ▶ EINFÜGEN

fügen Sie ihn an der vorgegebenen Stelle ein; soweit Sie einen Bereich von Zellen in der Zwischenablage haben, wird er in der markierten Zelle und in den benachbarten Zellen eingefügt – Excel weitet den Bereich automatisch aus.

Normalerweise werden Sie hier keine Überraschungen erleben. Eine Besonderheit ergibt sich aber, wenn Sie

- eine einzelne Zelle in die Zwischenablage übernommen und beim Einfügen einen Zellenbereich markiert haben,

- einen Zellenbereich in die Zwischenablage übernommen und beim Einfügen auch einen Zellenbereich markiert haben.

Im ersten Fall wird der Inhalt der einzelnen Zelle in alle markierten Zellen eingefügt. Fehlermeldungen bleiben aus, weil der markierte Bereich die Größe des kopierten Bereichs um ein Vielfaches übersteigt – schließlich sind selbst Primzahlen durch Eins teilbar.

Im zweiten Fall passiert dagegen Folgendes. Angenommen, Sie haben einen Bereich von zwei mal zwei Zellen in die Zwischenablage übernommen:

- Umfasst die Zielmarkierung ebenfalls zwei mal zwei Zellen oder beispielsweise zwei mal vier Zellen (ein ganzes Vielfaches), wird der Inhalt entsprechend oft aus der Zwischenablage eingefügt.
- Umfasst die Zielmarkierung hingegen nur zwei mal drei Zellen (kein ganzes Vielfaches), wird der Inhalt nur einfach eingefügt (also in zwei mal zwei Zellen).

Wert mit Berechnung einfügen. Um die Leistungsfähigkeit der Zwischenablage zu demonstrieren, soll folgende Situation gelöst werden. Eine Tabelle enthält sämtliche Währungsangaben in DM. Da inzwischen der Euro verbindliche Währung ist, sollen alle Werte umgerechnet werden. Die intuitive und bei wenigen Werten auch praktikable Lösung wäre, die Werte von Hand zu ändern. Das ist für umfangreiche Tabellen und komplizierte Umrechnungen jedoch kein komfortabler und auch kein zuverlässiger Weg. Einfacher geht es über die Zwischenablage.

Umrechnungsfaktor übernehmen. Zunächst müssen Sie den Umrechnungsfaktor in die Zwischenablage übernehmen; er steht, wie *Abbildung 5.37* zeigt, in Zelle B11.

Inhalt einfügen. Nachdem Sie ihn in die Zwischenablage kopiert haben, können Sie ihn zum Umrechnen verwenden:

1. Markieren Sie die Zellen C3 bis C9. Öffnen Sie dann über BEARBEITEN ▶ INHALTE EINFÜGEN das gleich lautende Dialogfeld.
2. Im oberen Teil des Dialogfelds, EINFÜGEN, wählen Sie die Variante WERTE. Damit verhindern Sie, dass Excel beim Einfügen das lokale Zellenformat verändert.
3. Wichtig ist der untere Teil, VORGANG. Wählen Sie hier das Optionsfeld DIVIDIEREN – schließlich ist das Verhältnis »DM/€« bekanntlich »1,95583/1« und nicht umgekehrt.
4. Klicken Sie dann auf OK, um den Faktor, der sich in der Zwischenablage befindet, auf die markierten Zellen anzuwenden.

Die Zelleninhalte haben sich nun geändert und sind wertmäßig in Euro umgerechnet. Was noch fehlt, ist das Anpassen des Währungszeichens. Dies ist allerdings Bestandteil des Datentyps, nicht des Zellenwerts. Deshalb verändert es sich durch diese Umrechnung nicht. Es wäre ja gut möglich, dass Sie eine Preiserhöhung auf diese Weise herbeiführen wollten, die rein zufällig dem Umrechnungsfaktor des Euro entspricht.

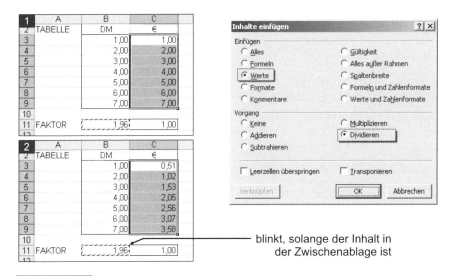

Abbildung 5.37: Eingabe mit Berechnung über die Zwischenablage

5.8 Kurz und wichtig

Mit Excel können Sie umfangreiche Berechnungen anstellen. Die Tatsache, dass Excel eine Tabellenkalkulation ist, hilft Ihnen hierbei, weil Sie die Zwischenschritte in einzelnen Zellen anordnen können. Für eigene Berechnungen stehen Ihnen folgende Hilfsmittel zur Verfügung:

→ Mit Bezügen können Sie Zellenwerte in andere Berechnungen übernehmen. Dadurch vermeiden Sie doppelte Arbeit. Namen sind eine besondere Variante der Zellenbezüge.

→ Die Grundrechenarten können Sie direkt mit den entsprechenden Rechenzeichen eingeben. Dabei gilt auch in Excel »Punkt vor Strich«.

→ Excel kennt zahlreiche Funktionen, die auch komplizierte Berechnungen diskret ausführen. Lediglich die Argumente müssen Sie entsprechend vorgeben.

→ Als Formeln werden alle Zelleninhalte bezeichnet, die mit einem Gleichheitszeichen beginnen. Formeln können aus Bezügen, Operatoren und Funktionen gebildet werden. Matrixformeln denken »mehrdimensional«.

→ Mithilfe der Statusleiste können Sie bestimmte Ergebnisse direkt prüfen. Die Zwischenablage erlaubt es Ihnen, einzelne Berechnungen direkt umzusetzen.

Anlage 5.2: Einstellungen und Tastenkombinationen

Kapitel 6

Finanzmathematische Berechnungen

Nachdem Sie sich mit den Grundlagen vertraut gemacht haben, erfahren Sie nun anhand der folgenden Beispiele, wie Sie mit Excel finanzmathematische Kalkulationen aufstellen. Um die Beispiele nicht auf Studenten wirtschaftswissenschaftlicher Fachrichtungen einzugrenzen, werde ich in jedem Beispiel zunächst auf das theoretische Problem eingehen. Konkret geht es dabei um die folgenden Fragen:

→ Wie errechnen Sie das Endvermögen inklusive Zinseffekt?
→ Wie errechnen Sie den Barwert eines Vermögens inklusive Zinseffekt?
→ Wie errechnen Sie die Höhe einer gleichmäßigen Tilgung? Wie können Sie sich behelfen, wenn Sie keine Excel-Funktion hierfür finden?

Anlage 6.1: Programmhinweise zu Vorversionen

6.1 Endwert

Finanzmathematische Berechnungen beschäftigen sich häufig mit Zinsen und den damit verbundenen Zinseffekten. Excel kennt hierfür zahlreiche Funktionen, die Ihnen die komplizierten Zwischenschritte abnehmen. Damit Sie aber ein Gefühl für diese Funktionen entwickeln können, werde ich die Aufgaben in diesem Kapitel entsprechend der Systematik lösen, die Sie bereits aus *Kapitel 3* kennen.

Übung 6.1:

Ein Guthaben von 150 € werde für sieben Jahre angelegt. Der Zinssatz beträgt 5,3% und wird nachschüssig berechnet. Wie hoch ist das Guthaben am Ende der Zeit?

Aufgabe modellieren. Entsprechend der Vorgehensweise sollen zunächst die Aufgabenblöcke aufgezeigt werden:

- Annahmen: 150 € Guthaben, Laufzeit 7 Jahre, Zinssatz 5,3%, nachschüssige Verzinsung – indirekt wird darauf hingewiesen, dass keine Zwischenzahlungen stattfinden.
- Zwischenschritte: Guthaben nach Jahr 1, 2, 3, 4, 5 und 6 (um den Zinsfaktor nachzuvollziehen).

- Ergebnis: Guthaben nach Jahr 7.

Annahmen eingeben. In *Abbildung 6.1* sehen Sie die eingegebenen Annahmen. In Spalte A stehen teilweise sehr verkürzte Bezeichnungen. Das liegt daran, dass ich Ihnen eine Excel-Funktion vorstellen werde, deren Argumente diese Bezeichnungen tragen. Die Kommentare in Spalte D machen die Angaben allerdings verständlich.

	A	B	C	D
2	Angaben:			Formeln/Hinweise:
4	ZINS	5,30%		ist der Zinssatz
6	ZZR	7 Jahre		ist die Anlagedauer
8	RMZ	0,00 €		sind regelmäßige Zahlungen
10	BW	150,00 €		ist das angelegte Guthaben
12	F	0		nachschüssige Verzinsung

Abbildung 6.1: Annahmen zur Aufgabe

> Die Reihenfolge der Angaben ist von mir frei gewählt. Sie können auch eine andere Reihenfolge wählen.

Zwischenschritte eingeben. Als Nächstes sollen die Zwischenergebnisse berechnet werden. Allgemein ergibt sich das Guthaben einer Folgeperiode aus dem Guthaben der aktuellen Periode und den Zinsen, die für dieses Guthaben fällig werden:

$$ZW_1 = BW + BW \cdot ZINS$$

Der Barwert lässt sich ausklammern, so dass sich als Formel ergibt:

$$ZW_1 = BW \cdot (1 + ZINS)$$

Das Guthaben nach einem Jahr (Zelle B17) errechnet sich somit nach folgender Formel:

=$B$10*(1+$B$4)

Das Guthaben vor Beginn steht in Zelle B10, der Zinssatz in Zelle B4.

Da dieser Zusammenhang auch für alle weiteren Perioden stimmt, können Sie damit zugleich das Guthaben nach den weiteren Jahren errechnen. Geben Sie dazu in die Zelle B18 folgende Formel ein:

=B17*(1+$B$4)

und erweitern Sie sie auf die Zellen B19 bis B22. So erhalten Sie das Guthaben nach Ablauf des jeweiligen Jahres.

Ähnlich lautet auch die Ergebnisformel in Zelle B24:

=B22*(1+$B$4)

Wie Sie hier sehen, beläuft sich das Guthaben nach Ablauf von sieben Jahren auf rund 215 €. Die Lösung sehen Sie auch in *Abbildung 6.2*.

	A	B	C	D
14	**Lösungsweg (mit Zwischenschritten und ohne Funktion)**			
16	Endwert Ende...			
17	Jahr 1	157,95 €		=$B$10*(1+$B$4)
18	Jahr 2	166,32 €		=B17*(1+$B$4) ; diese Formel...
19	Jahr 3	175,14 €		
20	Jahr 4	184,42 €		...bis zu Jahr 6 kopieren...
21	Jahr 5	194,19 €		
22	Jahr 6	204,49 €		=B21*(1+$B$4)
24	ZW Ende Jahr 7	215,32 €		=B22*(1+$B$4)

Abbildung 6.2: Zwischenschritte zur Aufgabe

Deutlich in dieser Tabelle zu erkennen ist, wie die einzelnen Zinszahlung mit jedem Jahr anwachsen. Das liegt an den Zinseszinsen, die das Guthaben zusätzlich vergrößern. Entsprechend lässt sich ein solcher Zahlungsstrom auch wie in *Abbildung 6.3* darstellen.

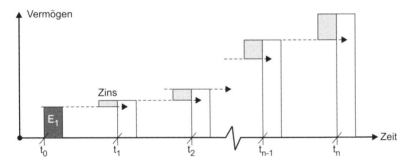

Abbildung 6.3: Zahlungsstrom mit Zinseffekt

Lösung mit ZW(). Bei kurzen Laufzeiten mag dieser Weg noch funktionieren, bei einer Laufzeit von 270 Jahren wäre er aber ziemlich umständlich. Deshalb möchte ich Ihnen zeigen, wie Sie diese Aufgabe auch direkt lösen können. Um Endwerte zu errechnen, gibt es in Excel die Funktion ZW().

Definition. Diese Funktion hat folgende Syntax:

ZW (ZINS ; ZZR ; RMZ ; [BW] ; [F])

Die einzelnen Argumente bedeuten:
- ZINS ist der Zinssatz, mit dem das Guthaben sowie mögliche Einzahlungen verzinst werden.

- Der Zahlungszeitraum ZZR gibt an, über wie viele Perioden hinweg das Geld – mögliches Startguthaben BW sowie eventuelle Einzahlungen RMZ – gespart wird.
- Weiterhin können Sie angeben, ob periodische Zahlungen, RMZ (»regelmäßige Zahlungen«) erfolgen.
- Als BW (»Barwert«) wird das mögliche Anfangsvermögen angegeben.
- Die Fälligkeit F gibt an, ob die Zahlungsströme nachschüssig [F=0] oder vorschüssig [F=-1] verzinst werden – üblich im Bankengewerbe ist die nachschüssige Verzinsung, von der Excel standardmäßig ausgeht.

Die Funktion ermittelt den Wert entsprechend der Formel

$$ZW = BW \cdot (1 + ZINS)^{ZZR} + \sum_{i=1}^{ZZR} RMZ \cdot (1 + ZINS)^{i}$$

Wie Sie sehen, werden also eine ganze Reihe von Rechenschritten durch diese Funktion übernommen, die Sie andernfalls durch eigene Zwischenberechnungen lösen müssten.

Umsetzung. Mithilfe dieser Funktion ist es ziemlich einfach, das Guthaben am Ende der Laufzeit direkt zu berechnen. Dazu geben Sie in die Zelle B30 den Formelrumpf ein, also »=ZW(« und öffnen dann das Dialogfeld FUNKTIONSARGUMENTE:

- Die gleich lautenden Funktionsargumente finden Sie in den Zellen B4 bis B12.
- Einzig beim Startguthaben BW müssen Sie ein Minuszeichen vor dem Bezug eingeben, da die Funktion von anderen Zahlungsströmen ausgeht.

Die endgültige Formel lautet somit

=ZW(B4;B6;B8;-B10;B12)

Das Ergebnis sehen Sie auch in *Abbildung 6.4*. Selbstverständlich gelangen Sie wiederum zum gleichen Ergebnis, rund 215 €.

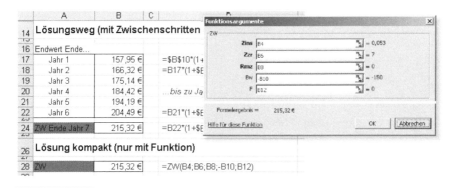

Abbildung 6.4: Lösung durch »ZW()« errechnen

Der direkte Weg mittels ZW() hat, wie Sie sehen, mehrere Vorteile. Vor allem ist er flexibler, was die Annahmen betrifft. Sie können die Werte beliebig ändern und erhalten immer das richtige Ergebnis. Der Lösungsweg über Zwischenschritte ist dagegen auf eine bestimmte Situation, beispielsweise »Laufzeit 7 Jahre«, beschränkt.

> Trotzdem sollten Sie unbekannte Funktionen zunächst an einem einfachen Beispiel prüfen, um die Zusammenhänge zu verstehen.

6.2 Ansparkauf

Das nächste Beispiel geht gerade von der umgekehrten Situation aus. Hier möchte der Diplomand der Geschäftsleitung einen Kauf mit Ansparen vorschlagen. Es habe sich gezeigt, dass viele Erwachsene ihren Neffen und Enkeln zur Konfirmation gerne etwas »fürs Leben« schenken würden. Da die Beschenkten zu diesem Zeitpunkt noch bei ihren Eltern wohnen, ist die Notwendigkeit für einen eigenen Kochtopf Marke »Super-Pott« eher gering. Beim Auszug kommt ein gutes Kochgeschirr dagegen meistens zu kurz, weil zugleich viele andere Dinge angeschafft werden müssen, die das knappe Budget belasten.

Übung 6.2:

Wie viel muss ein Käufer anlegen, um bei einem Zinssatz von 4,5% am Ende einer Laufzeit von sieben Jahren den Kaufpreis von 100 € bezahlen zu können?

Aufgabe modellieren. Diese Aufgabe lässt sich recht einfach modellieren, da sie im Prinzip das Gegenstück zur vorigen Aufgabe darstellt:
- Annahmen: 100 € Endguthaben, Zinssatz 4,5%, Laufzeit 7 Jahre
- Zwischenschritte: Barwert des Guthabens am Ende von Jahr 6, 5, 4, 3, 2 und 1
- Ergebnis: Barwert des Guthabens zu Beginn von Jahr 1

Annahmen eingeben. Geben Sie als Erstes wieder die Annahmen in das Tabellenblatt ein. Die Zellen sind entsprechend beschriftet. Die fertig eingegebenen Annahmen sehen Sie auch in *Abbildung 6.5*.

	A	B	C	D
2	Angaben:			Formeln/Hinweise:
4	ZINS	4,50%		ist der Zinssatz
6	ZZR	7 Jahre		ist die Anlagedauer
8	RMZ	10,00 €		sind Kaufpreisraten
10	ZW	100,00 €		ist der Kaufpreis
12	F	0		nachschüssige Verzinsung

Abbildung 6.5: Annahmen eingeben

Zwischenschritte eingeben. Auch bei diesem Beispiel möchte ich Ihnen zunächst anhand der Zwischenschritte eine Möglichkeit vermitteln, die Arbeitsweise der (später vorgestellten) Funktion zu prüfen. Das Vermögen am Ende der siebten Periode kennen Sie bereits, da es Ihnen in der Aufgabenstellung vorgegeben wird. In die Zelle B16 können Sie somit eingeben

   =B10

Wie Sie bei der letzten Aufgabe gesehen haben, wird das Vermögen, das zu Beginn einer Periode vorhanden ist, am Ende verzinst. Um also vom Vermögen am Ende einer Periode (Endwert) zu dem zu gelangen, was zu Anfang der Periode vorhanden sein muss (Barwert), müssen Sie die Gleichung oben nach dem Barwert umstellen. Sie erhalten dann

$$BW = \frac{ZW}{(1+ZINS)}$$

> Hierbei handelt es sich um das »Abzinsen«, das in der Finanzwelt auch als »Diskontieren« bezeichnet wird.

Da sich zwischen dem Ende einer Periode und dem Anfang der Folgeperiode (»Silvester«) zinstechnisch nichts tut, ist somit das Vermögen am Ende einer Periode gleich dem Vermögen am Anfang der Folgeperiode – das Vermögen am Anfang vom siebten Jahr ist gleich dem Vermögen am Ende vom sechsten Jahr. Entsprechend lautet die Formel für die Zelle B19

   =$B$16/(1+$B$4)

Dieses Vermögen wird für die Folgeperioden ebenfalls abgezinst. In der Zelle B20 steht somit die Formel

   =B19/(1+$B$4)

die Sie runterkopieren. Um die Lösung zu erhalten, geben Sie in die Zelle B26 die Formel

   =B24/(1+$B$4)

ein. Das Ergebnis ist das Vermögen, das Sie zu Beginn der Periode 1 anlegen müssen, um nach Ablauf von sieben Perioden das geforderte Vermögen von 100 € zu haben – und es zum Kauf des Kochtopfs zu verwenden. Die vollständig eingegebenen Zwischenschritte sehen Sie auch in *Abbildung 6.6*.

Bezogen auf die Arbeitssituation würde Hannes Müller bei der Vorstellung seiner Ergebnisse festhalten, dass mindestens 73,48 € über einen Zeitraum von 7 Jahren und zu einem Zinssatz von 4,5% angelegt werden müssen, damit nach Ablauf der Frist ein Betrag von 100 € zusammenkommt.

6.2 Ansparkauf

	A	B	C	D
14	Lösungsweg (mit Zwischenschritten und ohne Funktion)			
16	BW Ende Jahr 7	100,00 €		=B10 ; aus Aufgabenstellung
18	Barwert Ende...			
19	Jahr 6	95,69 €		=$B$16/(1+$B$4) ;besonders!
20	Jahr 5	91,57 €		=B19/(1+$B$4) ; diese Formel...
21	Jahr 4	87,63 €		
22	Jahr 3	83,86 €		...bis zu Jahr 1 kopieren...
23	Jahr 2	80,25 €		
24	Jahr 1	76,79 €		=B23/(1+$B$4)
26	BW (vor Jahr 1)	73,48 €		=B24/(1+$B$4)

Abbildung 6.6:   Tabelle mit Zwischenschritten

Dieses mathematisch korrekte Ergebnis ist allerdings unter Vermarktungskriterien nicht sehr elegant. Ob der Betrag nach oben oder unten verändert wird, hängt von weiteren Fragen ab. Beispielsweise könnte die Inflation berücksichtigt werden, weshalb der Betrag eher aufgerundet werden sollte. Andererseits werden möglicherweise nicht sehr viele Kunden bereit sein, so weit im Voraus eine Kaufverpflichtung einzugehen. Um den Angebotscharakter zu unterstreichen, würde der Barwert also abgesenkt werden. Eine interne Betrachtung würde schließlich berücksichtigen, dass die Vorauskasse die Liquidität der Firma erhöht. Aufgrund dessen könnte sie bereit sein, größere Zugeständnisse zu machen und einen geringeren Betrag zu fordern.

Lösung mit BW(). Nachdem Sie über die Zwischenschritte bereits das Ergebnis errechnet haben, möchte ich Ihnen die passende Excel-Funktion vorstellen. Direkt können Sie das Ergebnis nämlich mithilfe von BW() bestimmen. Ihre Aufgabe ist es, den Barwert zu ermitteln.

Definition. Diese Funktion hat folgende Syntax:

BW (ZINS ; ZZR ; RMZ ; [ZW] ; [F])

Die Argumente kennen Sie bereits mehrheitlich von der Funktion oben; in diesem Fall bedeuten sie:

- ZINS ist der Zinssatz, mit dem das Endguthaben sowie mögliche Einzahlungen abgezinst (»diskontiert«) werden.
- Der Zahlungszeitraum ZZR gibt an, über wie viele Perioden hinweg das Geld, mögliches Endvermögen ZW sowie eventuelle Einzahlungen RMZ, abgezinst werden.
- Weiterhin können Sie angeben, ob periodische Zahlungen, RMZ (»regelmäßige Zahlungen«) stattfinden.
- Als ZW (»Zielwert«) wird das mögliche Endvermögen angegeben.
- Die Fälligkeit F gibt an, ob die Zahlungsströme nachschüssig [F=0] oder vorschüssig [F=-1] abgezinst werden – üblich im Bankengewerbe ist die nachschüssige Abzinsung, von der Excel standardmäßig ausgeht.

Um das Vorgehen dieser Funktion darzustellen, müssten Sie die Formel oben nach Bw umstellen.

Umsetzung. Es gelingt sehr schnell, mithilfe dieser Funktion die Aufgabe zu lösen. Alle Annahmen haben Sie bereits in der Tabelle stehen:

- Die Funktionsargumente stehen in den Zellen B4 bis B12.
- Beim Endwert müssen Sie jedoch ein Minuszeichen vor dem Bezug eingeben, da auch diese Funktion wiederum von einem anderen Zahlungsstrom ausgeht.

Die fertige Lösung sehen Sie in *Abbildung 6.7*. Wenig überraschend stimmt das Ergebnis mit dem überein, was zuvor über die Zwischenschritte errechnet wurde.

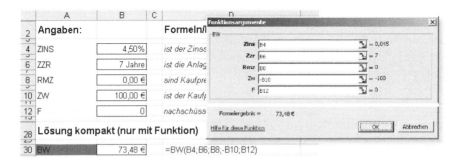

Abbildung 6.7: Lösung durch »BW()« errechnen

Auch diesmal hat der direkte Lösungsansatz mittels Bw() den Vorteil, flexibel zu sein. Beispielsweise können Sie sehr einfach ermitteln, wie groß das anfangs eingezahlte Vermögen sein muss, wenn über die Laufzeit hinweg jedes Jahr weitere 10 € eingezahlt werden.

> Die Lösung in diesem Fall wäre, dass der Käufer zu Beginn der ersten Periode 24,56 € einzahlen muss (einmalig 14,56 € sowie 10,00 €), in allen weiteren Perioden jeweils 10,00 €.

6.3 Ratenzahlung

Während es im letzten Beispiel um einen Kauf mit Vorkasse ging, soll das nächste Beispiel den umgekehrten Fall behandeln. Für diejenigen Kunden, die nicht das Glück haben, bereits zur Konfirmation oder einem anderen frühzeitigen Anlass einen Kochtopf zugesagt zu bekommen, möchte Hannes Müller ein Ratenkaufangebot entwerfen. Unmittelbar nach einem Umzug kann davon ausgegangen werden, dass die Liquidität bei den Kunden nicht besonders hoch ist. Deshalb soll eine nachträgliche Tilgung angeboten werden.

Übung 6.3:

Wie viel muss ein Käufer regelmäßig zurückzahlen, um einen Kredit in Höhe von 100 € über eine Laufzeit von vier Jahren zu tilgen? Der Zinssatz betrage 8%.

Aufgabe modellieren. Wie schon bei den vorangegangenen Beispielen, sollen auch diesmal die Blöcke der Aufgabe herausgestellt werden:
- Annahmen: Kredit von 100 €, Laufzeit 4 Jahre, Tilgung in gleichen Jahresraten, Zinssatz 8%
- Lösung: regelmäßige Tilgung

Im Unterschied zu den vorangegangenen Beispielen verzichte ich zunächst auf Zwischenschritte und beschreibe Ihnen gleich die passende Excel-Funktion. Erst anschließend zeige ich Ihnen, wie Sie das Ergebnis auch alternativ berechnen können. Die eingegebenen Annahmen sehen Sie auch in *Abbildung 6.8*.

	A	B	C	D	E	F
2	Angaben:			Formeln/Hinweise:		
4	ZINS	8,0%		Zinssatz		
6	ZZR	4 Jahre		Dauer		
8	BW	100,00 €		Basissumme		
10	ZW	0,00 €		ist die offene Summe nach Ratenzahlung		
12	F	0		nachschüssige Verzinsung	

Abbildung 6.8: Annahmen eingeben

Lösung mit RMZ(). Um die gleichbleibende Tilgung eines Darlehens zu bestimmen, können Sie die Excel-Funktion RMZ() verwenden. Sie können sich bereits ausmalen, welche Argumente diese Funktion kennt, weil Sie aus den vorigen Beispielen bereits ein entsprechendes Argument kennen.

Definition. Diese Funktion hat folgende Syntax:

RMZ (ZINS ; ZZR ; BW ; [ZW] ; [F])

Die Argumente kennen Sie bereits mehrheitlich von der Funktion oben; in diesem Fall bedeuten sie:
- ZINS ist der Zinssatz, mit dem die verbleibende Kreditschuld verzinst wird.
- Der Zahlungszeitraum ZZR gibt an, über wie viele Perioden hinweg der Kredit getilgt wird.
- Der Kreditbetrag wird als BW angegeben, da dieser Betrag in Periode 0 aufgenommen wurde.
- Als ZW (»Zielwert«) wird der mögliche Restbetrag angegeben; in einigen Kaufverträgen mit Ratenzahlung ist eine so genannte »Schlusszahlung« vorgesehen.

- Die Fälligkeit F gibt an, ob die Zahlungsströme nachschüssig [F=0] oder vorschüssig [F=-1] abgezinst werden – üblich im Bankgewerbe ist die nachschüssige Abzinsung, von der Excel standardmäßig ausgeht.

Regelmäßige Rückzahlungen werden allgemein nach folgender Formel errechnet:

$$RMZ = BW \cdot \frac{(1+ZINS)^{ZZR} \cdot (ZINS)}{(1+ZINS)^{ZZR}-1}$$

Excel selbst verwendet noch eine umfassendere Formel, um auch einen möglichen Endwert zu berücksichtigen. Da in unserem Beispiel dieser aber ohnehin gleich Null ist und somit entfällt, reicht diese Formel völlig aus.

Umsetzung. Um einen ersten Eindruck von dieser Formel zu bekommen, können Sie die Funktion mithilfe von Bezügen selbst modellieren. Alle Argumente stehen bereits in der Tabelle. Sie können also in Zelle B46 eingeben:

=B8*(((1+B4)^B6)*B4)/(((1+B4)^B6)-1)

Das sieht zwar, hintereinander weggeschrieben, etwas ungemütlich aus. Wenn Sie aber in der Bearbeitungsleiste sehen, wie Excel die Klammerpaare hervorhebt, lässt sich dieser Ausdruck nachvollziehen.

Komfortabler gelingt es natürlich mithilfe der Funktion RMZ():
- Alle Funktionsargumente haben Sie bereits in den Zellen B4 bis B12 stehen.
- Lediglich beim Zahlungsstrom müssen Sie wieder aufpassen, weshalb der Barwert negativ anzusetzen ist.

Als Ergebnis steht in Zelle B48 die Formel

=RMZ(B4;B6;-B8;B10;B12)

Das Ergebnis sehen Sie in *Abbildung 6.9*. Bei beiden Ansätzen kommt als Ergebnis eine Tilgung von 30,19 € heraus. Dieser Betrag muss nach dem Kauf zu Beginn jedes Jahres gezahlt werden, damit der Kaufpreis nach Ende des vierten Jahres vollständig getilgt ist.

Abbildung 6.9: Lösung manuell sowie durch »RMZ()« errechnen

Aufgabe aufgliedern. Alle Beispiele waren bislang so gestrickt, dass sie direkt umgesetzt werden konnten. Das muss auf Ihre eigenen Ausarbeitungen jedoch nicht unbedingt zutreffen. Deshalb möchte ich Ihnen an diesem Beispiel auch zeigen, wie Sie zum gleichen Ergebnis kommen können – etwas umständlicher, aber leichter nachzuvollziehen.

Viele Finanzierungsaufgaben lassen sich in Einzelgeschäfte aufteilen. Der Ratenkauf setzt sich beispielsweise zusammen aus einem Sparvertrag und einem Kreditvertrag:

- Der Käufer schließt einen Sparvertrag ab, in den er regelmäßig einen Betrag einzahlt (im Beispiel oben war es eine einmalige Einzahlung).
- Der Käufer nimmt zugleich einen Kredit auf, mit dem er seinen Kauf finanziert. Am Ende der Laufzeit ist der Kredit vollständig zu tilgen.

Wenn beide Geschäfte ordentlich abgeschlossen werden, wird am Ende der Laufzeit das angesparte Vermögen ausgezahlt, dessen Höhe ausreicht, um damit den Kredit vollständig zu tilgen.

Sparvertrag. Das erste Teilgeschäft ist der Sparvertrag. Die mathematischen Zusammenhänge wurden bereits in *Abschnitt 6.1* beschrieben. Allerdings werden die Raten am Ende der jeweiligen Periode eingezahlt. Somit verschiebt sich der Zinseffekt.

Annuität. Da Sie ohne Lösung noch keine Ahnung haben, wie viel Sie genau pro Jahr einzahlen müssen, schätzen Sie mal einen Wert – beispielsweise 28,00 €. Diesen Wert geben Sie in Zelle B18 ein.

Guthaben. Da Sie die einzelnen Raten stets am Ende (!) der Periode einzahlen, ist das Guthaben am Ende der ersten Periode gleich der Einzahlung; in der Zelle B21 steht also

=B18

Erst in der nächsten Periode wird das bereits vorhandene Guthaben verzinst; die neue Einzahlung dagegen wird unverzinst berücksichtigt. Somit ergibt sich für Zelle B22 als Formel

=B21*(1+$B$4)+$B$18

Sie erkennen, dass nur das vorhandene Vermögen verzinst wird, die eingezahlte Rate dagegen nicht.

Wenn Sie diese Formel bis in Zelle B24 übertragen, haben Sie das Vermögen errechnet, das eine nachschüssige Einzahlung über 28,00 € am Ende von vier Jahren 126,17 € erbringt. Die vollständigen Eingaben sehen Sie auch in *Abbildung 6.10*.

Lösungsweg (mit Zwischenschritten)

Teil 1: Sparvertrag

	A	B	C	D
18	Annuität (ca.)	28,00 €		muss geschätzt und eingegeben werden
20		Saldo (Guth.)		
21	Ende t1	28,00 €		=$B$14
22	Ende t2	58,24 €		=B17*(1+$B$6)+$B$14
23	Ende t3	90,90 €		=B18*(1+$B$6)+$B$14
24	Ende t4	126,17 €		=B19*(1+$B$6)+$B$14

Abbildung 6.10: Spargeschäft errechnen mit nachschüssiger Einzahlung

Kreditgeschäft. Das zweite Teilgeschäft des Ratenkaufs ist der Kreditvertrag, vgl. *Abbildung 6.11*. Zu Beginn der ersten Periode nimmt der Käufer den Kredit auf. Am Ende einer jeden Periode wird die Schuld, die zu Anfang der Periode besteht, durch eine Zinslast vergrößert. Da der Kredit erst am Ende seiner Laufzeit getilgt wird, wächst die Kreditlast über alle Perioden an. Insofern verhält sich der Kredit umgekehrt zum Ansparkauf, den Sie im vorherigen Abschnitt kennen gelernt haben.

Lösungsweg (mit Zwischenschritten)

Teil 2: Kreditvertrag

	A	B	C	D
28		Saldo (Kredit)		
29	Ende t1	108,00 €		=$B$8*(1+$B$4)
30	Ende t2	116,64 €		=B29*(1+$B$4)
31	Ende t3	125,97 €		=B30*(1+$B$4)
32	Ende t4	136,05 €		=B31*(1+$B$4)

Abbildung 6.11: Kreditkomponente des Ratenkaufs

Da der Kredit mit jeder Periode wächst, müssen Sie den Kreditbetrag ganz einfach aufzinsen. Diese Formel kennen Sie bereits. In Zelle B29 steht somit

=$B$8*(1+$B$4)

Die Formel für die nächste Zelle (B30) lautet entsprechend

=B29*(1+$B$4)

Diese Formel übertragen Sie in die darunter liegenden Zellen. Als Kreditlast ergibt sich nach vier Jahren also ein Betrag von 136,05 €. Wie Sie jetzt bereits erahnen können, reicht das Guthaben von 126,17 € nicht aus, um den Kredit vollständig zu tilgen (Sie hatten oben ja auch als Annahme 28,00 € angenommen). Die vollständigen Eingaben sehen Sie auch in *Abbildung 6.12*.

Kombination. Nun sollen beide Geschäfte zusammengeführt werden. Hierzu saldieren Sie das jeweilige Guthaben einer Periode mit der jeweiligen Kreditlast der Periode; in Zelle B37 steht beispielsweise die Formel

=B29-B21

6.3 Ratenzahlung

	A	B	C	D	E	F
14	Lösungsweg (mit Zwischenschritten)					
34	Teil 3: Kombination					
36		Restschuld		ZINSZ()	KAPZ()	Summe
37	Ende t1	80,00 €				
38	Ende t2	58,40 €				
39	Ende t3	35,07 €				
40	Ende t4	9,88 €				
42	Differenz	-9,88 €		=B20-B28 ; positive Differenz heißt: übertilgt!		

Abbildung 6.12: Kreditlast errechnen

Am Ende der ersten Periode, nach Abschluss aller Zahlungsvorgänge, verbleibt aus dem Ratenkauf eine Schuld in Höhe von 80,00 €. Durch die weitere Tilgung reduziert sich diese Schuld. Nach Ablauf aller Perioden bleibt aber ein Saldo in Höhe von 9,88 € unbezahlt – die regelmäßigen Raten in Höhe von 28,00 € reichen also nicht aus, um den Kaufpreis vollständig abzustottern.

> Wenn Sie als Annuität in Zelle B18 einen Betrag von 30,19 € berücksichtigen, wird aufgrund von Rundungen ein Fehlbetrag von 0,01 € ausgewiesen.

Zinslast mittels ZINSZ(). Wenn Sie für sich diesen Ratenkaufvertrag analysieren, wird es Sie interessieren, wie hoch die effektive Zinszahlung innerhalb jeder Periode ist. Dann können Sie leichter beurteilen, wie viel von dem, was Sie zur Tilgung zahlen, für Kreditzinsen draufgeht und was effektiv den Schuldenberg abträgt. Excel kennt hierfür die Funktion ZINSZ(). Sie ermittelt zu einer gegebenen Periode, wie hoch die (anteilige) Zinslast ist.

Definition. Diese Funktion hat folgende Syntax:

ZINSZ (ZINS ; ZR ; ZZR ; BW ; [ZW] ; [F])

Die Argumente kennen Sie bereits mehrheitlich von den vorangegangenen Funktionen; in diesem Zusammenhang bedeuten sie Folgendes:

- ZINS ist der Zinssatz, mit dem der offene Betrag verzinst wird.
- Neu ist das Argument ZR. Es gibt an, für welchen Zeitraum die effektive Zinslast ermittelt werden soll. Dieser Wert ist mindestens 1 (für die erste Periode) und maximal gleich dem Zahlungszeitraum ZZR.
- Der Zahlungszeitraum ZZR gibt an, über wie viele Perioden hinweg der Vertrag läuft und Zahlungen fällig werden.
- Die periodischen Rückzahlungen werden als RMZ (»regelmäßige Zahlungen«) angegeben.
- Als ZW (»Zielwert«) kann ein Restbetrag angegeben werden, der zum Schluss insgesamt fällig wird.

- Die Fälligkeit F gibt an, ob die Zahlungsströme nachschüssig [F=0] oder vorschüssig [F=-1] abgezinst werden – üblich im Bankengewerbe ist die nachschüssige Abzinsung, von der Excel standardmäßig ausgeht.

Umsetzung. Damit Sie die Formel für jede Periode schlüssig eingeben können, empfiehlt es sich, die Angabe »Ende t x« in der Spalte A als Zahl einzugeben und das »Ende t« hinzuzuformatieren.

Unter dieser Voraussetzung lautet die Formel in Zelle D37 beispielsweise

=ZINSZ($B$4;$A37;$B$6;-$B$8;$B$10;$B$12)

Diese Formel können Sie auf die Zellen D38 bis D40 erweitern. Sie sehen dann, wie in *Abbildung 6.13* dargestellt, dass Sie in der ersten Periode immerhin 8,00 € darauf verwenden müssen, die Kreditzinsen zu bezahlen. In der letzten Periode sind es dagegen gerade 2,24 €.

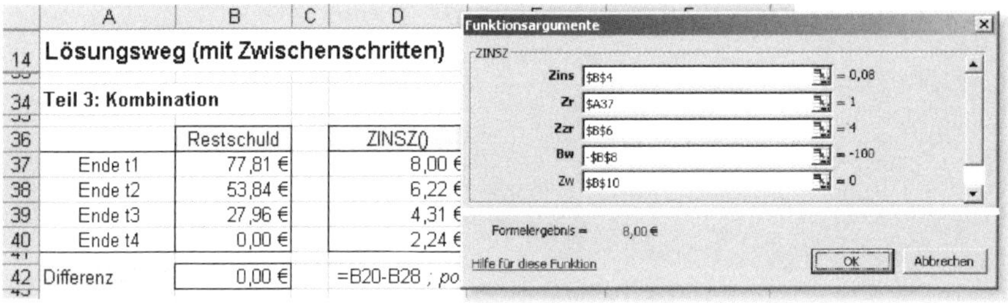

Abbildung 6.13: Effektive Zinszahlung mit »ZINSZ()« errechnen

Effektive Tilgung mittels KAPZ(). Umgekehrt können Sie auch berechnen, wie viel der Tilgung effektiv für die Rückzahlung des Kredits genutzt wird. Excel kennt hierfür die Funktion KAPZ(). Sie errechnet für eine gegebene Periode die effektive Tilgung.

Definition. Diese Funktion hat folgende Syntax:

KAPZ (ZINS ; ZR ; ZZR ; BW ; [ZW] ; [F])

Die Argumente kennen Sie bereits alle von der Funktion ZINSZ(). Aufgrund der gleichen Ausgangssituation ist die Interpretation identisch.

Umsetzung. Da Sie bereits die Jahresangaben als Zahl mit beschreibendem Text formatiert haben, können Sie die Formel direkt eingeben. Für Zelle E37 lautet sie beispielsweise

=KAPZ($B$4;$A37;$B$6;-$B$8;B10;B12)

Erweitern Sie diese Formel auf die angrenzenden Zellen E38 bis E40, um die effektive Tilgung für alle Perioden zu bestimmen. Die vollständige Tabelle finden Sie in *Abbildung 6.14* dargestellt. Es wird Sie nicht überraschen, dass sich beide Werte zu 30,19 € summieren – der eingangs errechneten Tilgung.

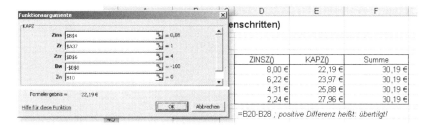

Abbildung 6.14:   Effektive Tilgung mit »KAPZ()« errechnen

Die Werte, die Sie in dieser neuen Spalte finden, sind die effektiven Tilgungen in jeder einzelnen Periode. Was im Zusammenhang mit der effektiven Zinslast bei der vorangegangenen Handlungsanweisung bereits deutlich wurde, findet sich hier bestätigt. Die effektive Kapitalrückzahlung wächst von Periode zu Periode, da mit abnehmender Kreditlast auch die Zinslast abnimmt. Da die Tilgungen aber konstant sind, kann ein wachsender Anteil der Tilgung auf die Rückzahlung der Kreditsumme verwendet werden.

6.4   Zielwertsuche

Es kann eine interessante Beschäftigung sein, wie auf *Seite 135* erbeten, verschiedene Werte in die Zelle B18 einzugeben, um irgendwann eine Annuität zu bekommen, die die Kreditlast vollständig tilgt.

Falls Sie (im Unterschied zu oben) mal gezwungen sind, über eigene Zwischenschritte eine Aufgabe vollständig zu lösen, kann Excel Ihnen bei der Suche nach dem richtigen Wert helfen – mit der Zielwertsuche.

Zielwert suchen. Dieses Hilfsmittel ist wie ein kleiner Taschenrechner für eine Unbekannte. Dazu öffnen Sie über

   EXTRAS ▶ ZIELWERTSUCHE…

das gleich lautende Dialogfeld, vgl. *Abbildung 6.15*. Die Tilgung ist der gesuchte Wert. Die Bedingung ist, dass die Restschuld gleich Null ist. Daraus ergibt sich als Eingabe:

- Als ZIELZELLE wird auf »B42« verwiesen, da hier die Restschuld vermerkt ist.
- Der ZIELWERT ist Null; geben Sie also eine »0« in die Zelle ein.
- Die VERÄNDERBARE ZELLE ist die Tilgung; hier muss also ein Bezug auf »B18« stehen.

Bestätigen Sie die Eingaben in dem Dialogfeld, indem Sie auf OK klicken:

- Sobald Excel eine Lösung gefunden hat, wird es sie anzeigen.
- Bestätigen Sie die Lösung, um sie in die Tabelle zu übernehmen.

Je nach Zahlengespür hätten Sie die Lösung – es sind die bereits bekannten 30,19 € – auch früher oder später selbst herausgefunden. Über die Zielwertsuche geht es aber schneller und sicherer. Die Voraussetzung, damit das hier funktioniert, besteht darin, mithilfe der Restschuld eine einfache Lösungsbedingung zu schaffen.

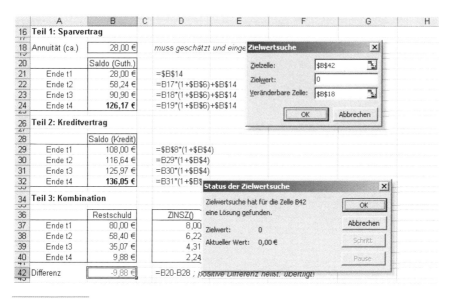

Abbildung 6.15: Tilgung bestimmen über die Zielwertsuche

6.5 Kurz und funktional

Bei finanzmathematischen Aufgaben helfen Ihnen diese Funktionen weiter:

→ ZW (ZINS ; ZZR ; RMZ ; [BW] ; [F]) errechnet das Endvermögen (»Zielwert«), insbesondere abhängig von einem anfänglichen Vermögen sowie regelmäßigen Einzahlungen; genauer vgl. *Seite 127*.

→ BW (ZINS ; ZZR ; RMZ ; [ZW] ; [F]) bestimmt gerade umgekehrt den Barwert eines bereits vorhandenen Vermögens, auch bei regelmäßigen Einzahlungen; genauer vgl. *Seite 131*.

→ RMZ (ZINS ; ZZR ; BW ; [ZW] ; [F]) errechnet die regelmäßige Tilgung (»Annuität«) für die Rückzahlung eines Kredits; genauer vgl. *Seite 133*.

→ ZINSZ (ZINS ; ZR ; ZZR ; BW ; [ZW] ; [F]) ermittelt die effektive Zinszahlung für eine gegebene Periode; genauer vgl. *Seite 137*.

→ KAPZ (ZINS ; ZR ; ZZR ; BW ; [ZW] ; [F]) errechnet, wie hoch die effektive Tilgung für eine gegebene Periode ist; genauer vgl. *Seite 138*.

Anlage 6.2: Einstellungen und Tastenkombinationen

Kapitel 7

Statistische Berechnungen

Dieses Kapitel führt Sie in die Möglichkeiten ein, mithilfe von Excel statistische Daten auszuwerten. Excel ist zwar kein Programm, um große Datenmengen auszuwerten, wie sie insbesondere bei quantitativen Erhebungen anfallen können. Dafür sind andere Programme besser geeignet, die auch Hilfsmittel enthalten, um die Zulässigkeit bestimmter Methoden und Verfahren schneller beurteilen zu können.

Excel ist allerdings für den durchschnittlichen Anwender ein gutes Statistiktool. Sie können während Ihres Studiums sehr schnell aus kleineren und mittleren Datenmengen statistische Kennziffern errechnen. Dies wird am Beispiel einer Regressionsanalyse gezeigt.

> Wenn Sie eigene umfangreiche Auswertungen planen, werfen Sie auch einen Blick in *Kapitel 3*. Dort werden die Grenzen von Excel – auch in der Statistik – beschrieben.

Dieses Kapitel setzt Grundkenntnisse der Statistik voraus. Das Wissen ist auch für *Kapitel 9* erforderlich, um Diagramme anzufertigen. Dort werde ich auf einige Grundbegriffe wie zum Beispiel die verschiedenen Skalen näher eingehen.

Dieses Kapitel befasst sich mit folgenden Fragen:
- Wie errechnen Sie das Bestimmtheitsmaß zu statistischen Daten?
- Wie errechnen Sie Varianz und Standardabweichung zu statistischen Daten?
- Wie bestimmen Sie die Parameter einer Trendfunktion sowie die einzelnen Trendwerte?

Das Vorgehen orientiert sich wiederum an der Methode, die in *Kapitel 3* gezeigt wird. Es ist damit zugleich ein Beispiel für die Auswertung von Tabellen.

Anlage 7.1: Programmhinweise zu Vorversionen

7.1 Datenanalyse

Vor Beginn einer Auswertung müssen Sie zunächst die Daten geordnet zusammentragen. In *Abbildung 7.1* sehen Sie eine Beispieltabelle. Normalerweise werden die Merkmalsträger, beispielsweise die befragten Personen, in der ersten

Spalte angeordnet. Daneben sind die Merkmale aufgeführt, die untersucht werden. Die einzelnen Merkmalsausprägungen werden also *neben* der jeweiligen Person und *unterhalb* des jeweiligen Merkmals notiert.

	A	B	C	D	E	F
3	MMTräger	\multicolumn{3}{c}{Merkmale}		
4		qualitativ	komparativ	stetig		
6	n	Geschlecht	Bewertung	Größe		
7	Person 01	m	gut	182 cm		
8	Person 02	w	sehr gut	179 cm		
9	Person 03	w	ausreichend	174 cm		
10	Person 04	m	gut	176 cm		
11	Person 05	m	sehr gut	161 cm		
12	Person 06	m	ausreichend	170 cm		
13	Person 07	w	schlecht	175 cm		
14	Person 08	w	ausreichend	180 cm		
15	Person 09	m	ausreichend	187 cm		
16	Person 10	w	gut	163 cm		
17						

in Spalten angeordnet

Merkmals-ausprägungen

Abbildung 7.1: Kommentierte Datentabelle

Das geordnete Erfassen der erhobenen Daten ist für die weitere Auswertung sehr wichtig. So haben Sie eine übersichtliche Datenbasis, die Sie mit den Statistikfunktionen einfach und fehlerfrei auswerten können.

7.2 Lineare Regressionsanalyse

Im Rahmen seiner Diplomarbeit hat Hannes Müller eine Umfrage gemacht. Ziel seiner Umfrage ist es, einen gewinnmaximierenden Produktpreis festzulegen. Als relevantes Kriterium für die Zahlungsbereitschaft hat er das Jahreseinkommen ausgemacht. Es würde zu weit vom Anliegen des Buchs wegführen, die Komplexität der Zahlungsbereitschaft und mögliche Einflussfaktoren zu beschreiben. Deshalb wird für das weitere Vorgehen angenommen, dass zwischen Einkommen und Zahlungsbereitschaft eine ausreichend hohe Kausalität vorliegt.

In der Umfrage wurden alle Einkommensklassen nach ihrer Zahlungsbereitschaft gefragt. Das Ergebnis der Umfrage sehen Sie in *Abbildung 7.2*.

	A	B	C	D	E	F	G
2	Daten			Zwischenschritte		Auswertung	
3	n	EK (x)	ZB (y)	x^2	x*y	y = f(x)	TREND()
4	Person 09	25.030 €	8,00 €				
5	Person 03	27.681 €	9,06 €				
6	Person 07	31.045 €	11,72 €				
7	Person 10	32.787 €	14,44 €				
8	Person 17	36.804 €	17,37 €				
9	Person 12	43.502 €	19,80 €				
10	Person 19	45.680 €	26,55 €				
11	Person 14	50.337 €	21,61 €				
12	Person 08	56.077 €	28,62 €				
13	Person 20	57.340 €	30,35 €				
14	Person 16	58.336 €	30,69 €				
15	Person 02	66.491 €	38,03 €				
16	Person 11	66.616 €	35,64 €				
17	Person 01	70.645 €	33,31 €				
18	Person 04	73.418 €	37,25 €				
19	Person 18	74.814 €	37,65 €				
20	Person 13	78.777 €	37,47 €				
21	Person 06	79.402 €	32,95 €				
22	Person 05	82.139 €	43,16 €				
23	Person 15	89.287 €	46,00 €				
24	Summe						
25	arithm. MW						

Abbildung 7.2: Ergebnistabelle der Umfrage (nach Einkommen sortiert)

Übung 7.1:

Errechnen Sie aus den vorliegenden Daten den Trendwert sowie die Koeffizienten der Trendfunktion. Wie groß ist das Bestimmtheitsmaß, wie groß die Standardabweichung?

Aufgabe modellieren. Auch statistische Aufgaben lassen sich gemäß dem Schema aus *Kapitel 3* aufgliedern in

- Vorgaben: die statistischen Daten,
- Zwischenschritte: abhängig von der gewählten Vorgehensweise,
- Ergebnis: Trendwerte sowie Trendfunktion, Bestimmtheitsmaß, Standardabweichung.

Um diese Werte zu errechnen, bedarf es einer Regressionsanalyse. Bei einer derartigen Aufgabe ist es hilfreich, wenn Sie sich die Ergebnisse in Form eines Diagramms veranschaulichen. Da es sich bei beiden Merkmalsvariationen um stetige Merkmale handelt, ist hierfür zwingend der Diagrammtyp PUNKT(XY) zu verwenden. Das genaue Vorgehen ist in *Kapitel 9* beschrieben, das Ergebnis sehen Sie in *Abbildung 7.3*. Die Darstellung der Daten lässt auf einen linearen Trend schließen.

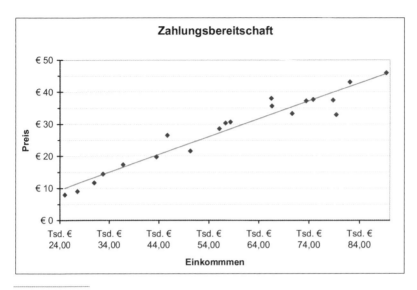

Abbildung 7.3: Ergebnisdiagramm mit linearer Regression

Es gibt in der Statistik einige Prüfverfahren, mit denen Sie herausfinden können, ob bestimmte Methoden besser geeignet sind als andere. An dieser Stelle soll der optische Eindruck genügen. Er scheint der Vermutung nicht zu widersprechen.

Annahmen eingeben. Im Unterschied zu den Finanzierungsaufgaben haben Sie die Vorgaben bereits in einer Tabelle, wie *Abbildung 7.2* zeigt. Deshalb können Sie gleich mit den Zwischenschritten fortfahren.

Zwischenschritte eingeben. Damit Sie lernen, wie die Statistikfunktionen von Excel verwendet werden können, wird zu jeder Funktion auch der Weg direkt über die Daten gezeigt. Deshalb sind einige Zwischenwerte notwendig.

Summe mit Summe(). Zunächst sollen alle Einzeleinkommen sowie die einzelnen Zahlungsbereitschaften summiert werden. Diese Werte werden später als Zwischenwerte benötigt. Für diese Aufgabe können Sie die Funktion SUMME() verwenden, die Ihnen viel Arbeit erspart.

Definition. Die Funktion hat folgende Syntax:

    SUMME (WERT1 ; [WERT2] ; …)

Wie Sie sehen, hat diese Funktion nur ein Argument, das aber bis zu dreißig Mal verwendet werden kann.

Umsetzung. Um also alle Einkommen in Spalte B zu summieren, tragen Sie in die Zelle B24 die Formel

    =SUMME(B4:B23)

ein. Die Bezüge können und sollten relativ sein, vgl. *Abbildung 7.4*. Übertragen Sie diese Formel in die angrenzende Zelle C24. Da die Bezüge relativ belassen wurden, sollte dort die Formel »=SUMME(C4:C23)« stehen.

7.2 Lineare Regressionsanalyse

	A	B	C	D	E	F	G
2	Daten			Zwischenschritte		Auswertung	
3	n	EK (x)	ZB (y)	x^2	x*y	y = f(x)	TREND()
4	Person 09	25.030 €	8,00 €				
23	Person 15	89.287 €	46,00 €				
24	Summe	1.146.208 €	559,67 €				
25	arithm. MW						

Abbildung 7.4:   Summenfunktion

Arithmetische Mittelwerte bilden. Ebenfalls von Bedeutung sind die arithmetischen Mittelwerte der Spalten B und C. Diese werden später wichtig, wenn Sie die Kovarianz berechnen. Für die Berechnung der arithmetischen Mittelwerte gibt es in Excel die Funktion MITTELWERT().

Definition. Diese Funktion hat folgende Syntax:

   MITTELWERT (WERT1 ; [WERT2] ; …)

Wie auch die Summenfunktion, hat diese Funktion nur ein Argument, das aber bis zu dreißig Mal verwendet werden kann. Die Arbeitsweise dieser Funktion wird durch folgende Gleichung ausgedrückt:

$$\text{MITTELWERT} = \frac{\sum x}{n}$$

Umsetzung. Um jetzt mit dieser Funktion das mittlere Einkommen auszurechnen, geben Sie in die Zelle B25 folgende Formel ein:

   =MITTELWERT(B4:B23)

Diese Funktion errechnet automatisch das arithmetische Mittel und erspart es Ihnen, die Summe durch die Anzahl teilen zu müssen. Das Ergebnis sehen Sie in *Abbildung 7.5*. Übertragen Sie die Formel in die Zelle C25.

	A	B	C	D	E	F	G
2	Daten			Zwischenschritte		Auswertung	
3	n	EK (x)	ZB (y)	x^2	x*y	y = f(x)	TREND()
4	Person 09	25.030 €	8,00 €				
23	Person 15	89.287 €	46,00 €				
24	Summe	1.146.208 €	559,67 €				
25	arithm. MW	57.310 €	27,98 €				

Abbildung 7.5:   Mittelwertfunktion

> Eine andere Mittelwertfunktion ist GEOMITTEL(). Mit ihr können Sie beispielsweise die mittlere Wachstumsrate in einer Zeitreihe errechnen.

Spalte »x^2«. Als Nächstes müssen Sie eine Spalte anlegen, in der sich die Quadrate des Einkommens befinden. Sie benötigen diese Wertespalte später, um die Standardabweichung zu bestimmen. Hierbei kann Ihnen die Funktion POTENZ() helfen, die kurz eingeführt werden soll.

Definition. Diese Funktion hat folgende Syntax:

    POTENZ (ZAHL ; POTENZ)

Die beiden Argumente bedeuten im Einzelnen:

- ZAHL ist die Basis.
- POTENZ ist der Exponent.

Umsetzung. In *Kapitel 5* haben Sie bereits die Alternativen kennen gelernt. Anstelle des Operators soll hier die Funktion verwendet werden. Für die Zelle D4 ergibt sich als Formel

    =POTENZ(B4;2)

Diese Formel können Sie bis auf die Zelle D23 erweitern. Das Ergebnis sehen Sie in *Abbildung 7.6*.

	A	B	C	D	E	F	G
2	Daten			Zwischenschritte		Auswertung	
3	n	EK (x)	ZB (y)	x^2	x*y	y = f(x)	TREND()
4	Person 09	25.030 €	8,00 €	626.500.900			
5	Person 03	27.681 €	9,06 €	766.237.761			
6	Person 07	31.045 €	11,72 €	963.792.025			
7	Person 10	32.787 €	14,44 €	1.074.987.369			
8	Person 17	36.804 €	17,37 €	1.354.534.416			
9	Person 12	43.502 €	19,80 €	1.892.424.004			
10	Person 19	45.680 €	26,55 €	2.086.662.400			
11	Person 14	50.337 €	21,61 €	2.533.813.569			
12	Person 08	56.077 €	28,62 €	3.144.629.929			
13	Person 20	57.340 €	30,35 €	3.287.875.600			
14	Person 16	58.336 €	30,69 €	3.403.088.896			
15	Person 02	66.491 €	38,03 €	4.421.053.081			
16	Person 11	66.616 €	35,64 €	4.437.691.456			
17	Person 01	70.645 €	33,31 €	4.990.716.025			
18	Person 04	73.418 €	37,25 €	5.390.202.724			
19	Person 18	74.814 €	37,65 €	5.597.134.596			
20	Person 13	78.777 €	37,47 €	6.205.815.729			
21	Person 06	79.402 €	32,95 €	6.304.677.604			
22	Person 05	82.139 €	43,16 €	6.746.815.321			
23	Person 15	89.287 €	46,00 €	7.972.168.369			
24	Summe	1.146.208 €	559,67 €	73.200.821.774			
25	arithm. MW	57.310 €	27,98 €	3.660.041.089			

Abbildung 7.6: Potenzfunktion in der Spalte D

Spalte »x*y«. Jetzt fehlt nur noch eine Hilfsspalte, nämlich das Produkt aus Einkommen und Zahlungsbereitschaft. Diese Werte sind wichtig, um die Kovarianz zu bestimmen. Die Formel besteht aus einer einfachen Multiplikation. Um Ihnen die Excel-Funktionen zu dokumentieren, soll hierfür die Funktion PRODUKT() verwendet werden.

Definition. Die Funktion hat folgende Syntax:

PRODUKT (Wert1 ; [Wert2] ; …)

Diese Funktion hat wie die Summenfunktion nur ein Argument, das aber bis zu dreißig Mal verwendet werden kann. Die übergebenen Faktoren werden automatisch miteinander multipliziert.

Umsetzung. Einkommen und Zahlungsbereitschaft lassen sich ganz einfach als Argumente übergeben. In der Zelle E4 steht als Formel

=PRODUKT(B4;C4)

Diese Formel ist bis auf die Zelle E23 zu erweitern. Das Ergebnis sehen Sie in *Abbildung 7.7*.

	A	B	C	D	E	F	G
2	Daten			Zwischenschritte		Auswertung	
3	n	EK (x)	ZB (y)	x^2	x*y	y = f(x)	TREND()
4	Person 09	25.030 €	8,00 €	626.500.900	200.240,00		
5	Person 03	27.681 €	9,06 €	766.237.761	250.684,23		
6	Person 07	31.045 €	11,72 €	963.792.025	363.895,96		
7	Person 10	32.787 €	14,44 €	1.074.987.369	473.505,63		
8	Person 17	36.804 €	17,37 €	1.354.534.416	639.388,71		
9	Person 12	43.502 €	19,80 €	1.892.424.004	861.281,89		
10	Person 19	45.680 €	26,55 €	2.086.662.400	1.212.895,86		
11	Person 14	50.337 €	21,61 €	2.533.813.569	1.087.736,28		
12	Person 08	56.077 €	28,62 €	3.144.629.929	1.604.839,67		
13	Person 20	57.340 €	30,35 €	3.287.875.600	1.740.536,50		
14	Person 16	58.336 €	30,69 €	3.403.088.896	1.790.326,57		
15	Person 02	66.491 €	38,03 €	4.421.053.081	2.528.839,99		
16	Person 11	66.616 €	35,64 €	4.437.691.456	2.374.093,67		
17	Person 01	70.645 €	33,31 €	4.990.716.025	2.352.915,21		
18	Person 04	73.418 €	37,25 €	5.390.202.724	2.734.851,56		
19	Person 18	74.814 €	37,65 €	5.597.134.569	2.817.106,08		
20	Person 13	78.777 €	37,47 €	6.205.815.729	2.951.465,39		
21	Person 06	79.402 €	32,95 €	6.304.677.604	2.615.937,79		
22	Person 05	82.139 €	43,16 €	6.746.815.321	3.545.093,93		
23	Person 15	89.287 €	46,00 €	7.972.168.369	4.106.829,09		
24	Summe	1.146.208 €	559,67 €	73.200.821.774	36.252.464,018		
25	arithm. MW	57.310 €	27,98 €	3.660.041.089	1.812.623,201		

Abbildung 7.7:   Produktfunktion in der Spalte E

Summe und Mittelwert ergänzen. Um die Zwischenschritte abzuschließen, müssen noch die beiden neuen Spalten um die Summe und den Mittelwert ergänzt werden. Sie können die Formeln dazu aus den benachbarten Zellen C24 und C25 einfach übertragen.

Kovarianz »COV(x,y)«. Mit den errechneten Zwischenwerten ist es möglich, die weiteren statistischen Kennziffern zu bestimmen. Die erste Kennziffer ist die Kovarianz. Sie ist mathematisch definiert als

$$\mathrm{cov}(x,y) = \frac{\sum (x \cdot y)}{n} - \bar{x} \cdot \bar{y}$$

Die nötigen Zwischenwerte stehen alle bereits in Ihrer Tabelle:

- Den Mittelwert der Summe aller Produkte aus Einkommen und Zahlungsbereitschaft finden Sie in der Zelle E25.
- Die beiden Mittelwerte der Merkmale Einkommen und Zahlungsbereitschaft sind in den Zellen B25 und C25 enthalten.

Die Kovarianz zwischen Einkommen und Zahlungsbereitschaft soll in die Zelle B29 eingegeben werden. Sie lautet:

=E25-B25*C25

Die vollständige Eingabe finden Sie auch in *Abbildung 7.8*.

	A	B	C	D	E	F
27	Lösungsweg (über Tabelle und ohne Statistik-Funktionen)					
29	cov(x,y)	208.891,78		=E25-B25*C25		
31	varianz(x)					
33	Koeff B					
35	Koeff A					

Abbildung 7.8: Kovarianz über Zwischenwerte errechnen

Varianz »VARIANZ(x)«. Als Nächstes wird die Varianz ermittelt. Sie ist definiert durch folgenden Ausdruck:

$$\text{var}(x) = \frac{\Sigma x^2}{n} - \bar{x}^2$$

Die Angaben finden Sie innerhalb der Tabelle in den folgenden Zellen:

- Den Mittelwert der quadrierten Einkommen enthält die Zelle D25.
- Den Mittelwert des Einkommens selbst haben Sie in der Zelle B25; Sie müssen ihn noch quadrieren.

Die Varianz soll in die Zelle B31 eingegeben werden. Die Formel lautet:

=D25-POTENZ(B25;2)

In *Abbildung 7.9* sehen Sie die vollständige Eingabe.

	A	B	C	D	E	F
27	Lösungsweg (über Tabelle und ohne Statistik-Funktionen)					
29	cov(x,y)	208.891,78		=E25-B25*C25		
31	varianz(x)	375.559.140,54		=D25-POTENZ(B25;2)		
33	Koeff B					
35	Koeff A					

Abbildung 7.9: Varianz über Zwischenwerte errechnen

Trendfunktion. Von wesentlichem Interesse ist die Trendfunktion. Sofern sie den Trend ausreichend sicher wiedergibt, erlaubt sie es, die Zahlungsbereitschaft ausreichend zu prognostizieren. Lineare Trendfunktionen entsprechen dem folgenden Funktionstyp:

$$y = a + bx$$

Sie kennen diesen Gleichungstyp vielleicht als Gleichung ersten Grades oder Geradengleichung. Der Koeffizient a gibt den Achsenabschnitt an, bei dem der Funktionsgraph die Ordinate schneidet. Der Koeffizient b bestimmt die Steigung.

Damit die Trendfunktion möglichst viele Einzelergebnisse bestätigt, soll der Funktionsgraph so durch die Punktwolke verlaufen, dass die Einzelabweichungen minimiert werden. Anstatt die linearen Einzelabweichungen heranzuziehen, werden deshalb die quadrierten Einzelabweichungen verwendet:

- Auf diese Weise heben sich positive und negative Abweichungen nicht gegeneinander auf, weil auch negative Zahlen zu positiven Quadratzahlen werden.
- Außerdem werden größere Abweichungen stärker gewichtet als kleinere.

Um die Trendfunktion zu bestimmen, müssen Sie die beiden Koeffzienten errechnen.

Steigung »Koeff B«. Der Koeffizient bestimmt sich mathematisch als

$$b = \frac{\text{cov}(x,y)}{\text{var}(x)}$$

Die notwendigen Werte haben Sie bereits errechnet. Um den Steigungskoeffizienten zu bestimmen, tragen Sie als Formel in die Zelle B33

=B29/B31

ein, vgl. *Abbildung 7.10*. Als Ergebnis erhalten Sie 0,000556.

	A	B	C	D	E	F
27	Lösungsweg (über Tabelle und ohne Statistik-Funktionen)					
29	cov(x,y)	208.891,78		=E25-B25*C25		
31	varianz(x)	375.559.140,54		=D25-POTENZ(B25;2)		
33	Koeff B	0,000556		=B29/B31		
35	Koeff A					

Abbildung 7.10: Steigungskoeffizienten b über Zwischenwerte bestimmen

> Diese Zahl wird wie folgt interpretiert: Steigt das Einkommen um 1000 Euro, erhöht sich die Zahlungsbereitschaft um 56 Cent.

Achsenversatz »Koeff A«. Der Achsenversatz ist die zweite Kennziffer, um die Trendfunktion zu bestimmen. Mathematisch errechnet er sich durch die Formel

$$a = \bar{y} - b \cdot \bar{x}$$

Alle relevanten Größen haben Sie:

- Der Mittelwert der Zahlungsbereitschaft steht in der Zelle C25.
- Den Steigungskoeffizienten haben Sie gerade ausgerechnet. Das Ergebnis steht in der Zelle B33.
- Den Mittelwert des Einkommens finden Sie in der Zelle B25.

Somit ergibt sich als Formel für die Zelle B35 folgender Ausdruck:

=C25-B33*B25

Das Ergebnis sehen Sie in *Abbildung 7.11*. Als Wert ergibt sich für den Koeffizienten -3,894.

	A	B	C	D	E	F
27	Lösungsweg (über Tabelle und ohne Statistik-Funktionen)					
29	cov(x,y)	208.891,78		=E25-B25*C25		
31	varianz(x)	375.559.140,54		=D25-POTENZ(B25;2)		
33	Koeff B	0,000556		=B29/B31		
35	Koeff A	-3,893674		=C25-B33*B25		

Abbildung 7.11: Abschnittskoeffizienten a über Zwischenwerte bestimmen

> Die ökonomisch wenig hilfreiche Interpretation ist, dass eine Person ohne Einkommen 3,89 Euro verlangen würde, um einen Topf abzunehmen.

Trendfunktion. Als Geradengleichung erhalten Sie auf der Grundlage der Daten somit folgendes Ergebnis:

$$y = 0{,}000556x - 3{,}894$$

Dieses Ergebnis ist die so genannte Trendfunktion.

Trendwerte »y = f(x)«. Auf der Grundlage dieser Geradengleichung sollen nun die Trendwerte der Funktion herausgefunden werden. Als x-Werte verwenden Sie wiederum die einzelnen Einkommen, da der Trend sich auf die Zahlungsbereitschaft bezieht.

Entsprechend der Trendfunktion ergibt sich für die Zelle F4 die folgende Formel:

=$B$35+$B$33*B4

Übertragen Sie diese Formel auf die angrenzenden Zellen F5 bis F23. Dazu ist es wichtig, dass die Bezüge auf die unteren Zellen B35 und B33 absolut sind, vgl. *Abbildung 7.12*. Andernfalls stimmen die Bezüge in den übertragenen Formeln nicht mehr.

Die so errechneten Werte stellen die Trendwerte dar. Kleine Abweichungen von den tatsächlich angegebenen Werten in der Spalte C sind möglich und zu erwarten, weil Trendfunktionen normalerweise nie alle Werte vollständig erklären können. Wie hoch der Erklärungswert genau ist, soll mit der folgenden Handlungsanweisung herausgefunden werden.

	A	B	C	D	E	F	G
2	Daten			Zwischenschritte		Auswertung	
3	n	EK (x)	ZB (y)	x^2	x*y	y = f(x)	TREND()
4	Person 09	25.030 €	8,00 €	626.500.900	200.240,00	10,03	
5	Person 03	27.681 €	9,06 €	766.237.761	250.684,23	11,50	
6	Person 07	31.045 €	11,72 €	963.792.025	363.895,96	13,37	
7	Person 10	32.787 €	14,44 €	1.074.987.369	473.505,63	14,34	
8	Person 17	36.804 €	17,37 €	1.354.534.416	639.388,71	16,58	
9	Person 12	43.502 €	19,80 €	1.892.424.004	861.281,89	20,30	
10	Person 19	45.680 €	26,55 €	2.086.662.400	1.212.895,86	21,51	
11	Person 14	50.337 €	21,61 €	2.533.813.569	1.087.736,28	24,10	
12	Person 08	56.077 €	28,62 €	3.144.629.929	1.604.839,67	27,30	
13	Person 20	57.340 €	30,35 €	3.287.875.600	1.740.536,50	28,00	
14	Person 16	58.336 €	30,69 €	3.403.088.896	1.790.326,57	28,55	
15	Person 02	66.491 €	38,03 €	4.421.053.081	2.528.839,99	33,09	
16	Person 11	66.616 €	35,64 €	4.437.691.456	2.374.093,67	33,16	
17	Person 01	70.645 €	33,31 €	4.990.716.025	2.352.915,21	35,40	
18	Person 04	73.418 €	37,25 €	5.390.202.724	2.734.851,56	36,94	
19	Person 18	74.814 €	37,65 €	5.597.134.596	2.817.106,08	37,72	
20	Person 13	78.777 €	37,47 €	6.205.815.729	2.951.465,39	39,92	
21	Person 06	79.402 €	32,95 €	6.304.677.604	2.615.937,79	40,27	
22	Person 05	82.139 €	43,16 €	6.746.815.321	3.545.093,93	41,79	
23	Person 15	89.287 €	46,00 €	7.972.168.369	4.106.829,09	45,77	
24	Summe	1.146.208 €	559,67 €	73.200.821.774	36.252.464,018		
25	arithm. MW	57.310 €	27,98 €	3.660.041.089	1.812.623,201		

Abbildung 7.12: Trendwerte bestimmen über Zwischenwerte

TREND(). Anhand der eben errechneten Trendwerte lässt sich eindrucksvoll zeigen, welchen Vorteil die Statistikfunktionen bieten. Dazu soll gezeigt werden, wie Sie ganz ohne Zwischenschritte die Trendfunktion in der Spalte F auch bestimmen können. Excel stellt zur Berechnung von Trendwerten linearer Regressionsfunktionen die Funktion TREND() zur Verfügung.

Definition. Diese Funktion hat folgende Syntax:

TREND (Y_WERTE ; [X_WERTE] ; [NEUE_X_WERTE] ; [KONSTANTE])

Die einzelnen Argumente sind wie folgt definiert:

- Y_WERTE bezeichnet den Bereich, in dem sich die abhängigen Merkmalsvariationen befinden.
- Im Argument X_WERTE übergeben Sie den Bereich mit den unabhängigen Merkmalsvariationen; dieses Argument ist optional.

- Das Argument NEUE_X_WERTE ist etwas verwirrend bezeichnet. Es ermöglicht Ihnen, anstelle der allgemeinen X_WERTE den Trendwert für einen *bestimmten* x-Wert zu berechnen; das Argument ist optional.
- Über die KONSTANTE können Sie angeben, ob Excel die Trendfunktion so berechnen soll, dass der Achsenversatz gleich Null ist; das Argument ist optional.

Umsetzung. Im konkreten Fall befinden sich die abhängigen Merkmalsvariationen im Bereich C4 bis C23. Die unabhängigen Merkmalsvariationen stehen in den Zellen B4 bis B23. Wenn Sie die Formel in die Zelle G4 eingeben, steht der zugehörige konkrete x-Wert in der Zelle B4. Damit ergibt sich als Formel

=TREND(C$4:C$23;B$4:B$23;B4)

Die Bezüge in den beiden Argumenten Y_WERTE und X_WERTE sind übrigens absolut, damit Sie diese Formel auf die Zellen G5 bis G23 übertragen können, ohne die Bezüge hierdurch zu verändern. Die fertige Eingabe sehen Sie in *Abbildung 7.13*.

	A	B	C	D	E	F	G
2	Daten			Zwischenschritte		Auswertung	
3	n	EK (x)	ZB (y)	x^2	x*y	y = f(x)	TREND()
4	Person 09	25.030 €	8,00 €	626.500.900	200.240,00	10,03	10,03
5	Person 03	27.681 €	9,06 €	766.237.761	250.684,23	11,50	11,50
6	Person 07	31.045 €	11,72 €	963.792.025	363.895,96	13,37	13,37
7	Person 10	32.787 €	14,44 €	1.074.987.369	473.505,63	14,34	14,34
8	Person 17	36.804 €	17,37 €	1.354.534.416	639.388,71	16,58	16,58
9	Person 12	43.502 €	19,80 €	1.892.424.004	861.281,89	20,30	20,30
10	Person 19	45.680 €	26,55 €	2.086.662.400	1.212.895,86	21,51	21,51
11	Person 14	50.337 €	21,61 €	2.533.813.569	1.087.736,28	24,10	24,10
12	Person 08	56.077 €	28,62 €	3.144.629.929	1.604.839,67	27,30	27,30
13	Person 20	57.340 €	30,35 €	3.287.875.600	1.740.536,50	28,00	28,00
14	Person 16	58.336 €	30,69 €	3.403.088.896	1.790.326,57	28,55	28,55
15	Person 02	66.491 €	38,03 €	4.421.053.081	2.528.839,99	33,09	33,09
16	Person 11	66.616 €	35,64 €	4.437.691.456	2.374.093,67	33,16	33,16
17	Person 01	70.645 €	33,31 €	4.990.716.025	2.352.915,21	35,40	35,40
18	Person 04	73.418 €	37,25 €	5.390.202.724	2.734.851,56	36,94	36,94
19	Person 18	74.814 €	37,65 €	5.597.134.596	2.817.106,08	37,72	37,72
20	Person 13	78.777 €	37,47 €	6.205.815.729	2.951.465,39	39,92	39,92
21	Person 06	79.402 €	32,95 €	6.304.677.604	2.615.937,79	40,27	40,27
22	Person 05	82.139 €	43,16 €	6.746.815.321	3.545.093,93	41,79	41,79
23	Person 15	89.287 €	46,00 €	7.972.168.369	4.106.829,09	45,77	45,77
24	Summe	1.146.208 €	559,67 €	73.200.821.774	36.252.464,018		
25	arithm. MW	57.310 €	27,98 €	3.660.041.089	1.812.623,201		

Abbildung 7.13: Trendwerte bestimmen über Trendfunktion

BESTIMMTHEITSMASS(). Um den Erklärungswert dieser Trendfunktion zu erhalten, kennt Excel die Funktion BESTIMMTHEITSMASS(). Sie könnten zwar auch diese Berechnung durch Hilfswerte lösen. Doch einfacher geht es mit einer entsprechenden Excel-Funktion. Die Funktion BESTIMMTHEITSMASS() ermittelt aus den Daten der Spalten B und C, wie genau eine lineare Trendfunktion die Einzelwerte erklären kann. Praktischerweise greift die Funktion dabei auf die Messergebnisse selbst zurück und benötigt keine Zusatzwerte.

7.2 Lineare Regressionsanalyse

Definition. Die Funktion hat folgende Syntax:

BESTIMMTHEITSMASS (Y_WERTE ; X_WERTE)

Die Argumente erklären sich durch die Arbeitsweise der Funktion:

- Die Y_WERTE bezeichnen einen Bereich, in dem sich die abhängigen Werte befinden.
- Die X_WERTE bezeichnen den Bereich, in dem sich die unabhängigen Werte befinden.

Wichtig ist, dass beide Bereiche gleich groß sind – wenn im X_WERTE-Bereich weniger oder mehr Werte vorhanden sind als im Y_WERTE-Bereich, liefert diese Funktion einen Fehler. Die Funktion berechnet das Bestimmtheitsmaß nach folgender Formel:

$$\text{BHM} = \frac{n \cdot \left(\sum x\, y\right) - \left(\sum x\right)\left(\sum y\right)}{\sqrt{\left(n \cdot \sum x^2 - \left(\sum x\right)^2\right) \cdot \left(n \cdot \sum y^2 - \left(\sum y\right)^2\right)}}$$

Umsetzung. Wie bereits die wenigen Argumente dieser Funktion zeigen, lässt sich das Bestimmtheitsmaß sehr einfach errechnen. Geben Sie dazu in die Zelle B39 folgende Formel ein:

=BESTIMMTHEITSMASS(C4:C23;B4:B23)

Die vollständige Eingabe sehen Sie in *Abbildung 7.14*.

Als Bestimmtheitsmaß ergibt sich ein Wert von 0,938. Seine Interpretation ist, dass die Trendfunktion jeden Wert im Durchschnitt zu 93,8% erklärt. Ein Rest von 6,2% hingegen kann durch die Trendfunktion nicht erklärt werden und beruht auf anderen Faktoren oder ist zufällig.

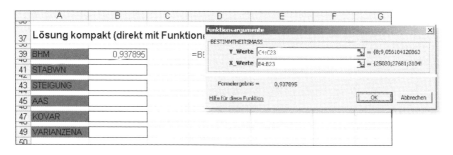

Abbildung 7.14: Bestimmtheitsmaß über Funktion ermitteln

STABWN(). Die einzige Größe, die noch zur vollständigen Lösung der Aufgabe fehlt, ist die Standardabweichung. Excel kennt hierfür die Funktion STABWN(), die die Standardabweichung errechnet.

Definition. Diese Funktion hat folgende Syntax:

STABWN (WERT1 ; [WERT2] ; …)

Sie können dieser Funktion bis zu dreißig Zahlen oder Zahlenbereiche als Argument überreichen, woraus es die Standardabweichung bestimmt. Diese ist mathematisch definiert als

$$\text{STABWN} = \sqrt{\frac{n \cdot \sum x^2 - \left(\sum x\right)^2}{n^2}}$$

Umsetzung. Die Standardabweichung soll in der Zelle B41 stehen. Geben Sie dort als Formel ein:

=STABWN(B4:B23)

Zur Kontrolle können Sie auch einen Blick in *Abbildung 7.15* werfen.

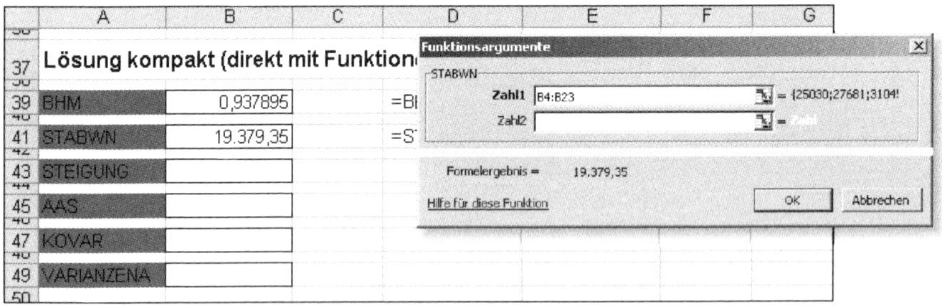

Abbildung 7.15: Standardabweichung über »STABWN()« ausrechnen

STEIGUNG(). Excel kennt für lineare Regressionsfunktionen die Funktion STEIGUNG(), um ohne Umwege den Steigungskoeffizienten b zu bestimmen.

Definition. Diese Funktion hat folgende Syntax:

STEIGUNG (Y_WERTE ; X_WERTE)

Die Argumente sind genauso definiert wie bei der Funktion BESTIMMTHEITSMASS().

Umsetzung. Entsprechend einfach ist die Berechnung. Der Wert soll in der Zelle B43 stehen. Geben Sie dort als Formel ein:

=STEIGUNG(C4:C23;B4:B23)

Die Eingabe finden Sie auch in *Abbildung 7.16*. Das Ergebnis dieser Berechnung kennen Sie bereits. Diesmal haben Sie es allerdings ohne Umwege bestimmt.

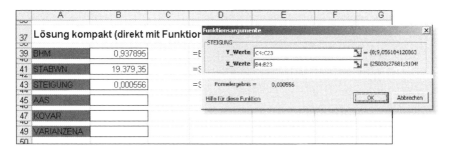

Abbildung 7.16: Steigungskoeffizienten b über »STEIGUNG()« bestimmen

ACHSENABSCHNITT(). Auch der zweite Koeffizient der Trendfunktion lässt sich direkt bestimmen. Excel bietet für lineare Regressionsfunktionen die Funktion ACHSENABSCHNITT().

Definition. Diese Funktion hat folgende Syntax:

    ACHSENABSCHNITT (Y_WERTE ; X_WERTE)

Die Argumente kennen Sie bereits von den vorausgegangenen Funktionen.

Umsetzung. Um mithilfe der Funktion ACHSENABSCHNITT() den Koeffizienten *a* zu bestimmen, geben Sie in die Zelle B45 diese Formel ein:

    =ACHSENABSCHNITT(C4:C23;B4:B23)

Sie erhalten wiederum den bereits bekannten Koeffizienten *a*, vgl. *Abbildung 7.17*.

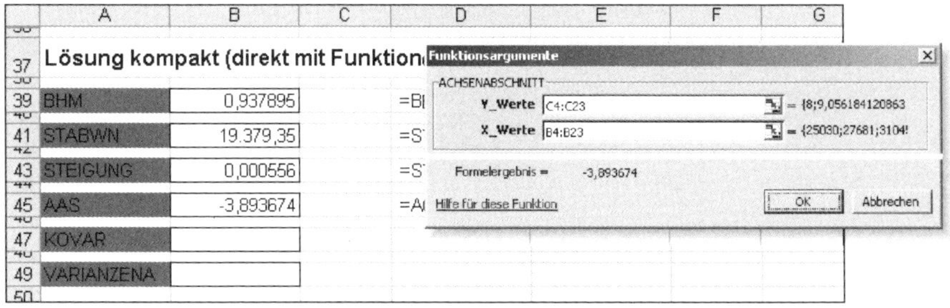

Abbildung 7.17: Abschnittskoeffizienten a über »ACHSENABSCHNITT()« bestimmen

KOVAR(). Während Ihrer Berechnungen haben Sie auf die Kovarianz zurückgegriffen, die Sie über Zwischenwerte in Zelle B29 errechnet haben. Excel hält hierfür eine spezielle Funktion bereit, die unmittelbar aus den Umfrageergebnissen die Kovarianz berechnen kann.

Definition. Diese Funktion hat folgende Syntax:

    KOVAR (MATRIX1 ; MATRIX2)

Die beiden Matrizen sind zwingende Argumente. Eines der beiden Argumente verweist auf die unabhängigen Merkmalsvariationen, das andere auf die abhängigen Merkmalsvariationen.

Umsetzung. Um mithilfe dieser Funktion die Kovarianz zu errechnen, geben Sie in die Zelle B47 die folgende Formel ein:

=KOVAR(C4:C23;B4:B23)

Die vollständige Eingabe sehen Sie auch in *Abbildung 7.18*.

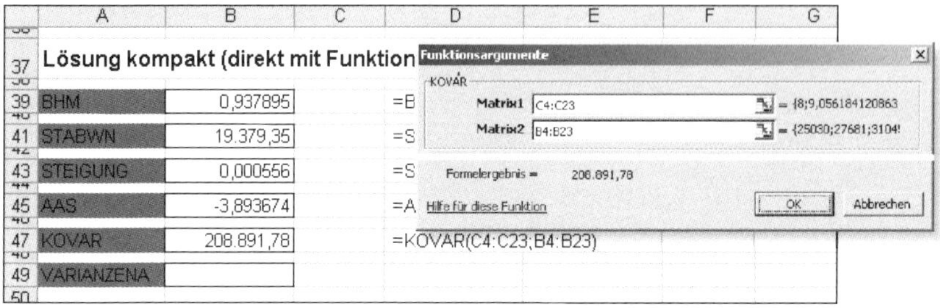

Abbildung 7.18: Kovarianz über »KOVAR()« errechnen

VARIANZENA(). Auch zur Berechnung der Varianz hält Excel eine spezielle Statistikfunktion bereit, mit deren Hilfe Sie die Varianz direkt errechnen können. Diese Funktion heißt VARIANZENA().

Definition. Diese Funktion hat folgende Syntax:

VARIANZENA (WERT1 ; [WERT2] ; …)

Sie können dieser Funktion bis zu dreißig Zahlen oder Zahlenbereiche als Argument überreichen, aus denen sie dann die Varianz errechnet.

Umsetzung. Mit dieser Funktion lässt sich sehr einfach das Ergebnis aus der Zelle B31 überprüfen. Geben Sie dazu in die Zelle B49 die Formel ein:

=VARIANZENA(B4:B23)

Die vollständige Eingabe ist in *Abbildung 7.19* zu sehen. Sofern alles richtig gelaufen ist, sollten beide Ergebnisse gleich sein.

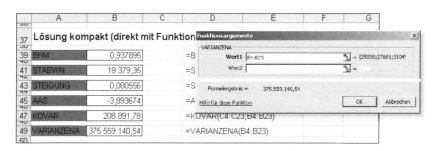

Abbildung 7.19: Varianz über »VARIANZENA()« ausrechnen

7.3 Logarithmische Regressionsanalyse

Während die lineare Regressionsanalyse das Ziel verfolgte, Ihnen eine Einführung in die statistischen Möglichkeiten von Excel zu vermitteln, möchte ich Ihnen am Beispiel der logarithmischen Regressionsanalyse die Grenzen der statistischen Fähigkeiten von Excel aufzeigen.

Dazu soll angenommen werden, das Umfrageergebnis hätte nicht die Daten ergeben, die im vorigen Abschnitt behandelt wurden, sondern die folgenden Daten, vgl. *Abbildung 7.20*.

	A	B	C
2	Daten		
3	n	EK (x)	ZB (y)
4	Person 09	25.030 €	7,00 €
5	Person 03	27.681 €	9,00 €
6	Person 07	31.045 €	11,00 €
7	Person 10	32.787 €	11,00 €
8	Person 17	36.804 €	13,00 €
9	Person 12	43.502 €	15,00 €
10	Person 19	45.680 €	16,00 €
11	Person 14	50.337 €	18,00 €
12	Person 08	56.077 €	19,00 €
13	Person 20	57.340 €	19,00 €
14	Person 16	58.336 €	20,00 €
15	Person 02	66.491 €	21,00 €
16	Person 11	66.616 €	23,00 €
17	Person 01	70.645 €	22,00 €
18	Person 04	73.418 €	22,00 €
19	Person 18	74.814 €	23,00 €
20	Person 13	78.777 €	25,00 €
21	Person 06	79.402 €	24,00 €
22	Person 05	82.139 €	25,00 €
23	Person 15	89.287 €	26,00 €
24	Summe	1.146.208 €	369,00 €
25	arithm. MW	57.310 €	18,45 €

Abbildung 7.20: Veränderte Ergebnistabelle der Umfrage (sortiert)

Wenn Sie diese Daten im Diagramm darstellen lassen, erkennen Sie, dass der Verlauf einer so genannten Sättigungskurve ähnelt. Der zugrunde liegende Funktionstyp ist eine logarithmische Regressionsfunktion.

Nun räumt Microsoft in der Programmhilfe selbst ein, dass Excel intern nur lineare Regressionsfunktionen berechnet. Alle anderen Funktionstypen werden linearisiert. Diese Methode ist aus theoretischer Sicht nicht unproblematisch, weil sich hierdurch die Verteilung der Fehler verändert. Es mag davon ausgegangen werden, dass die Fehler ursprünglich normalverteilt sind. Aufgrund der Linearisierung der Daten vor der Ermittlung der Trendfunktion ändert sich die Verteilung der Fehler allerdings. Aus diesem Grund wird das Ergebnis mit theoretischen Mängeln behaftet sein – wenngleich es in der Praxis dennoch häufig seinen Zweck erfüllt.

Trendfunktion über Diagramm ermitteln. Sofern es Ihnen hauptsächlich um die Trendfunktion selbst und das Bestimmtheitsmaß geht, können Sie auch die Trendfunktion des Diagrammmoduls verwenden. Gerade wenn Sie wenig Zeit haben, um die Berechnungen einzeln auszuführen, und zunächst über das Bestimmtheitsmaß ermitteln möchten, welcher Trend den höchsten Erklärungswert besitzt, ist die Diagrammfunktion von Excel sehr praktisch.

Die genaue Beschreibung des Einfügens einer Trendfunktion finden Sie in *Kapitel 9* (vgl. *Seite 197*). Das fertige Ergebnis sehen Sie in *Abbildung 7.21*. Im Dialogfeld TRENDLINIE HINZUFÜGEN können Sie zwischen sechs verschiedenen Trendfunktionen wählen. Über separate Kontrollfelder geben Sie an, ob Sie die Trendfunktion und das Bestimmtheitsmaß einblenden möchten. Aus der Gleichung lassen sich die Koeffizienten sehr einfach ablesen.

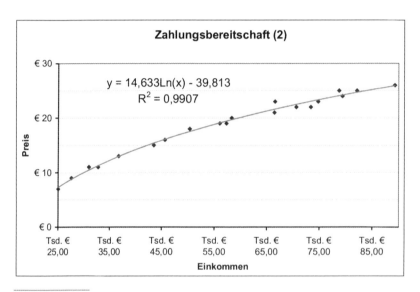

Abbildung 7.21: Ergebnisdiagramm mit logarithmischer Regression

7.4 Kurz und funktional

Bei statistischen Aufgaben helfen Ihnen die folgenden Funktionen weiter:

→ Mit der Funktion SUMME (WERT1 ; [WERT2] ; …) summieren Sie bis zu dreißig Zahlen oder Zahlenbereiche; ausführlich vgl. *Seite 144*.

→ Die Funktion MITTELWERT (WERT1 ; [WERT2] ; …) errechnet aus bis zu dreißig Zahlen oder Zahlenbereichen das arithmetische Mittel (ausführlich vgl. *Seite 145*) – ersatzweise könnten Sie auch die Funktionen SUMME() und ANZAHL() verwenden.

→ POTENZ (ZAHL ; POTENZ) errechnet aus der Basis und dem Exponenten die zugehörige Potenz; ausführlich vgl. *Seite 146*.

➔ Anstelle des Operators für Multiplikationen (hierzu vgl. *Kapitel 5*) können Sie auch die Funktion PRODUKT (WERT1 ; [WERT2] ; …) verwenden; ausführlich vgl. *Seite 147*.
➔ Die Trendwerte einer linearen Regressionsfunktion können Sie direkt mittels der Funktion TREND (Y_WERTE ; [X_WERTE] ; [NEUE_X_WERTE] ; [KONSTANTE]) errechnen; ausführlich vgl. *Seite 151*.
➔ Wie aussagekräftig eine Trendfunktion ist, errechnen Sie mithilfe der Funktion BESTIMMTHEITSMASS (Y_WERTE ; X_WERTE); ausführlicher vgl. *Seite 153*.
➔ Die Standardabweichung von bis zu 30 Zahlen oder Zahlenbereichen ermitteln Sie mithilfe der Funktion STABWN (WERT1 ; [WERT2] ; …); genauer vgl. *Seite 154*.
➔ Die Steigung einer linearen Regressionsfunktion erfahren Sie mittels der Funktion STEIGUNG (Y_WERTE ; X_WERTE); ausführlicher vgl. *154*.
➔ Den zweiten Koeffizienten einer linearen Regressionsfunktion errechnet die Funktion ACHSENABSCHNITT (Y_WERTE ; X_WERTE) direkt aus den Daten; genauer vgl. *Seite 155*.
➔ Die Kovarianz zwischen zwei Datenbereichen ermitteln Sie ganz einfach mithilfe der Excel-Funktion KOVAR (MATRIX1 ; MATRIX2); genauer hierzu auf *Seite 155*.
➔ Die Varianz aus bis zu dreißig Zahlen oder Zahlenbereichen ermitteln Sie mithilfe der Funktion VARIANZENA (WERT1 ; [WERT2] ; …); ausführlicher vgl. *Seite 156*.

Anlage 7.2: Einstellungen und Tastenkombinationen

Kapitel 8
Datumsberechnungen

In diesem Kapitel erfahren Sie, wie Sie mit Datums- und Zeitangaben in Excel rechnen können. Die Besonderheiten ergeben sich daraus, dass Excel mit einer fortlaufenden Zahl rechnet, die zugleich das Datum und die Uhrzeit beinhaltet. Deshalb geht es konkret um die folgenden Fragen:

→ Wie können Sie mit der Datumszahl rechnen, beispielsweise einzelne Tage oder ganze Monate addieren?
→ Wie können Sie mit der Datumszahl rechnen, um Stunden und Minuten zu addieren?
→ Wie wird mit Wochentagen gerechnet?

Anlage 8.1: Programmhinweise zu Vorversionen

8.1 Datumszahl verstehen

Das Grundprinzip der Datumszahl in Excel sehen Sie in *Abbildung 8.1*. Excel datiert den Nullpunkt der Datumszahl auf den 0. Januar 1900 – das erste richtige Datum ist damit der 1. Januar 1900. Da die Datumszahl in der Standardeinstellung nicht negativ werden kann, können Angaben davor nicht errechnet werden.

> Bei der Eingabe von Datumsangaben müssen Sie beachten, dass sämtliche Datumsangaben Zeitpunkte bezeichnen, keine Zeiträume.

Vom 1. Januar 1900 an zählt Excel alle Tage fortlaufend weiter. Der 17. Mai 2003 ist also der 37.758-te Tag in der Zählung, der 37.759-te Tag ist der 18. Mai 2003. Alle Schaltjahre werden hierbei korrekt berücksichtigt, selbstverständlich auch die unterschiedlich langen Monate.

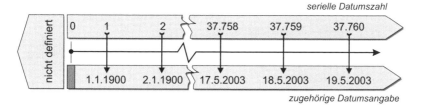

Abbildung 8.1: Fortlaufende Datumszahl

Übung 8.1:

Zählen Sie ein gegebenes Datum einen Tag weiter.

Tag addieren. An zwei einfachen Beispielen wird das Wesen der Datumszahl deutlich. Zunächst soll ein gegebenes Datum einen Tag weitergezählt werden, also »Datum plus 1 Tag«. Die Lösung sehen Sie in *Abbildung 8.2*:
- Das ursprüngliche Datum steht in der Zelle B4.
- Da die Datumszahl die Tage zählt, können Sie ganz einfach »plus 1« rechnen.

Als Lösungsformel ergibt sich für die Zelle B10 somit:

=B4+B8

Solange Sie mit Tagen rechnen, ist die Datumszahl also sehr praktisch.

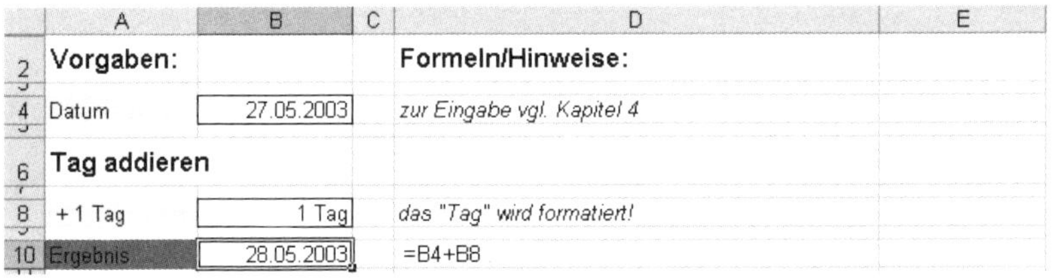

	A	B	C	D	E
2	Vorgaben:			Formeln/Hinweise:	
4	Datum	27.05.2003		zur Eingabe vgl. Kapitel 4	
6	**Tag addieren**				
8	+ 1 Tag	1 Tag		das "Tag" wird formatiert!	
10	Ergebnis	28.05.2003		=B4+B8	

Abbildung 8.2: Datum um einen Tag erhöhen

Übung 8.2:

Zählen Sie ein gegebenes Datum einen Monat weiter.

Monat addieren. Schwieriger wird es, wenn Sie zu einem gegebenen Datum einen Monat addieren möchten. Sie wissen, dass ein Monat zwischen 28 und 31 Tagen haben kann – wie viele, hängt vom jeweiligen Datum ab. Um eine solche Aufgabe zu lösen, benötigen Sie einige Excel-Funktionen, die für Datumsberechnungen zuständig sind.

Datum(). Die erste Funktion heißt ganz einfach DATUM(). Sie ermöglicht es Ihnen, aus einzelnen Komponenten ein Datum zusammenzusetzen, das für Excel korrekt als fortlaufende Zahl zurückgegeben wird.

Definition. Die Funktion hat folgende Syntax:

DATUM (JAHR ; MONAT ; TAG)

Die einzelnen Argumente bedeuten
- JAHR ist eine zulässige Jahreszahl, also mindestens 1900.

- Der MONAT ist eine Zahl, die entsprechend zwischen den Werten 1 und 12 liegt.
- TAG muss mindestens 1 sein; der Höchstwert richtet sich nach dem Monat.

Umsetzung. Diese Funktion könnten Sie beispielsweise verwenden, um aus den drei Komponenten »2003« (Jahr), »5« (Monat) und »17« (Tag) eine Datumsangabe zu formen. Die zugehörige Formel wäre dann

   =DATUM(2003;5;17)

Jahr(). Die nächste Datumsfunktion, die zur Lösung der Aufgabe benötigt wird, heißt JAHR(). Diese Funktion extrahiert aus einer Datumsangabe das Jahr.

Definition. Die Funktion hat folgende Syntax:

   JAHR (ZAHL)

Das Argument ZAHL ist eine fortlaufende Datumszahl, beispielsweise »37758« – die serielle Zahl zum Datum »17. Mai 2003«.

Umsetzung. Wenn Sie beispielsweise in eine Zelle eingeben

   =JAHR(37758)

bekommen Sie als Ergebnis »2003« – das Jahr, in das der 17. Mai 2003 fällt.

Monat(). Nach dem gleichen Prinzip arbeitet eine weitere Datumsfunktion: MONAT(). Diese Funktion extrahiert aus einer Datumsangabe die Monatszahl.

Definition. Die Funktion hat folgende Syntax:

   MONAT (ZAHL)

Das Argument ZAHL ist ebenfalls eine fortlaufende Datumszahl, beispielsweise »37758« – die serielle Zahl zum Datum »17. Mai 2003«.

Umsetzung. Wenn Sie in eine Zelle diese Formel eingeben

   =MONAT(37758)

bekommen Sie als Ergebnis »5« – der Monat, in den der 17. Mai 2003 fällt.

Tag(). Die letzte Datumsfunktion, die in diesem Zusammenhang zur Lösung der Aufgabe benötigt wird, heißt TAG(). Sie extrahiert aus einer Datumsangabe den Kalendertag.

Definition. Die Funktion hat folgende Syntax:

   TAG (ZAHL)

Das Argument ZAHL ist wiederum eine fortlaufende Datumszahl, beispielsweise »37758« – die serielle Zahl zum Datum »17. Mai 2003«.

Umsetzung. Wenn Sie beispielsweise in eine Zelle eingeben

   =TAG(37758)

bekommen Sie als Ergebnis »17« – der Kalendertag, auf den der 17. Mai 2003 fällt.

Lösung. Mit diesen vier Funktionen ist es möglich, die Aufgabe zu lösen. Jetzt können Sie nämlich die Datumszahl in ihre Bestandteile zerlegen, dem gegebenen Monat »1« hinzuaddieren und alles wieder zu einer neuen Datumsangabe zusammensetzen. Als Lösungsformel für die Zelle B16 ergibt sich somit

=DATUM(JAHR(B4);MONAT(B4)+B14;TAG(B4))

Im Unterschied zu oben sehen Sie in diesem Beispiel, dass Datumszahlen scheinbar einfache Dinge auch kompliziert machen können. Das gelöste Beispiel sehen Sie auch in *Abbildung 8.3*

Abbildung 8.3: Datum um einen Monat erhöhen

Datumsberechnungen erfordern mitunter, dass Sie »um die Ecke« denken. Tasten Sie sich deshalb mit Zwischenschritten an die Lösung heran.

8.2 Einfache Zeitrechnungen

Während die Datumsangaben den ganzzahligen Teil der fortlaufenden Datumszahl verwenden, werden Zeitangaben über den Bruchteil ausgedrückt, also durch den Teil hinter dem Komma der fortlaufenden Datumszahl. Dies wird in *Abbildung 8.4* illustriert. Deutlich zu sehen ist, dass die Angabe »18:00 Uhr« beispielsweise einem Kommateil von »,75« entspricht. Die Angabe »17. Mai 2003 um 18:00 Uhr« ist für Excel also eine schmucklose »37758,75« – mehr nicht.

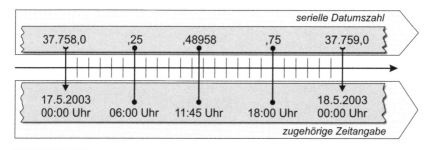

Abbildung 8.4: Zeitangabe in der Datumszahl

Übung 8.3:

Zählen Sie zu einer gegebenen Uhrzeit eine Stunde hinzu.

Stunde addieren. Um Ihnen auch diesen Teil der seriellen Datumszahl verständlich zu machen, soll einer gegebenen Zeitangabe eine Stunde hinzugerechnet werden. Als Uhrzeit wird die Angabe »11:45 Uhr« verwendet, im Übungsblatt in der Zelle B4.

Eine Stunde ist der 24-te Teil eines Tages – das ist die entscheidende Erkenntnis, um diese Aufgabe lösen zu können. Da die Zeitangaben bereits Bruchteile der Datumszahl sind, müssen Sie keine komplizierten Berechnungen anstellen, außer die Stundenzahl durch 24 zu teilen. Als Lösungsformel für Zelle B10 ergibt sich

=B4+(B8/24)

Die Klammern in dieser Formel sind nicht nötig, weil Excel ohnehin die Division zuerst ausführt, bevor es die Werte addiert. Sie verdeutlichen aber die Methodik dieser Lösung, die auch in *Abbildung 8.5* dargestellt ist.

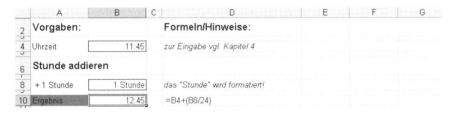

Abbildung 8.5: Uhrzeit um eine Stunde erhöhen

Übung 8.4:

Zählen Sie zu einer gegebenen Uhrzeit eine Minute hinzu.

Minute addieren. Um diese Logik zu verdeutlichen, soll der Uhrzeit eine Minute hinzugerechnet werden. Wenn ich Ihnen sage, dass Sie hierfür ebenfalls keine Funktion benötigen, sollte die Lösung offensichtlich sein – richtig. Teilen Sie die Minutenzahl durch 60, um auf die anteilige Stunde zu kommen, und dieses Ergebnis durch 24, um den anteiligen Tag zu ermitteln. Die Lösungsformel für die Zelle B16 ergibt sich somit als

=B4+(B14/(24*60))

Da 24 mal 60 auch 1440 ist, hätten Sie ebenso gleich durch diesen Wert teilen können; dann wären die Klammern entbehrlich. So aber wird deutlich, wie Uhrzeitangaben mit der Datumszahl verrechnet werden können. Die Lösung sehen Sie auch in *Abbildung 8.6*.

	A	B	C	D	E	F	G
2	Vorgaben:			Formeln/Hinweise:			
4	Uhrzeit	11:45		zur Eingabe vgl. Kapitel 4			
12	Minute addieren						
14	+ 1 Minute	1 Minute		das "Minute" wird ebenfalls formatiert!			
16	Ergebnis	11:46		=B4+(B14/(24*60))			
17							

Abbildung 8.6:   Uhrzeit um eine Minute erhöhen

Restriktionen. Beim Datum hatte ich bereits darauf hingewiesen, dass Datumsangaben nur Zeitpunkte bezeichnen können, keine Zeiträume. Das gilt grundsätzlich auch für Zeitangaben – aber eben nur grundsätzlich. Es ist nämlich auch möglich, mit Uhrzeitangaben als Zeiträume zu rechnen, solange Sie auf Datumsberechnungen dabei verzichten. Dann können Sie eine Angabe wie »2:10:56 Stunden« auch als Zeitraum betrachten, und nicht als Uhrzeit.

Dabei sollten Sie berücksichtigen, dass der größte zulässige Zeitraum »9999:99:99 Stunden« beträgt – das entspricht 416 Tagen, 16 Stunden, 40 Minuten und 39 Sekunden. Die Segelyacht »Illbruck« benötigte beim Volvo Ocean Race 2002 nur 123 Tage, 5 Stunden, 11 Minuten und 24 Sekunden – selbst dieser Zeitraum würde sich also noch problemlos darstellen lassen.

Übung 8.5:

Stellen Sie einen einfachen Schichtplan auf.

Mit Zeitangaben rechnen. Ein einfacher Schichtplan soll demonstrieren, wie Sie mit Zeitangaben rechnen können. Zugleich zeigt Ihnen dieses Beispiel auch praktische Hindernisse beim Rechnen mit Zeitangaben.

Vorgaben. Werfen Sie einen Blick in *Abbildung 8.7*. Hier sehen Sie einen leeren Schichtplan. Ihre Aufgabe ist es, die Bruttoarbeitsdauer sowie die Pausendauer zu ermitteln, um hierüber die Nettoarbeitsdauer zu bestimmen. Diese ist in der Summenzeile auszuweisen.

	A	B	C	D	E	F	G	H
2	Vorgaben:							
3		Arbeit_von	Pause_von	Pause_bis	Arbeit_bis	Brutto	Pause	Netto
4	Montag	07:01	13:00	13:30	16:15			
5	Dienstag	06:59	13:00	13:29	16:12			
6	Mittwoch	06:58	12:58	13:29	16:28			
7	Donnerstag	06:53	12:59	13:28	16:45			
8	Freitag	07:02	13:10	13:42	17:10			
9	Samstag							
10	**Summe**							

Abbildung 8.7:   Leerer Schichtplan

Umsetzung. Die Umsetzung ist erstaunlich einfach – sofern Sie sich daran erinnern, dass Stundenangaben 1/24 vom Tag sind. Um die Bruttoarbeitszeit zu errechnen, ermitteln Sie zeilenweise die Differenz aus Arbeitsbeginn (Spalte B) und Arbeitsende (Spalte E) und nehmen das Ergebnis mit 24 mal, um auf Stunden zu kommen. In der Zelle F4 steht beispielsweise die Formel

=(E4-B4)*24

Diese Formel ist auf die weiteren Wochentage zu kopieren.

Genauso funktioniert auch die Berechnung der Pausendauer. Der Pausenbeginn steht in der Spalte C, das Pausenende in der Spalte D. Die Pausendauer in Stunden ergibt sich als Differenz beider Werte, multipliziert mit 24, da eine Stunde 1/24 eines Tages ist. In der Zelle G4 steht somit als Formel

=(D4-C4)*24

Auch diese Formel ist auf die weiteren Wochentage zu kopieren.

Die Nettoarbeitszeit können Sie ganz direkt und ohne Umrechnungen ermitteln, indem Sie die Pausendauer von der Bruttoarbeitsdauer abziehen. In der Zelle H4 steht somit

=F4-G4

Die vollständige Lösung sehen Sie in *Abbildung 8.8*. Hier sind auch die Summen ergänzt worden.

	A	B	C	D	E	F	G	H
2	Vorgaben:							
3		Arbeit_von	Pause_von	Pause_bis	Arbeit_bis	Brutto	Pause	Netto
4	Montag	07:01	13:00	13:30	16:15	9,23 h	0,50 h	8,73 h
5	Dienstag	06:59	13:00	13:29	16:12	9,22 h	0,48 h	8,73 h
6	Mittwoch	06:58	12:58	13:29	16:28	9,50 h	0,52 h	8,98 h
7	Donnerstag	06:53	12:59	13:28	16:45	9,87 h	0,48 h	9,38 h
8	Freitag	07:02	13:10	13:42	17:10	10,13 h	0,53 h	9,60 h
9	Samstag					0,00 h	0,00 h	0,00 h
10	Summe					47,95 h	2,52 h	45,43 h

Abbildung 8.8: Ausgewerteter Schichtplan

Datum und Zeit kombinieren. Mit dem nächsten Beispiel möchte ich die Einführung abrunden. In *Abbildung 8.9* sehen Sie ein Datum und eine Zeitangabe, beide in separaten Zellen. Durch einfache Addition können Sie diese zusammenführen, so dass in der Zelle B10 die kombinierte Angabe steht.

	A	B	C	D
2	Vorgaben:			Formeln/Hinweise:
4	Datum	17.05.2003		Serielle Zahl ist 37758
6	Uhrzeit	11:45		Serielle Zahl ist 0,48958
8	Zusammenführen			
10	Ergebnis	17.05.2003 um 11:45		=B4+B6 ; serielle Zahl ist 37758,48958

Abbildung 8.9: Datum und Uhrzeit zusammenführen

Die Frage ist, wie Sie diese Teile wieder herausziehen können.

Ganzzahl(). Das Datum wird durch den Teil »vor dem Komma« ausgedrückt. Mathematisch wird dieser Teil als ganzzahliger Bestandteil bezeichnet. Mithilfe der Funktion GANZZAHL() können Sie den Kommarest »abschneiden«. Dadurch setzen Sie die Uhrzeit für das Datum zurück.

Definition. Die Funktion hat folgende Syntax:

GANZZAHL (ZAHL)

Das Argument ZAHL ist eine beliebige Zahl, deren Bruchteil abgeschnitten werden soll, ohne (!) vorher gerundet zu werden.

> Die Arbeitsweise entspricht der Funktion ABRUNDEN(), sofern Sie die Zahl damit auf null Kommastellen abrunden.

Umsetzung. Mithilfe dieser Funktion können Sie den Uhrzeitrest aus der Datumszahl entfernen. Die Formel in B14 lautet:

=GANZZAHL(B10)

Rest(). Umgekehrt können Sie auch den Uhrzeitanteil der Datumszahl extrahieren. Das kann beispielsweise wichtig sein, um die Zeitangabe einem anderen Datum hinzuzurechnen. Da Sie in diesem Fall den Bruchteil der Datumszahl benötigen, hilft Ihnen die Excel-Funktion REST() weiter. Sie gibt den Rest einer Division zurück.

Definition. Die Funktion hat folgende Syntax:

REST (ZAHL ; DIVISOR)

Diese Funktion kennt zwei Argumente:

- Das Argument ZAHL ist eine beliebige Zahl, die Sie teilen möchten.
- Wodurch Sie das Argument ZAHL teilen, legen Sie über den DIVISOR fest.

Umsetzung. Um nur den »0,...«-Rest zu erhalten, wird die kombinierte Datumszahl in der Zelle B10 durch den Divisor »1« geteilt. Da jede ganze Zahl, selbst Primzahlen, durch 1 teilbar ist, wird der Wert nicht verfälscht. Da aber Kommareste gerade nicht durch 1 teilbar sind, bleiben sie als Rest übrig – und damit wird der Uhrzeitanteil zurückgegeben. Als Formel für die Zelle B16 ergibt sich somit

=REST(B10;1)

Alle Schritte können Sie auch anhand von *Abbildung 8.10* nachvollziehen.

Sofern Sie die einzelnen Komponenten nur darstellen möchten, sind diese Berechnungen allerdings nicht erforderlich. Werfen Sie dazu noch einmal einen Blick in *Abbildung 8.4.* Wie Sie dort sehen, enthält eine serielle Datumszahl *sowohl* die Datums- *als auch* die Zeitkomponente. In *Kapitel 4* haben Sie erfahren, wie Sie beide Komponenten unabhängig voneinander heraus-»formatieren« können. Dieses Prinzip wird in den folgenden beiden Abbildungen wieder aufgegriffen.

8.2 Einfache Zeitrechnungen

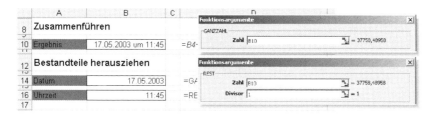

Abbildung 8.10:   Datum und Uhrzeit extrahieren

In *Abbildung 8.11* sehen Sie, wie der Zellenwert aus B10 geschlossen in die Zelle B20 übernommen wird. Allerdings wird über das Zellformat die Uhrzeitkomponente komplett ausgeblendet – wertmäßig ist sie in der Zelle aber weiterhin vorhanden.

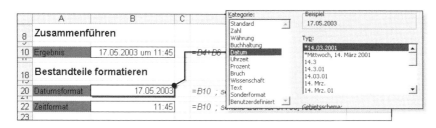

Abbildung 8.11:   Datumskomponente heraus-»formatieren«

Dies belegt *Abbildung 8.12*. Hier wird ebenfalls der Wert aus der Zelle B10 übernommen. Allerdings ist die Zelle B22 so formatiert, dass nur die Uhrzeit dargestellt wird und die Datumskomponente ausgeblendet wird.

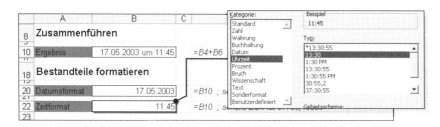

Abbildung 8.12:   Zeitkomponente heraus-»formatieren«

Wenn Sie eigene Datumsberechnungen aufstellen, ist dieser scheinbar geringe Unterschied ziemlich wichtig, da Excel nur mit den Zellenwerten rechnet – die Darstellung des Zellenergebnisses ist für Excel dagegen »Kosmetik«.

Diese Beispiele sind bewusst ziemlich einfach gehalten, um Ihnen die Logik der seriellen Datumszahl zu zeigen. Sie können mithilfe dieses Grundwissens umfangreiche Berechnungen aufstellen, beispielsweise:

- Welche der aufgeführten Personen hat als nächstes Geburtstag?

- Auf welches Datum fällt ein bestimmter Wochentag zum x-ten Mal?
- Wann fällt der 13. wieder auf einen Freitag?

Anlage 8.2: Weiterführende Datumsbeispiele

8.3 Kurz und funktional

Bei den Berechnungen mit Datumsangaben können Ihnen die folgenden Funktionen weiterhelfen:

➔ Um aus einzelnen Bestandteilen ein für Excel verständliches Datum zusammenzusetzen, verwenden Sie die Funktion DATUM (JAHR ; MONAT ; TAG); vgl. ausführlich *Seite 162*.

➔ Die Jahreszahl können Sie aus einer Datumsangabe mittels der Funktion JAHR (ZAHL) herausziehen; vgl. ausführlich *Seite 163*.

➔ Die Monatszahl eines Datums können Sie mithilfe der Funktion MONAT (ZAHL) zurückgeben; vgl. ausführlich *Seite 163*.

➔ Den Kalendertag eines Datums ziehen Sie mithilfe der Funktion TAG (ZAHL) heraus; vgl. ausführlich *Seite 163*.

➔ Die Funktion GANZZAHL (ZAHL) kann Zahlen auf den ganzzahligen Teil abrunden; vgl. ausführlich *Seite 168*.

➔ Umgekehrt errechnen Sie den Rest einer Division mittels REST (ZAHL ; DIVISOR); vgl. ausführlich *Seite 168*.

Anlage 8.3: Einstellungen und Tastenkombinationen

Kapitel 9

Diagramme anfertigen

In diesem Kapitel geht es um die grafische Aufbereitung tabellarischer Daten in Form von Diagrammen. »Ein Bild sagt mehr als tausend Worte«, weiß der Volksmund. In Diagrammen können Sie die Aussage von Daten hervorheben. Obwohl Excel Ihnen die verschiedenen Diagrammtypen gleichwertig zur Auswahl anbietet, sind Kenntnisse der Statistik notwendig, um den richtigen Diagrammtyp zu wählen. Um Ihnen auch hierbei zu helfen, geht dieses Kapitel auf folgende Fragen ein:

➜ Wie werden Diagramme in Excel allgemein angefertigt und in welcher Form müssen die Daten vorliegen?
➜ Welcher Diagrammtyp ist für welche Datengrundlage geeignet?
➜ Wie wird ein Diagramm beschrieben?
➜ Wie können Sie Diagramme nachträglich anpassen und verfeinern?

Damit Sie an dieser Stelle das Buch nicht weglegen, habe ich die theoretischen Grundlagen an die praktischen Ausführungen geknüpft. Zunächst werden Sie anhand einiger Beispiele erfahren, wie Sie ein Diagramm anfertigen. Hierfür lernen Sie den Diagramm-Assistenten von Excel kennen, der Sie durch die wichtigsten Arbeitsschritte führt.

Zu jedem Diagramm folgt eine kleine Beschreibung. Diese hilft Ihnen nicht nur im Falle einer schriftlichen Ausarbeitung oder eines mündlichen Vortrags, das Diagramm richtig im Text zu erwähnen. Aus der Beschreibung können Sie auch entnehmen, warum ein bestimmter Diagrammtyp geeignet ist. Im letzten Teil dieses Kapitels erfahren Sie, wie Sie Diagramme nachträglich verändern.

Eine grundsätzliche Einschränkung ist zu Excel und den Diagrammen anzumerken: Es ist in Excel leider unmöglich, eine Funktion direkt zeichnen zu lassen. Ein Ausdruck wie $f(x) = x^2$ kann nicht unmittelbar umgesetzt werden. Excel ist primär eine Tabellenkalkulation. Und deshalb ist es auch erforderlich, vorher eine Datentabelle anzulegen. Damit der Funktionsgraph die notwendige Genauigkeit erhält, müssen Sie in der Umgebung interessanter Punkte wie Extrema und Nullstellen zusätzliche Daten manuell angeben. Nur dann werden Sie zu einer Darstellung kommen, die Ihre Anforderungen erfüllt.

Farbpalette festlegen. Bevor Sie das erste Diagramm anfertigen, sollten Sie einen Blick auf die Farbpalette werfen, die Excel standardmäßig verwendet. Dazu öffnen Sie über

EXTRAS ▶ OPTIONEN… ▶ FARBE

die Programmoptionen. Hier sehen Sie im unteren Abschnitt der Registerkarte zwei Reihen:

- Die DIAGRAMMFÜLLFARBEN werden in der dargestellten Reihenfolge verwendet, um flächige Formen wie Kreisstücke oder Balken einzufärben.
- Die DIAGRAMMLINIEN, besser sollte diese Zusammenstellung »Diagrammlinienfarben« heißen, führen die Farben auf, die nacheinander auf die Verbindungslinien angewendet werden, die bei Kurvendiagrammen entstehen.

Um eine Farbe zu ändern, klicken Sie mit der Maus auf die entsprechende Farbe:

1. Über ÄNDERN… öffnen Sie das Dialogfeld FARBE.
2. Wählen Sie hier mit der Maus den Farbwert aus, den Sie anstelle der ausgewählten Farbe in die Auswahlpalette aufnehmen möchten.
3. Über OK schließen Sie das Dialogfeld wieder und kehren zur Registerkarte FARBE zurück.
4. Gehen Sie hier der Reihe nach die Farben durch, bis Sie eine »augenfreundliche« Palette zusammengestellt haben.
5. Über OK schließen Sie die Programmoptionen.

Ich kann Ihnen nur empfehlen, vor dem Umsetzen der weiteren Abschnitte dieses Kapitels die Farbpalette von Excel anzupassen. Insbesondere wenn Sie vorhaben, einzelne Diagramme in eine PowerPoint-Präsentation zu kopieren, ist hierbei Sorgfalt angebracht.

> Leider ist es nicht möglich, eine Farbpalette aus PowerPoint automatisch auf ein Excel-Diagramm anzuwenden, weder in Excel noch in PowerPoint.

Ihnen bleibt in diesem Fall nichts anderes übrig, als die Farbwerte der PowerPoint-Farbpalette zu notieren und einzeln in Excel zu übertragen. Im Übrigen ist es mir schleierhaft, welche Monitoreinstellungen bei Microsoft zu einer Kombination aus Pflaumenblau, Weinrot, Vanillegelb und Minzgrün führen konnten, um nur die ersten vier Farbtöne der Füllfarbenauswahl zu nennen. Aber diese Farbzusammenstellung ist in den meisten Fällen eine Zumutung für die Augen und sollte daher angepasst werden.

> Sie haben natürlich die Möglichkeit, im konkreten Diagramm die Farben individuell anzupassen. Je eher Sie aber die gewünschte Farbpalette kennen, desto mehr Zeit sparen Sie später.

Anlage 9.1: Programmhinweise zu Vorversionen

9.1 Diagramme einfügen

Zunächst zeige ich Ihnen ganz allgemein, wie Sie mit Excel ein Diagramm anfertigen. Diese Grundlagen werden im nächsten Abschnitt ausgebaut, wenn es um die Besonderheiten der einzelnen Diagrammtypen geht.

9.1.1 Tabellenstruktur

Wenn Sie ein Diagramm anfertigen, müssen Sie zunächst die Datengrundlage klären. Am schnellsten lassen sich Diagramme zeichnen, wenn Sie eine klar strukturierte Tabelle haben. Deshalb prüfen Sie als Erstes den Aufbau Ihrer Tabelle.

Ganz allgemein ist es ratsam, die Daten immer einheitlich anzuordnen, beispielsweise in Spalten. Dann sind Ihre Tabellen immer gleich strukturiert, wodurch Sie weniger Fehler machen. *Abbildung 9.1* zeigt eine entsprechend aufgebaute Tabelle. Rechts oben sehen Sie zugleich ein Piktogramm, das Ihnen nicht nur etwas über den Aufbau der Tabelle verrät, sondern auch über die darin enthaltenen Daten:

- Die Daten sind in Spalten angeordnet.
- Die einzelnen Datenreihen werden durch Rubriken beschriftet – die Abszisse (x-Achse) ist somit ordinalskaliert, nicht verhältnisskaliert.
- Die Rubriken ergeben sich somit aus dem Tabellenkopf (hier Zeile 3).

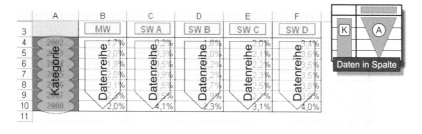

Abbildung 9.1: Tabelle mit Rubrikendaten in Spalten

Zum Vergleich werfen Sie einen Blick in *Abbildung 9.2*. Am Piktogramm erkennen Sie bereits, dass die Daten in dieser Tabelle anders strukturiert sind. Sie sind zwar entlang den Spalten angeordnet. Es fehlt aber die Spalte mit den »Kategorien«. Stattdessen gibt es eine Spalte mit »Achsenwerten«:

- Die Daten sind wiederum in Spalten angeordnet.
- Es gibt keine Rubriken, weil die Abszisse verhältnisskaliert ist.
- Die Datenreihen werden entsprechend den Schnittpunkten aus x-Wert und Datenwert (y-Wert) eingezeichnet.

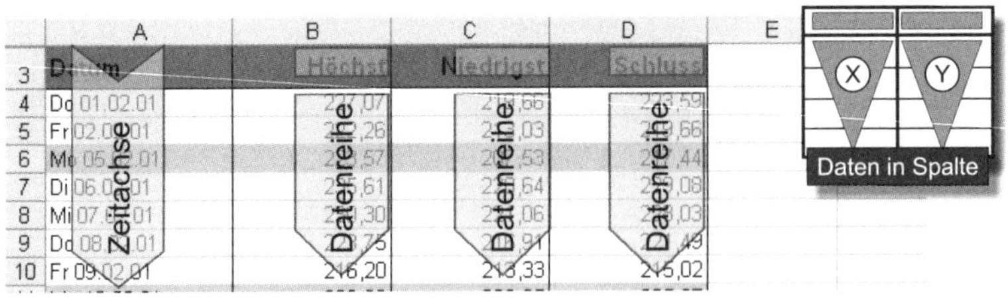

Abbildung 9.2: Tabelle mit numerischen Daten in Spalten

Welche Daten für welches Diagramm zulässig sind, ergibt sich aus den Anforderungen des jeweiligen Diagramms. Kreisdiagramme beispielsweise können überhaupt nur eine Datenreihe darstellen, andere wie das Liniendiagramm dagegen sehr viele.

9.1.2 Diagramm-Assistent

Diagramme fügen Sie in Excel mithilfe des Diagramm-Assistenten ein. Dahinter verbirgt sich eine automatisierte Abfolge von Dialogfeldern, in denen Sie alle erforderlichen Angaben für das Diagramm festlegen können.

> Der Diagramm-Assistent schlägt Ihnen (leider) nicht automatisch den zu Ihren Daten passenden Diagrammtyp vor!

Um Ihnen den Ablauf einmal zu zeigen, soll ein so genanntes Säulendiagramm angefertigt werden. Sie sehen das Ergebnis in *Abbildung 9.3*. Dieser Diagrammtyp wird ausführlich in *Abschnitt 9.2.2* behandelt; hier dient er nur dazu, alle Schritte systematisch zu beschreiben.

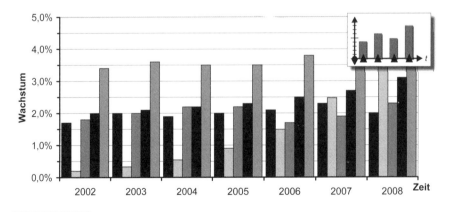

Abbildung 9.3: Säulendiagramm für mehrperiodische Daten

Übung 9.1:

Fertigen Sie aus den Übungsdaten ein Säulendiagramm an.

Diagramm einfügen. Sobald Sie selber ein Diagramm anfertigen, besteht die wichtigste Aufgabe darin, den passenden Diagrammtyp zu ermitteln. Darauf geht der nächste Abschnitt ausführlich ein. Hier ist die Entscheidung bereits zu Gunsten des Säulendiagramms gefallen. Die erforderlichen Daten finden Sie in der Übungsdatei.

Schritt 1 von 4: Diagrammtyp. Sofern Sie eine strukturierte Tabelle haben, ist es immer am einfachsten, den diagrammrelevanten Teil der Tabelle bereits zu markieren, im Beispiel also die Zellen A3 bis F10. Dann starten Sie über

EINFÜGEN ▶ DIAGRAMM…

den Diagramm-Assistenten; das Dialogfeld trägt als Bezeichnung DIAGRAMM-ASSISTENT – SCHRITT 1 VON 4 – DIAGRAMMTYP und hat zwei Registerkarten. Im Verlauf dieses Kapitels wird vor allem die erste interessieren, STANDARDTYPEN, vgl. *Abbildung 9.4*. In dieser Zusammenstellung finden Sie alle DIAGRAMMTYPEN (linke Auswahl) mitsamt den jeweils vorhandenen UNTERTYPEN (rechte Auswahl) aufgeführt:

- Wählen Sie hier als DIAGRAMMTYP die Variante SÄULE.
- Als DIAGRAMMUNTERTYP wählen Sie GRUPPIERTE SÄULEN (der Hinweistext steht unterhalb der Piktogramme).

Mehr können Sie im ersten Schritt nicht festlegen. Klicken Sie auf WEITER, um zum nächsten Schritt zu gelangen.

Abbildung 9.4:   Diagramm-Assistent – Schritt 1 von 4

> Wenn Sie probehalber auf SCHALTFLÄCHE GEDRÜCKT HALTEN FÜR BEISPIEL klicken, können Sie testen, ob Excel aufgrund Ihrer Tabellenstruktur bereits alles richtig erkannt hat – falls nicht, ist das nicht weiter dramatisch, da Sie es mit den nächsten Schritten ohnehin festlegen.

Schritt 2 von 4: Diagrammquelldaten. Im zweiten Schritt legen Sie fest, welche Daten in Ihrem Diagramm dargestellt werden sollen. Microsoft bezeichnet diese Daten als DIAGRAMMQUELLDATEN. Sofern Sie vor Schritt 1 bereits einen Ausschnitt in Ihrer Tabelle markiert hatten, ist das Dialogfeld bereits vorausgefüllt.

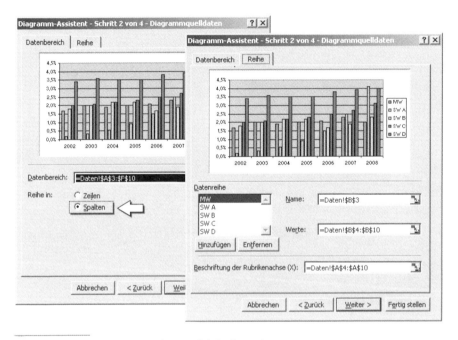

Abbildung 9.5: Diagramm-Assistent – Schritt 2 von 4

- In der Registerkarte DATENBEREICH geben Sie ganz allgemein vor, in welchen Zellen Excel nach Diagrammdaten Ausschau halten soll. Die Bedeutung der Auswahl REIHEN IN ZEILEN und IN SPALTEN haben Sie bereits in *Abschnitt 9.1.1* kennen gelernt. Da die Übungstabelle die Daten IN SPALTEN angeordnet hat, sollte diese Variante auch gewählt sein.
- In der Registerkarte REIHE sollten Sie die einzelnen Datenreihen der Tabelle in der Zusammenstellung DATENREIHE wiederfinden. Haben Sie versehentlich vergessen, bestimmte Daten zu markieren, können Sie diese über HINZUFÜGEN ergänzen.
  - Zu jeder Datenreihe finden Sie im Eingabefeld NAME die zugehörige Bezeichnung aus der Tabelle. Es sollte jeweils der Spaltenkopf (also Zeile 3) dort stehen.

- Zu jeder Datenreihe finden Sie im Eingabefeld WERTE den Bezug auf die konkreten Tabellenwerte, die zu der Datenreihe gehören. Es sollten jeweils die Zeilen 4 bis 10 dort vermerkt sein.
- Da dieser Diagrammtyp eine so genannte Rubrikenachse hat (anstelle einer verhältnisskalierten Achse), gibt es zudem das Eingabefeld BESCHRIFTUNG DER RUBRIKENACHSE (X). Hier sollte die gesamte erste Spalte vermerkt sein, da diese nicht als Datenreihe in das Diagramm eingeht.

Klicken Sie am besten alle Datenreihen einmal durch, um die Einstellungen für jede Reihe einzeln zu prüfen. Stimmt alles, klicken Sie auf WEITER, um zum nächsten Schritt zu gelangen.

Schritt 3 von 4: Diagrammoptionen. Im dritten Schritt des Diagramm-Assistenten beschriften Sie das Diagramm und legen fest, welche zusätzlichen Elemente, Legende und Datentabelle, gemeinsam mit dem Diagramm dargestellt werden sollen. Das Dialogfeld DIAGRAMMOPTIONEN hat insgesamt sechs Registerkarten. Da die Angaben hierin selbsterklärend sind, sollen sie nur kurz betrachtet werden:

- TITEL: Hier beschriften Sie sowohl das Diagramm insgesamt als auch die einzelnen Achsen. Die Sekundärachsen sind an dieser Stelle noch nicht zugänglich, da sie erst nachträglich angelegt (und beschriftet) werden können.
- ACHSEN: Hierüber können Sie die Achsen ausblenden, sofern Sie die Kontrollfelder deaktivieren. Soweit es die Daten zulassen, können Sie hierüber auch den Achsentyp von KATEGORIE (ordinal) auf ZEITACHSE (verhältnisskaliert) umschalten.
- GITTERNETZLINIEN: Das sind Hilfslinien, die das Ablesen erleichtern sollen. Teilweise wirken sie aber unschön. Probieren Sie aus, was Ihnen gefällt.
- LEGENDE: Die Legende erklärt die Datenreihen.
- DATENBESCHRIFTUNGEN: Nur manchmal ist es hilfreich, die Datenreihen automatisch beschriften zu lassen. Sie können die Beschriftungen allerdings auch nachträglich verschieben und umformatieren (was manchmal sehr mühsam ist).
- DATENTABELLE: Mancher Diagrammtyp erlaubt es, die verwendeten Daten noch einmal unterhalb des Diagramms darzustellen (nach meiner Erfahrung nur in Ausnahmefällen nützlich).

Sie können sich in diesem Schritt also Ihr Diagramm weitestgehend vorgestalten. Sobald die Einstellungen stimmen, klicken Sie auf WEITER, um zum letzten Schritt des Assistenten zu gelangen.

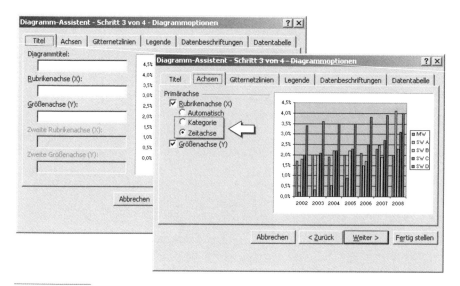

Abbildung 9.6:   Diagramm-Assistent – Schritt 3 von 4

Sollten Sie jetzt etwas übersehen haben, ist das nicht weiter schlimm. Sie können das Diagramm auch nachträglich vollständig ändern, vgl. *Abschnitt 9.3*.

Schritt 4 von 4: Diagrammplatzierung. Im letzten Schritt legen Sie fest, wo das Diagramm erscheinen soll. Sie haben zwei Möglichkeiten:

- Sie platzieren das Diagramm ALS OBJEKT IN einem Tabellenblatt. Diese Variante ist vorausgewählt, nach meiner Erfahrung aber nicht sinnvoll, wenn Sie das Diagramm für den Ausdruck oder die weitere Verwendung gezielt layouten möchten.
- In diesem Fall empfiehlt es sich, das Diagramm ALS NEUES BLATT einzufügen – Excel fügt dann ein Diagrammblatt in Ihre Arbeitsmappe ein. Dessen Namen können Sie im Eingabefeld an dieser Stelle festlegen, beispielsweise »Säulendiagramm«.

In *Abbildung 9.7* sehen Sie das entsprechende Dialogfeld. Sobald Sie jetzt auf FERTIG STELLEN klicken, wird das Diagramm entsprechend Ihren Vorgaben eingefügt. Das fertige Diagramm haben Sie bereits in *Abbildung 9.3* gesehen. Aufgrund der Standardeinstellungen wirkt es hier und da noch etwas »holperig«. Aber das werden Sie im Laufe dieses Kapitels noch anpassen.

Abbildung 9.7: Diagramm-Assistent – Schritt 4 von 4

Was fehlt? Zumindest wenn Sie schon mal Diagramme mit Excel angefertigt haben, werden Sie sich fragen, wie Sie die Achsenskalierung anpassen können oder einzelne Datenreihen in einem anderen Diagrammtyp darstellen. Diese Möglichkeiten werden ausführlich in *Abschnitt 9.3* dargestellt.

9.2 Diagrammtypen

Nun haben Sie im Schnelldurchgang den Assistenten von Excel kennen gelernt. Das Anfertigen selbst ist also recht einfach, sofern Sie sauber strukturierte Tabellen verwenden. Schwieriger ist dagegen die Frage, welches Diagramm in welchem Fall das geeignetste ist. Für die Praxis hat sich die Diagrammtypologie nach Zelazny (Zelazny, Gene: Wie aus Zahlen Bilder werden; 5. Aufl., Wiesbaden 1999) als hilfreich erwiesen, die ich der folgenden Gliederung zugrunde gelegt habe. Zahlen können demnach Strukturen, Rangfolgen, Zeitreihen, Häufigkeiten, Korrelationen sowie (ergänzend zur Systematik nach Zelazny) auch Wertetabellen funktionaler Zusammenhänge wiedergeben:

- *Struktur:* Wie setzt sich etwas zusammen?
- *Zeitreihe:* Wie entwickelt sich etwas über die Zeit hinweg?
- *Rangfolge:* Wer ist im Sinne des Auswahlkriteriums als Erstes zu nennen, wer als Letztes?
- *Korrelation:* Welcher Zusammenhang besteht zwischen zwei Variablen?
- *Häufigkeit:* Welche Merkmalsausprägung kommt in welcher Anzahl (absolut) oder Häufigkeit (relativ) vor?
- *Funktionen:* Wie verhält sich y zu x?

Als Erstes sollten Sie Ihre Daten also analysieren, wie in *Kapitel 7* beschrieben. Nach meiner Erfahrung lassen sich Strukturdaten und Zeitreihendaten sehr schnell enttarnen. Da es in der Praxis durchaus vorkommt, dass Strukturdaten über einen bestimmten Zeitraum erhoben werden, hat Excel auch zahlreiche »Mischtypen« unter den Diagrammen.

> Wichtig in einem solchen Fall ist, dass Sie herausfinden, was der vorherrschende Charakter Ihrer Daten ist.

Wenn Sie das Diagramm entwerfen, müssen Sie zudem prüfen, was für Merkmalsausprägungen dargestellt werden. Einen Überblick gibt *Abbildung 9.8*. Qualitative Merkmalsausprägungen können Sie nur entlang von *Nominalskalen* abtragen (Excel-Deutsch: »Kategorie«). Bei diesen Skalen stehen unterhalb der Abszisse die Ausprägungen, beispielsweise »dunkelbraun«, »hellbraun« und »gelblich«. Über die Reihenfolge brauchen Sie sich keine Gedanken zu machen, weil es eine solche nicht gibt (die hier gewählte Reihenfolge entspricht meinem Farbempfinden und ist insoweit subjektiv).

Sofern die qualitativen Merkmalsausprägungen in einer inneren Reihenfolge stehen und somit als *komparative* Merkmalsvariationen betrachtet werden können, müssen Sie eine *Ordinalskala* verwenden. Excel macht keinen Unterschied zwischen Nominal- und Ordinalskalen. Es bleibt Ihnen überlassen, hier für die richtige Reihenfolge zu sorgen. Diese muss dem Rang der Merkmalsvariationen entsprechen.

Andere Skalentypen werden dagegen bei *quantitativen* Merkmalsvariationen verwendet. Diskrete Merkmalsausprägungen werden entlang von *Intervallskalen* abgetragen. Beispielsweise können Sie das Einkommen in Abhängigkeit von der Familiengröße untersuchen. Die diskrete Merkmalsausprägung »Kinderzahl« würde entlang der Abszisse abgetragen, das stetige Merkmal »Einkommen« entlang der Ordinate. Leider kennt Excel auch hierfür nur die Nominalskala (»Kategorie«).

Um *stetige* Merkmalsvariationen darzustellen, werden *Verhältnisskalen* verwendet. Diese können auch Zwischenwerte darstellen. Ist die Frage Ihrer Untersuchung, wie viele Kinder eine Familie mit einem bestimmten Einkommen hat, dann wäre das Einkommen die unabhängige Variable. Da sie stetig ist, könnten ihre Merkmalsvariationen nur entlang einer verhältnisskalierten Abszisse dargestellt werden. Der in der Statistik daher wichtigste Diagrammtyp ist PUNKT(XY), da nur er zwei Verhältnisskalen hat.

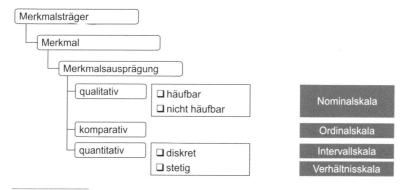

Abbildung 9.8: Merkmalsausprägungen und Skalentypen

9.2.1 Struktur

Strukturdaten fragen nach der Zusammensetzung einer Grundgesamtheit:
- Aus welchen Bestandteilen setzt sich die Erdatmosphäre (= Grundgesamtheit) zusammen?
- Auf welche Regionen verteilt sich der Umsatz (= Grundgesamtheit) einer Aktiengesellschaft?
- Wie verteilen sich die Spareinlagen (= Grundgesamtheit) auf die einzelnen Geldinstitutsformen?

Kennzeichnend für Strukturdaten ist, dass die Gesamtheit aller Komponenten immer 100% der Grundgröße ausmacht.

> Sobald Mehrfachantworten zulässig sind, wie bei der Frage »Welche Heimelektronik verwenden Sie?«, wird eine Rangfolge ermittelt, keine Struktur.

Kreisdiagramm. Der Grundtyp des Strukturdiagramms ist das Kreisdiagramm. Diese mitunter auch als »Tortendiagramme« bezeichneten Darstellungen werden gerne verwendet, um Zusammensetzungen und Anteile zu veranschaulichen. Ihr Verwendungsbereich ist jedoch beschränkt:
- Sie sind überhaupt nur für einperiodische Strukturen sinnvoll.
- Die Kreisfläche kann unter Excel nicht an eine Basisgröße gebunden werden. Ein Kreisdiagramm, das »5 €« aufteilt, gerät somit genauso groß wie eines, dass »5000 €« aufteilt.

Wichtigste Voraussetzung – nicht für Excel – ist der Sinngehalt der Darstellung. Da Kreisdiagramme Größen zueinander ins Verhältnis setzen, müssen die Größen auch tatsächlich in einem internen Verhältnis zueinander stehen. Andernfalls mag es ein beeindruckendes Kreisdiagramm sein – eine sinnvolle Interpretation ist jedoch nicht möglich.

Sofern Sie Merkmale mit *qualitativen* Merkmalsvariationen (»grün«, »gelb«, »rot«) darstellen möchten, können Sie nur deren Häufigkeiten mit Kreisdiagrammen veranschaulichen. Eine Merkmalsvariation wie »weiblich« oder »männlich« mag im wahren Leben sehr »einnehmend« sein und die Ehefrau wird zuweilen als die »bessere Hälfte« bezeichnet – Excel kann mit derlei Betrachtungsweisen aber nichts anfangen. Wenn Sie dagegen darstellen möchten, wie viel Prozent aller Führungskräfte in Deutschland weiblich oder männlich sind, lassen sich die (fiktiven) Anteile von »40% weiblich« und »60% männlich« recht gut darstellen.

Anders sieht es bei Merkmalen mit *quantitativen* Merkmalsvariationen aus, wie hier am Beispiel von Bilanzdaten gezeigt. Merkmalsträger ist das Unternehmen. Die einzelnen Merkmale sind die Bilanzpositionen – die Merkmalsvariationen sind folglich quantitativ und stetig. Sie können aus diesen Bilanzposten ein Kreisdiagramm direkt anfertigen.

Tabellenstruktur. Kreisdiagramme können nur eine Datenreihe darstellen. Die Tabelle ist daher recht einfach aufgebaut:

- Die Tabelle hat eine Datenreihe, die in einer Spalte angeordnet ist.
- Die Einträge der Vorspalte (Achsenpunkte) beschriften die Datenpunkte und erzeugen die Einträge in der Legende.

Die vollständige Tabelle sehen Sie auch in *Abbildung 9.9*.

	A	B	C	D	E
3		Einheit	2001	2002	2003
4	Sparkassen [1]	Mill. EUR	319137	318403	3206.
5	Kreditgenossenschaften [2]	Mill. EUR	175141	176313	1800
6	Kreditbanken [3]	Mill. EUR	91910	91074	9930
7	Übrige Kreditinstitute [4]	Mill. EUR	342	379	3540
8	**Summe Spareinlagen**	**Mill. EUR**	**586530**	**586169**	**600378**
9					

Abbildung 9.9:   Bilanzdaten

Diagramm einfügen. Um ein Kreisdiagramm einzufügen, starten Sie den Diagramm-Assistenten. Im ersten Schritt finden Sie diesen Diagrammtyp unter

[STANDARDTYPEN] ▶ DIAGRAMMTYP = KREIS ▶ DIAGRAMMUNTERTYP = KREIS

Das Einfügen selbst geschieht im Wesentlichen wie oben bereits beschrieben. Da ein Kreisdiagramm keinerlei ausgewiesene Achsen hat (der Umfang wird nicht als Achse gewertet), können im dritten Schritt auch keine Achsenbeschriftungen angebracht werden; auch eine entsprechende Skalierung ist nachträglich nicht möglich. Das fertige Diagramm finden Sie dargestellt in *Abbildung 9.10*.

Nachdem Sie es eingefügt haben, markieren Sie die Datenreihe und öffnen über

FORMAT ▶ MARKIERTE DATENREIHEN... ▶ OPTIONEN

die zugehörigen Optionen. Hierüber können Sie die Lage der Segmente festlegen.

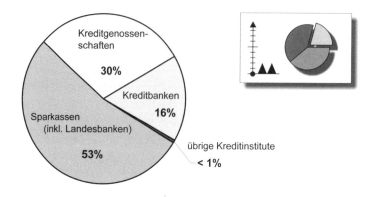

Abbildung 9.10:   Kreisdiagramm für einperiodische Anteile

Interpretation. Die Interpretation des Kreisdiagramms soll an dem von Ihnen angefertigten Diagramm nachvollzogen werden. Deutlich zu sehen ist, dass das Anlagevermögen des Unternehmens zu 63% aus Sachanlagen besteht, also Maschinen, Gebäude und Autos. Die Finanzanlagen wie langfristige Beteiligungen fallen mit 33% deutlich geringer aus und die immateriellen Anlagewerte wie Patente und Lizenzen für die Auftragsfertigung sind mit 4% kaum vorhanden. Ein Blick in die Bilanz (und nicht in das Diagramm) zeigt allerdings, dass das Anlagevermögen innerhalb der Aktiva nicht ganz die Hälfte ausmacht. Deshalb also von einem anlagenintensiven Unternehmen sprechen zu wollen, wäre aufgrund der Daten nicht zulässig.

Diese Interpretation macht deutlich, wo die Grenzen liegen. Die erste Gefahr ist die Größe des Kreises insgesamt. In Excel gibt es keine Möglichkeit, die Summe aller im Kreis dargestellten Größen zu verwenden, um darüber die Kreisgröße festlegen zu lassen. Auch wenn das Anlagevermögen um 887.000 € geringer ist als das Umlaufvermögen, erwecken Sie bei gleicher Kreisgröße den Eindruck, die herangezogenen Größen wären in der Summe identisch. Das ist zwar hilfreich, wenn Sie die Bilanzstruktur selbst untersuchen und darstellen möchten. Bei der Präsentation von Firmendaten sollten Sie diese Wahrnehmung aber – mindestens in Ihrem Vortrag – mit einigen Worden würdigen und korrigieren.

Die zweite Gefahr sind zu kleine Segmente. Da Sie die einzelnen Kreissegmente nicht separat skalieren können, bewirken sehr große Werte, dass kleine Werte kaum mit dem bloßen Auge zu unterscheiden sind. Sie haben in diesem Fall nur zwei sinnvolle Lösungen zur Auswahl. Eine Lösung sieht vor, die kleinen Werte für das Diagramm zu gruppieren, um sie als gemeinsames Segment »Sonstiges« oder ähnlich bezeichnet aufzuführen.

Varianten. Eine andere Lösung bietet ein weiterer Untertyp des Kreisdiagramms, wie in *Abbildung 9.11* dargestellt. Hier werden die Daten in einen gestapelten Balken ausgelagert. Dieser Typ ist im ersten Schritt des Diagramm-Assistenten unter

> [STANDARDTYPEN] ▶ DIAGRAMMTYP = KREIS ▶ DIAGRAMMUNTERTYP = BALKEN MIT KREIS

zu finden. Fügen Sie ihn ganz normal ein. Anschließend markieren Sie die Datenreihe und öffnen

> FORMAT ▶ MARKIERTE DATENREIHEN… ▶ OPTIONEN

Hier finden Sie alle Einstellungen, um festzulegen, welche Datenpunkte ausgelagert werden sollen.

Ringdiagramm. Das Ringdiagramm hat gegenüber dem Kreisdiagramm den Vorteil, auch mehrere Datenreihen darstellen zu können. Die einzelnen Datenreihen werden entsprechend als Ringe angeordnet. Erfahrungsgemäß sollten Sie auf diese Weise aber nicht mehr als drei Datenreihen anordnen, weil das Diagramm sonst unübersichtlich zu werden droht. Das Ringdiagramm finden Sie im ersten Schritt des Diagramm-Assistenten unter

> [STANDARDTYPEN] ▶ DIAGRAMMTYP = RING ▶ DIAGRAMMUNTERTYP = RING

Alle weiteren Einstellungen entsprechen denen des Kreisdiagramms. Nachdem Sie das Diagramm eingefügt haben, sollten Sie als Nächstes eine Datenreihe markieren und über

FORMAT ▸ MARKIERTE DATENREIHEN… ▸ OPTIONEN

die zugehörigen Einstellungen öffnen. Hier können Sie den WINKEL DES ERSTEN SEGMENTS sowie die INNENRINGGRÖSSE festlegen.

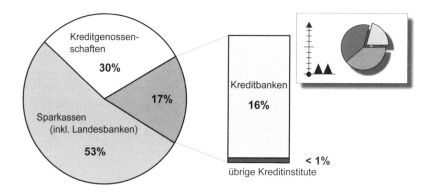

Abbildung 9.11:   Kreisdiagramm mit ausgestelltem Balken

Netzdiagramm. Das Netzdiagramm stellt zwar auch Strukturen dar. Allerdings sind dies keine anteiligen Strukturen wie im Kreis- und Ringdiagramm. Im Unterschied zu allen anderen Diagrammen hat das Netzdiagramm mehrere Achsen – diese gehen alle radial vom Mittelpunkt weg. In *Abbildung 9.12* sehen Sie ein solches Diagramm. Die Struktur ergibt sich nicht durch »Anteile«. Vielmehr ergibt sich die Struktur dadurch, dass eine Datenreihe bei einigen Merkmalen besonders »hervorsticht«, während es bei anderen Merkmalen »zurückbleibt«. Dieser Diagrammtyp wird beispielsweise genommen, um Produktprofile miteinander zu vergleichen. Entlang den einzelnen Achsen werden relevante Merkmale gemessen. So wird sehr schnell deutlich, ob ein Produkt alle anderen in jedem Fall übertrifft oder ob es nur teilweise besser abschneidet.

Tabellenstruktur. Da Netzdiagramme mehrere Datenreihen darstellen können, kann die Tabelle entsprechend viele Datenreihen beinhalten. Die Vorspalte mit den Achsenpunktbeschriftungen wird verwendet, um die einzelnen Achsen im Netz zu beschriften.

Diagramm einfügen. Um ein Netzdiagramm einzufügen, starten Sie den Diagramm-Assistenten. Im ersten Schritt finden Sie diesen Diagrammtyp unter

[STANDARDTYPEN] ▸ DIAGRAMMTYP = NETZ ▸ DIAGRAMMUNTERTYP = NETZ

Zum Einfügen gibt es nichts Besonderes anzumerken. Das fertige Diagramm finden Sie dargestellt in *Abbildung 9.12*.

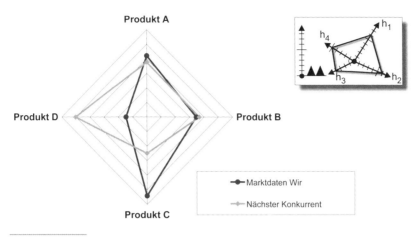

Abbildung 9.12: Netzdiagramm

9.2.2 Zeitreihe

Zeitreihen erfassen Merkmalsausprägungen über einen bestimmten Zeitraum hinweg:

- Wie entwickelt sich die Temperatur der Erdatmosphäre im Zeitverlauf?
- Wie entwickelt sich der Umsatz einer Aktiengesellschaft für die Region Asien im Zeitverlauf?
- Wie hoch sind die Spareinlagen bei Kreditinstituten im Zeitraum 1985 bis 2003?

Bei Zeitreihen wird von einem (oder mehreren) Merkmal(en) die Merkmalsausprägung mehrfach hintereinander erfasst und dargestellt. Ein Grundproblem von Zeitreihen betrifft die Kontinuität der Messung:

- Bei *diskreten* Zeitreihen werden die Merkmalsausprägungen für einen jeweils abgeschlossenen Zeitraum erfasst. Zwischen zwei Messungen besteht eine (zeitliche) Pause.
- Bei *stetigen* Zeitreihen wird die Merkmalsausprägung kontinuierlich erfasst. Es gibt (theoretisch) keine Pause zwischen zwei Messungen.

In der Praxis werden die meisten Zeitreihen nur diskret erhoben, da vor allem naturwissenschaftliche Messapparaturen überhaupt nur in der Lage sind, Daten kontinuierlich anzuliefern. Die Inflationsrate muss beispielsweise erst errechnet werden, wofür Daten aus abgeschlossenen Zeiträumen erforderlich sind – die Inflationsrate wird also nur diskret erfasst.

Im Rahmen Ihrer wissenschaftlichen Betätigung sind Sie natürlich angehalten, nur den jeweils passenden Diagrammtyp zu nehmen. In der Praxis allerdings wird in der Frage, ob eine Datenreihe als diskret oder stetig dargestellt wird, gerne auf den relativen Betrachtungszeitraum abgestellt. Wenn Sie den Verlauf der Inflationsrate von 1920 bis 2003 betrachten, fallen die einzelnen Ermittlungszeiträume nicht so sehr ins Gewicht. Deshalb würde die Inflationsrate für diesen Betrachtungshorizont auch gerne wie eine stetige Zeitreihe dargestellt werden. Theoretisch sauber ist das allerdings nicht.

> Im Zweifelsfall sollten Sie bei der Diagrammwahl Ihren Betreuer hinzuziehen. Er kann Ihnen auch sagen, welche Voraussetzungen der Lehrstuhl an bestimmte Diagramme knüpft.

Säulendiagramm. Das Säulendiagramm ist der Grundtyp, um *diskrete* Zeitreihen darzustellen. Durch seine Säulenstruktur bleibt der Eindruck gewahrt, dass die einzelnen Merkmalsausprägungen nur für einen bestimmten Zeitraum gelten und nicht kontinuierlich erhoben wurden. Zugleich wird durch die Anordnung nebeneinander deutlich, wie sich die Merkmalsausprägung im Zeitverlauf entwickelt.

Tabellenstruktur. Säulendiagramme können mehrere Datenreihen darstellen. Entsprechend ist die Tabelle aufgebaut:

- Die Tabelle hat mehrere Datenreihen, die (am besten) in Spalten angeordnet sind.
- Die Vorspalte der Tabelle (Achsenpunkte) hat die Zeitpunkte, als Datum formatiert, in denen die Merkmalsausprägungen gemessen wurden.

Eine vollständig vorstrukturierte Tabelle finden Sie in *Abbildung 9.13*.

	A	B	C	D	E	F
3		MW	SW A	SW B	SW C	SW D
4	2002	1,7%	0,2%	1,8%	2,0%	3,4%
5	2003	2,0%	0,3%	2,0%	2,1%	3,6%
6	2004	1,9%	0,5%	2,2%	2,2%	3,5%
7	2005	2,0%	0,9%	2,2%	2,3%	3,5%
8	2006	2,1%	1,5%	1,7%	2,5%	3,8%
9	2007	2,3%	2,5%	1,9%	2,7%	3,9%
10	2008	2,0%	4,1%	2,3%	3,1%	4,0%

Abbildung 9.13: Tabelle mit Messwerten

Diagramm einfügen. Um ein Säulendiagramm einzufügen, starten Sie den Diagramm-Assistenten. Im ersten Schritt finden Sie diesen Diagrammtyp unter

   [STANDARDTYPEN] ▶ DIAGRAMMTYP = SÄULE ▶ DIAGRAMMUNTERTYP = GRUPPIERTE SÄULEN

Das Einfügen gelingt wiederum wie oben bereits beschrieben. Wichtig jedoch ist Schritt 3 von 4 im Diagramm-Assistenten (vgl. *Seite 177*):

1. Wechseln Sie hier zur Registerkarte ACHSEN.
2. Legen Sie für die RUBRIKENACHSE (X) als Achsentyp ZEITACHSE fest.

Dadurch erreichen Sie, dass die Zeitpunkte der einzelnen Messungen im richtigen Abstand zueinander angeordnet werden. Angenommen, Sie haben über mehrere Jahre hinweg ein bestimmtes Merkmal erfasst. Der Zeitraum wäre wie im ersten Beispiel 2002 bis 2006. Allerdings wurden die Messergebnisse aus dem Jahr 2004 vernichtet und fehlen. Ihre Datentabelle enthält deshalb die Werte nur für 2002, 2003, 2005 und 2006. Wenn Sie für die RUBRIKENACHSE (X) nicht den Achsentyp ZEITACHSE festlegen, werden Sie sehen, dass die Zeiträume 2003 und 2005 direkt aufeinander folgen. Übersieht der Betrachter die Beschriftung der Abszisse, wird er annehmen, es handle sich um eine fortlaufende Messung.

Das weitere Vorgehen wiederum gelingt wie oben gezeigt. Ein fertiges Säulendiagramm sehen Sie in *Abbildung 9.14*.

Nachdem Sie das Diagramm eingefügt haben, sollten Sie als Nächstes einen Blick in die Optionen der Datenreihen werfen. Dazu markieren Sie eine Datenreihe und öffnen über

FORMAT ▸ MARKIERTE DATENREIHEN… ▸ OPTIONEN

die relevanten Einstellungen. Hier können Sie insbesondere diese Einstellungen für alle Datenreihen der entsprechenden Achse anpassen:

- Die ÜBERLAPPUNG misst den prozentualen Abstand zwischen den Datenpunkten zweier Datenreihen innerhalb eines Messzeitpunkts. Zulässige Werte sind »100« (völlig nebeneinander) bis »-100« (völlig voreinander).
- Die ABSTANDSBREITE misst den Abstand der Datenpunkte zwischen zwei Messpunkten. Zulässige Werte sind »0« bis »500«.

Mit beiden Einstellungen können Sie festlegen, wie »kompakt« oder »luftig« das Säulendiagramm erscheint.

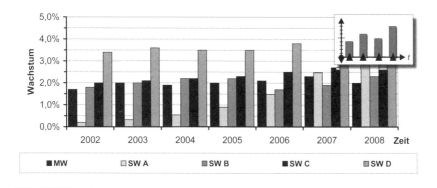

Abbildung 9.14: Säulendiagramm

Interpretation. Deutlich zu erkennen ist, wie sich die einzelnen Wachstumsraten innerhalb der Segmente über den Zeitraum 2002 bis 2006 verändern. Aufgrund der Darstellung wird der Schwerpunkt auf den Vergleich der einzelnen Segmente innerhalb eines Jahres gelegt. Es ist gut zu erkennen, wie die starken Segmentunterschiede aus dem Jahr 2002 sich im Zeitverlauf verringern, bis sie im Jahr 2006 deutlich geringer sind.

Der Vergleich der Wachstumsraten eines Segments über den dargestellten Zeitraum tritt bei diesem Diagrammtyp in den Hintergrund. Das Auge des Betrachters wird auf die jeweiligen Gruppen gelenkt, wodurch die Betrachtung des Gesamtverlaufs nachgeordnet wird. Erst ein zweiter Blick macht deutlich, dass das Wachstum im Marktsegment D nahezu stagniert, während sich das Wachstum im Marktsegment A beachtlich entwickelt.

Varianten. Säulendiagramme sind auch geeignet, um mehrperiodische Strukturdaten zu veranschaulichen. Beispielsweise können Sie untersuchen, wie sich die Geschlechterverteilung unter Führungskräften im Zeitverlauf entwickelt. Excel kennt für diesen Fall zwei Varianten. Sofern Sie nur der jeweilige Anteil interessiert, die absolute Anzahl an Führungskräften dagegen unwichtig ist, verwenden Sie als Diagramm

[STANDARDTYPEN] ▶ DIAGRAMMTYP = SÄULE ▶ DIAGRAMMUNTERTYP = GESTAPELTE SÄULEN (100 %).

Um zugleich die jeweils gemessene Anzahl an Führungskräften darzustellen, ist der Diagrammtyp jedoch ungeeignet, da alle Säulen gleich hoch sind. Diesen Fall können Sie jedoch mit

[STANDARDTYPEN] ▶ DIAGRAMMTYP = SÄULE ▶ DIAGRAMMUNTERTYP = GESTAPELTE SÄULEN

lösen. Hier werden alle Säulen abhängig von der Anzahl entsprechend hoch dargestellt.

Liniendiagramm. Das Liniendiagramm ist der Grundtyp, um *stetige* Zeitreihen darzustellen. Aufgrund seiner Linienstruktur betont es den Eindruck, die einzelnen Merkmalsausprägungen sind kontinuierlich erhoben worden. Durch den Linienverlauf wird deutlich, wie sich die Merkmalsausprägung im Zeitverlauf entwickelt. Damit Sie den Unterschied zum Säulendiagramm besser verstehen, werden die gleichen Daten wie oben verwendet.

> Excel unterscheidet, für den normalen Anwender zunächst nicht einsichtig, zwei Arten von Kurvendiagrammen: das Liniendiagramm und das Diagramm PUNKT(XY). Die Unterschiede werden in *Abschnitt 9.2.4* deutlich.

Tabellenstruktur. Tabellen für Liniendiagramme sind genauso aufgebaut wie die für Säulendiagramme; insofern vgl. *Abbildung 9.13*. Wichtig ist aber, dass die Daten selbst zu einer stetigen Zeitreihe gehören.

Diagramm einfügen. Rein technisch wird ein Liniendiagramm wie ein Säulendiagramm eingefügt. Den Diagrammtyp finden Sie im ersten Schritt des Diagramm-Assistenten unter

[STANDARDTYPEN] ▶ DIAGRAMMTYP = LINIE ▶ DIAGRAMMUNTERTYP = LINIE

Das Einfügen selbst gelingt wie oben bereits beschrieben. Da Sie eine Zeitreihe veranschaulichen, ist es wichtig, wie bei den Säulendiagrammen in Schritt 3 von 4 im Diagramm-Assistenten (vgl. *Seite 177*) folgende Einstellung zu kontrollieren:

1. Wechseln Sie zur Registerkarte ACHSEN.

2. Legen Sie für die RUBRIKENACHSE (X) als Achsentyp ZEITACHSE fest.

Dadurch erreichen Sie, dass die Zeitpunkte der einzelnen Messungen im richtigen Abstand zueinander angeordnet werden. Das fertige Liniendiagramm sehen Sie in *Abbildung 9.15*.

Nachdem Sie das Diagramm eingefügt haben, kann es je nach Datenbasis wichtig sein, einen Blick in die Optionen der Datenreihen zu werfen. Dazu markieren Sie eine Datenreihe und öffnen über

FORMAT ▸ MARKIERTE DATENREIHEN... ▸ OPTIONEN

die relevanten Einstellungen. Eine mitunter wichtige Einstellung sind die BEZUGSLINIEN. Hiermit ziehen Sie eine Verbindungslinie von der Abszisse zum jeweiligen Datenpunkt. So wird der Verlauf der Linie deutlicher.

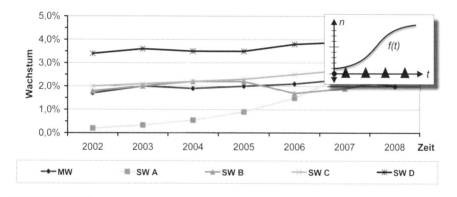

Abbildung 9.15: Liniendiagramm

Interpretation. Liniendiagramme können Sie, wie oben angedeutet, nur für mehrperiodische Daten verwenden, nicht hingegen für funktionale Zusammenhänge (vgl. hierzu *Abschnitt 9.2.6*). Wieder ist deutlich zu erkennen, wie sich die einzelnen Wachstumsraten innerhalb der Segmente über den Zeitraum 2002 bis 2006 verändern. Aufgrund der Darstellung wird der Schwerpunkt auf den Wachstumsverlauf der einzelnen Segmente über den Betrachtungszeitraum gelegt. Gut zu erkennen ist, wie das Marktsegment A ein beachtliches Wachstum erfährt, während das Marktsegment D nahezu stagniert.

Durch seine Linienkonstruktion und die in jedem Zeitraum senkrecht übereinander angeordneten Datenpunkte wird der Wachstumsverlauf der einzelnen Marktsegmente betont. Dennoch kann sehr schnell für jeden Zeitraum abgelesen werden, wie stark sich die einzelnen Wachstumsraten unterscheiden. Die Linienkonstruktion betont zudem den zeitlichen Verlauf stärker als die Säulenvariante.

Zusammen mit der Interpretation möchte ich Sie auf einige wahrnehmungsbedingte Gefahren hinweisen, die die Interpretation erschweren (vgl. hierzu auch die Ausführungen von Krämer, Walter: So lügt man mit Statistik; 8. Aufl., München 1998).

Die erste Gefahr ist die *Scheingenauigkeit*. Im Gegensatz zu Säulendiagrammen erwecken Liniendiagramme eher den Eindruck, dem Ergebnis lägen stetige Merkmalsvariationen (einperiodisch) oder kontinuierliche Messungen (mehrperiodisch) zugrunde. Dies wird umso stärker betont, wenn die Kurvenlinie geglättet bzw. interpoliert wird. In *Abbildung 9.16* wurde der Verbrauch eines Aggregats in Abhängigkeit von seiner Leistung erfasst. Gemessen wurden alle zehn Leistungseinheiten. In *Teilbild 1* ist der Kurvenverlauf nicht geglättet und das Gitternetz ist recht grobmaschig gehalten. In *Teilbild 2* hingegen ist der Kurvenverlauf geglättet und Skalen und Gitternetz weisen wesentlich feinere Stufen auf. Die Kurvenglättung suggeriert eine kontinuierliche Messung – was hier definitiv nicht der Fall ist! Durch das engmaschigere Gitternetz erhöhen Sie zwar die Ablesegenauigkeit. Da die Werte aber nicht besonders genau erfasst sind, entspricht diese scheinbar erhöhte Ablesegenauigkeit nicht dem tatsächlichen Datenmaterial. Im Ergebnis täuschen Sie hier ein genaueres Vorgehen vor, als tatsächlich erfolgt ist.

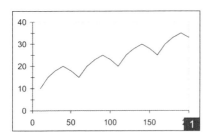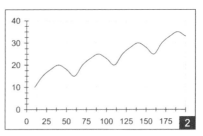

Abbildung 9.16:   Scheingenauigkeit durch Kurvenglättung und Hilfslinien

Die nächste Gefahr ist die *Scheingleichheit*. Das Auge neigt dazu, bei Abständen nicht die senkrechte, ordinatenparallele Differenz zu erfassen. Sondern es konzentriert sich eher auf den lotrechten Abstand zweier Graphen zueinander. Auf diese Weise scheinen die beiden Kurven in *Teilbild 1* von *Abbildung 9.17* parallel und im gleichen Abstand zu verlaufen. Im *Teilbild 2* wird deshalb zusätzlich die Differenz dargestellt (die sich auch geometrisch ableiten lässt). Wie zu sehen ist, ist sie während des Anstiegs größer als am Rand. Vermeiden Sie deshalb Scheingleichheit oder weisen Sie durch zusätzliche Angaben wie hier einen Differenzgraph auf die Verschiedenheit hin.

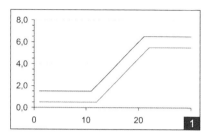
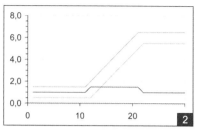

Abbildung 9.17: Scheingleichheit durch optische Wahrnehmung

Umgekehrt können Sie auch *Scheinverschiedenheit* provozieren. Der einfachste Fall ist eine logarithmisch skalierte Ordinate, wie in *Teilbild 1* von *Abbildung 9.18* zu sehen ist. Der untere Teil ist entsprechend hoch aufgelöst, so dass kleinste Wertschwankungen in der (unteren) Funktion 1 deutlich hervortreten. Der obere Teil hingegen ist der logarithmischen Skalierung entsprechend gering aufgelöst. Die ebenfalls geringen Schwankungen werden nivelliert, so dass die (obere) Funktion 2 ziemlich waagerecht zu verlaufen scheint. In so einem Fall ist es für den Betrachter ehrlicher, wenn Sie einen so genannten Achsenbruch erzeugen. Dieses geht mit Excel allerdings nicht; Sie können es aber unter PowerPoint nachholen. Die Alternative hierzu ist eine zweite Ordinate, die den Wertebereich der zweiten Funktion abdeckt. Dies ist in *Teilbild 2* von *Abbildung 9.18* zu sehen. Die rechte Ordinate gibt den Wertebereich der oberen Funktion wieder. Nun wird deutlich, dass beide Funktionen parallel verlaufen.

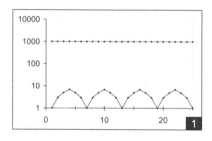
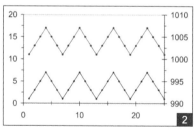

Abbildung 9.18: Scheinverschiedenheit durch Skalierung

Kursdiagramm. Einen besonderen Diagrammtyp hält Excel für Zeitreihen vor, die Kursdaten veranschaulichen. Hintergrund ist, dass Kursdiagramme nicht nur den Tagesschlusskurs angeben, sondern zusätzlich den Höchst- und den Niedrigstkurs des jeweiligen Tages.

Tabellenstruktur. Deshalb erfordern Kursdiagramme besonders aufgebaute Tabellen. Die Daten *müssen* in Spalten angeordnet sein und die Tabelle benötigt vier Spalten:

- ZEITPUNKT: Die erste Spalte bildet das Datum des jeweiligen Kurses.
- HOCH: In der zweiten Spalte wird der Tageshöchstkurs eingetragen.

- NIEDRIG: Der tagesniedrigste Kurs steht in der dritten Spalte.
- SCHLUSS: In der letzten Spalte wird der Tagesschlusskurs eingetragen.

Für Kursdiagramme ist dieser Tabellenaufbau bindend. Eine entsprechende Tabelle finden Sie auch in *Abbildung 9.19*.

	A	B	C	D
3	Datum	Höchst	Niedrigst	Schluss
4	Do 01.02.01	227,07	219,66	223,59
5	Fr 02.02.01	222,26	213,03	219,68
6	Mo 05.02.01	223,57	207,53	217,44
7	Di 06.02.01	235,61	220,64	229,08
8	Mi 07.02.01	230,30	221,06	228,03
9	Do 08.02.01	223,75	216,91	221,49
10	Fr 09.02.01	216,20	213,33	215,02
11	Mo 12.02.01	236,89	230,35	235,87
12	Di 13.02.01	246,16	233,76	241,95
13	Mi 14.02.01	251,13	242,51	250,90
14	Do 15.02.01	271,56	260,12	270,51
15	Fr 16.02.01	257,62	247,57	255,74
16	Mo 19.02.01	251,18	243,94	249,86
17	Di 20.02.01	253,93	240,05	247,23
18	Mi 21.02.01	257,43	241,43	251,63
19	Do 22.02.01	239,77	232,02	238,49
20	Fr 23.02.01	220,86	218,62	219,64
21	Mo 26.02.01	217,60	208,87	217,78
22	Di 27.02.01	218,88	213,60	216,29
23	Mi 28.02.01	229,22	222,02	225,90

Abbildung 9.19:   Kurstabelle mit mehrperiodischen Daten

Diagramm einfügen. Das Einfügen des Kursdiagramms wiederum gelingt recht einfach. Im ersten Schritt des Diagramm-Assistenten geben Sie unter

[STANDARDTYPEN] ▶ DIAGRAMMTYP = KURS ▶ DIAGRAMMUNTERTYP = HÖCHST-TIEF-GESCHLOSSEN

das Kursdiagramm vor. Das weitere Einfügen unterscheidet sich nicht vom allgemeinen Einfügen. Das fertige Diagramm finden Sie in *Abbildung 9.20* dargestellt.

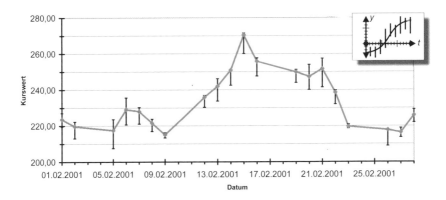

Abbildung 9.20:   Kursdiagramm

Interpretation. Für eine umfassende Interpretation eines Kursdiagramms benötigen Sie Informationen über das Unternehmen selbst; einige Hinweise wären auch zur Theorie des Aktienmarkts notwendig. Da beides zu weit wegführen würde vom Ziel dieses Buchs, werde ich dieses Diagramm nicht interpretieren. Wie bei den anderen Diagrammen auch, können Sie die Aussage über die Achsenskalierung verdichten. Kursdiagramme in Wirtschaftszeitungen beispielsweise verwenden häufig eine besondere Skalierung, um kleinere Schwankungen deutlich zu machen.

9.2.3 Rangfolge

Rangfolgen fragen unter Berücksichtigung eines Ordnungskriteriums:
- Welche Heimelektronik ist in den Haushalten am häufigsten vorhanden, welche am seltensten?
- In welchem Land ist die Kapitalertragsteuer am geringsten, in welchem Land am höchsten?
- In welcher Gesellschaftsform ist der Anteil der weiblichen Führungskräfte am höchsten, in welcher am geringsten?

Wichtig für eine Rangfolge ist nicht nur das Ordnungskriterium, um die Merkmale zu sortieren. Im Unterschied zu Strukturdaten fehlt es oftmals an der Grundgesamtheit, weil einzelne Merkmalsträger mit mehreren Merkmalen in die Rangfolge eingehen. Jeder Haushalt beispielsweise kann gleichzeitig mehrere Gerätearten besitzen (Fernseher und Videorecorder), von denen einzelne Geräte auch mehrfach vorhanden sein können (zwei Fernseher, drei Videorecorder).

> Eine Strukturfrage wäre, wie viele Haushalte Videorecorder besitzen. Die Auswertung könnte ergeben, dass 5% keinen besitzen, 10% einen und 85% zwei oder mehr Videorecorder.

Balkendiagramm. Rangfolgen werden durch Balkendiagramme dargestellt. Weil die Balken übereinander angeordnet sind, entsteht erst gar nicht der Eindruck, es würde sich um eine Zeitreihe handeln. Vielmehr wirkt das Balkendiagramm zeitlos.

Tabellenstruktur. Balkendiagramme können mehrere Datenreihen wiedergeben. In den meisten Fällen ist es aber sinnvoll, ein Balkendiagramm auf eine Rangfolge zu beschränken. Die Tabelle selbst ist im Wesentlichen wie für Säulendiagramme aufgebaut (vgl. *Seite* 186):
- Die Tabelle hat mehrere Datenreihen, die (am besten) in Spalten angeordnet sind.
- Allerdings enthält die Vorspalte (Achsenpunkte) keine Zeitwerte, sondern Achsenbeschriftungen. Diese bezeichnen später die einzelnen Balken.

Eine entsprechend aufgebaute Tabelle sehen Sie in *Abbildung 9.21*.

	A	C
3	Gerät	Anteil
4	Camcorder (Videokamera) digital	7,00 %
5	Mini-Disc-Player/Recorder	10,60 %
6	Camcorder (Videokamera) analog	17,30 %
7	CD-Recorder (auch im PC)	24,10 %
8	DVD-Player (für TV oder im PC)	27,10 %
9	Satellitenempfangsanlage	36,80 %
10	Kabelanschluss	52,60 %
11	CD-Player stationär	63,50 %
12	Hi-Fi-Anlage	66,40 %
13	Videorecorder	67,80 %
14	Radiorecorder/Stereorundfunkgerät	83,90 %
15	Fernsehgerät	94,40 %
16		

Abbildung 9.21: Ausstattung privater Haushalte mit bestimmter Heimelektronik 2003 (Statistisches Bundesamt Wiesbaden)

> Bei Balkendiagrammen ist es oftmals erforderlich, die Daten zunächst zu sortieren, damit die Balken in der entsprechenden Rangfolge angeordnet werden.

Diagramm einfügen. Um ein Balkendiagramm einzufügen, starten Sie den Diagramm-Assistenten. Im ersten Schritt finden Sie das Balkendiagramm unter

[STANDARDTYPEN] ▸ DIAGRAMMTYP = BALKEN ▸ DIAGRAMMUNTERTYP = GRUPPIERTE BALKEN

Das Einfügen gelingt wiederum wie oben bereits beschrieben. Wichtig jedoch ist Schritt 3 von 4 im Diagramm-Assistenten (vgl. *Seite 177*):

1. Wechseln Sie hier zur Registerkarte ACHSEN.
2. Prüfen Sie, ob für die RUBRIKENACHSE (X) als Achsentyp KATEGORIE festgelegt ist.

Da Sie die Balken mit Text beschriften, wäre die ZEITACHSE weder sinnvoll noch hilfreich (eine korrekte Verwendung ist auf *Seite 186* beschrieben). Die Diagrammoptionen funktionieren wie für Säulendiagramme, vgl. *Seite 187*. Das fertige Balkendiagramm sehen Sie in *Abbildung 9.22*.

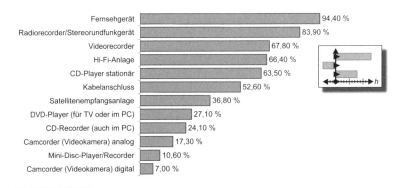

Abbildung 9.22: Balkendiagramm

Interpretation. Die Interpretation des Balkendiagramms gelingt recht einfach. Auf dem ersten Platz liegt das Fernsehgerät: Es fehlt nur in einem von 20 Haushalten. Dahinter folgt das Radio, das bereits in jedem zwölften Haushalt fehlt. Wie Sie ebenfalls in der Abbildung sehen, bildet derzeit der digitale Camcorder das Schlusslicht – er ist gerade mal in jedem vierzehnten Haushalt vertreten.

Um diese Aussagen näher zu erläutern, würden Sie jetzt weitere Faktoren hinzuziehen, die das eine oder andere dieser Rangfolge besonders interessant erscheinen lassen.

Gestapelten Balken. Eine besondere Variante des Balkendiagramms sind die gestapelten Balken. Hiermit können Sie innerhalb der Rangfolge bestimmte Strukturen deutlich machen. Beispielsweise könnten Sie nicht nur fragen, welche Heimelektronik wie weit verbreitet ist. Sie könnten zusätzlich die fünf wichtigsten Hersteller der Geräte erfragen.

Den Diagrammtyp GESTAPELTE BALKEN finden Sie im ersten Schritt des Diagramm-Assistenten unter

> [STANDARDTYPEN] ▶ DIAGRAMMTYP = BALKEN ▶ DIAGRAMMUNTERTYP = GESTAPELTE BALKEN

Die weiteren Eigenschaften entsprechen – technisch betrachtet – den gruppierten Säulen, die auf *Seite 188* näher betrachtet werden.

9.2.4 Korrelation

Wenn Sie Daten als Struktur, Zeitreihe oder Rangfolge darstellen, überlassen Sie es letztendlich dem Betrachter, nach Zusammenhängen zu fragen. Anders verhält es sich, wenn Sie Daten als Korrelation aufbereiten, wie es bei der Darstellung statistischer Erhebungen und Messreihen geschieht. Die Fragen könnte beispielsweise lauten:

- Gibt es einen Zusammenhang zwischen dem Nettoeinkommen eines Haushalts und dem Wert der Heimelektronik, die er besitzt?
- Existiert ein Zusammenhang zwischen dem Kapitalertragsteuersatz und dem Bruttoinlandsprodukt?
- Gibt es einen Zusammenhang zwischen der Lufttemperatur und der Menge an verzehrtem Speiseeis?

Im Vorfeld einer solchen Erhebung werden Sie eine Nullhypothese bilden (»Es gibt einen Zusammenhang zwischen ...«), die Sie anhand der Daten überprüfen. Entsprechend »voreingenommen« ist die Darstellung auch im Diagramm.

Punkt(XY)-Diagramme. Korrelationen lassen sich unter Excel am einfachsten als so genannte Punkt(XY)-Diagramme anfertigen, da dieser Diagrammtyp einige Vorteile bietet:

- Die Abszisse ist stets verhältnisskaliert, so dass Messwerte automatisch richtig eingetragen werden.

- Die Daten können beliebig sortiert sein. Alle Messpunkte werden entsprechend ihrer x- und y-Zuordnung eingetragen, unabhängig davon, wo sie in der Tabelle stehen.

Beide Eigenschaften begründen die Eignung dieses Diagrammtyps für Korrelationen.

Tabellenstruktur. Das Diagramm stellt an die Tabellen nur wenige Anforderungen:
- Die Tabelle hat mindestens eine Datenreihe, die (am besten) in einer Spalte angeordnet ist.
- In der Vorspalte (Achsenpunkte) sind Zahlen eingetragen, die die Merkmalsausprägungen (»y«) der Abszisse zuordnen.

Die vollständige Tabelle sehen Sie auch in *Abbildung 9.23*.

	A	B
3	Temperatur	Messwert
4	2	1,162
5	4	1,421
6	6	2,326
7	8	2,859
8	10	2,971
9	12	2,770
10	14	3,123
11	16	3,625
12	18	4,056
13	20	4,257
14	22	4,098
15	24	4,417

Abbildung 9.23: Messwertergebnisse in Abhängigkeit von der Temperatur

Diagramm einfügen. Um ein Punkt(XY)-Diagramm einzufügen, starten Sie den Diagramm-Assistenten. Im ersten Schritt finden Sie diesen Diagrammtyp unter

[STANDARDTYPEN] ▸ DIAGRAMMTYP = PUNKT(XY) ▸ DIAGRAMMUNTERTYP = PUNKTE

Das Einfügen gelingt wiederum wie oben bereits beschrieben. Besonderes gibt es nicht zu beachten. Das fertige Diagramm sehen Sie in *Abbildung 9.24*.

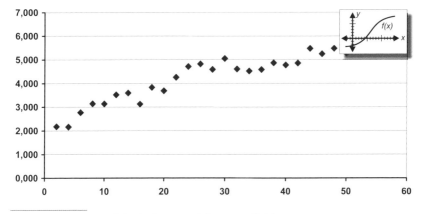

Abbildung 9.24: Punkt(XY)-Diagramm (ohne Trendlinie)

Interpretation. Eine Interpretation des Korrelationsdiagramms läuft im Wesentlichen auf die Frage hinaus, ob es einen Zusammenhang im Sinne der Nullhypothese gibt oder nicht. Wichtig bei den meisten statistischen Interpretationen ist auch, ein paar Worte über die Unregelmäßigkeiten und statistischen Ausreißer zu verlieren: Sind sie durch methodische Probleme verursacht oder handelt es sich dabei »nur« um extreme Einstellungen? Möglicherweise liefern sie interessante Hinweise für die weitere Analyse.

Haben Sie eine Punktewolke ohne Trendlinien (was häufig nicht sehr sinnvoll ist), werden Sie den Trend durch eigene Worte beschreiben müssen. Allerdings bietet Excel eine Diagrammfunktion, um Trendlinien zu veranschaulichen: das Hilfsmittel TRENDLINIE.

Trendlinie ergänzen. Um den Verlauf der Punktewolke zu verdeutlichen, soll sie um eine Trendlinie ergänzt werden. Sie haben hierzu die Möglichkeit, im Rahmen einer Regressionsanalyse den Trend zu bestimmen und die ermittelten Daten als eigene Datenreihe in das Diagramm aufzunehmen. Die Diagrammfunktion von Excel hält aber auch ein leistungsfähiges Analysewerkzeug bereit, das die Regressionsfunktion direkt und ohne Zwischentabellen ermittelt und in das Diagramm einzeichnet – auf Wunsch wird sogar die mathematische Funktion ausgewiesen. Dazu öffnen Sie über

    DIAGRAMM ▶ TRENDLINIE HINZUFÜGEN...

das gleich lautende Dialogfeld. Bleiben Sie hier auf der ersten Registerkarte, TYP:

- Markieren Sie zunächst in der Auswahl BASIEREND AUF REIHE die richtige Datenreihe. Da das Diagramm allerdings nur eine Datenreihe enthält, dient dieser Schritt im vorliegenden Fall nur der Kontrolle.
- Wie die Punktewolke vermuten lässt, nimmt die Regressionsfunktion den Verlauf einer Sättigungskurve an. Der generelle Funktionstyp hierfür sind logarithmische Funktionen – wählen Sie als TREND-/REGRESSIONSTYP die Alternative LOGARITHMISCH.

Wechseln Sie zur Registerkarte OPTIONEN:

- In der Gruppe NAME DER TRENNLINIE könnten Sie für die Legende beispielsweise einen besonderen Namen vorsehen, worauf ich hier verzichte. Auch von einer veränderten Trendberechnung sehe ich hier ab; entsprechende Möglichkeiten hätten Sie über die Einstellungen der Gruppe TREND.
- Wichtig ist mir, dass Sie das Kontrollfeld GLEICHUNG IM DIAGRAMM DARSTELLEN aktivieren, damit die Trendfunktion im Diagramm dargestellt wird. Ebenfalls wichtig ist, dass Sie das Kontrollfeld BESTIMMTHEITSMASS IM DIAGRAMM DARSTELLEN aktivieren. Auf diese Weise erfahren Sie, wie genau die ermittelte Trendfunktion wirklich ist.

Klicken Sie dann auf OK, um die Trendlinie einzufügen.

> Die Trendlinie steht Ihnen als Hilfsmittel in einigen Diagrammtypen zur Verfügung.

Nun sollte Ihr Diagramm der Darstellung in *Abbildung 9.25* entsprechen.

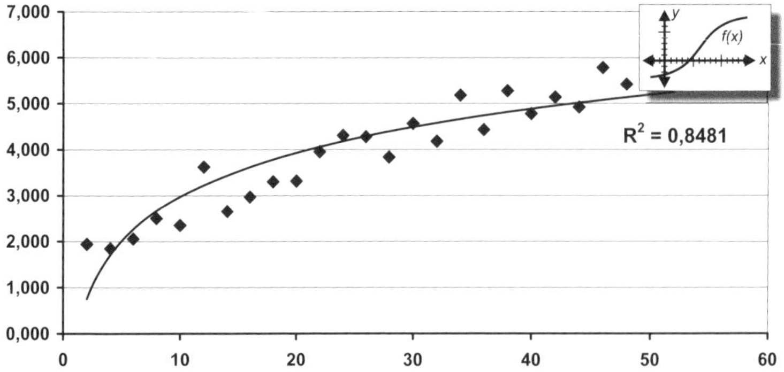

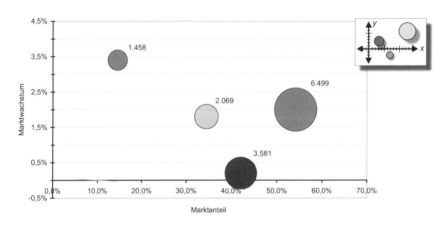

Abbildung 9.25: Punkt(XY)-Diagramm mit Trendlinie und Bestimmtheitsmaß R^2

Blasendiagramme. Eine besondere Form des Punkt(XY)-Diagramms ist das Blasendiagramm, dargestellt in *Abbildung 9.26*. Während die Punkte im Punkt(XY)-Diagramm einfach nur Punkte sind, können sie im Blasendiagramm vorgegebene Größen annehmen, beispielsweise das Umsatzvolumen repräsentieren.

Abbildung 9.26: Blasendiagramm mit Marktanteil und Marktwachstum sowie Umsatzvolumen

Tabellenstruktur. Entsprechend muss die Tabelle mindestens drei Spalten haben:

- X-WERTE: Die erste Spalte nennt die jeweiligen Abschnitte auf der Abszisse.
- Y-WERTE: In der zweiten Spalte wird zu jedem x-Wert der zugehörige y-Wert (Ordinate) eingetragen.
- GRÖSSEN: Die Größe der Blase, beispielsweise das Umsatzvolumen, steht in der dritten Spalte. Über die Diagrammoptionen können Sie nachträglich festlegen, ob die Größe die Blasenfläche oder den Blasendurchmesser angeben soll.

Diagramm einfügen. Diesen Diagrammtyp können Sie im ersten Schritt des Diagramm-Assistenten festlegen, indem Sie

[STANDARDTYPEN] ▸ DIAGRAMMTYP = BLASE ▸ DIAGRAMMUNTERTYP = BLASE

wählen. Die weiteren Schritte kennen Sie (technisch betrachtet) bereits vom Punkt(XY)-Diagramm.

9.2.5 Häufigkeit

Mit Häufigkeiten drücken Sie statistische Verteilungen von Merkmalsvariationen aus. Während Sie bei Rangfolgen die Merkmalsvariationen entsprechend ihrem Rang sortieren, behalten Sie bei der Darstellung von Häufigkeiten die ursprüngliche Reihenfolge bei. Diese wiederum ergibt sich bei ordinalskalierten Merkmalsvariationen (»gut«, »ausreichend«, »mangelhaft«) von selbst, bei verhältnisskalierten ohnehin (»unter 5 Jahren«, »5 bis unter 20 Jahren«, »20 Jahre und älter«). Bei nominalskalierten Merkmalsvariationen (»grün«, »gelb«, »blau«) müssen Sie die Reihenfolge selber festlegen. Die Häufigkeit, die für die einzelne Merkmalsvariation unter allen Merkmalsträgern ermittelt wurde, wird in einem Diagramm dargestellt, wodurch sich im günstigsten Fall eine bestimmte Verteilung andeutet.

- Welche Noten werden in einer Klausur wie häufig vergeben? Diese Merkmalsvariation ist ordinalskaliert.
- Wie häufig kommen die folgenden Heimelektronikgeräte (Auflistung …) in den betrachteten Haushalten vor? Diese Merkmalsvariation ist nominalskaliert.
- In wie vielen Ländern liegt die Kapitalertragsteuer unter 5%, zwischen 5 und unter 10% oder 10% und höher? Diese Merkmalsvariation ist verhältnisskaliert, wobei drei Klassen gebildet werden, [<5 %], [5 %...<10 %] und [10 %...].

Im Unterschied zu Strukturdarstellungen wird darauf verzichtet, die Häufigkeiten als »Anteil von« darzustellen.

Säulendiagramm. Excel hat für Häufigkeiten leider keinen eigenen Diagrammtyp. Ersatzweise können Sie das Säulendiagramm für diese Aufgabe bemühen. Allerdings hat dieses Vorgehen einen methodischen Nachteil. Da die Säulen im Diagramm stets die gleiche Breite haben, müssen die einzelnen Gruppen die gleiche Klassenbreite haben – auch wenn das methodisch nicht sinnvoll ist! Sofern die Daten diesen Kompromiss zulassen, gelingen die entsprechenden Darstellungen problemlos.

> Wenn Sie die Häufigkeit der Kapitalertragsteuersätze ermitteln würden, hätten Sie somit ein Problem. Während die ersten beiden Klassen mit jeweils 5%-Punkten die gleiche Klassenbreite aufweisen, hat die letzte Klasse eine Breite von 90%-Punkten. In diesem Fall müssten Sie diese Klasse in 18 Klassen aufgliedern – methodisch unbefriedigend.

Tabellenstruktur. Die Tabellenstruktur von Säulendiagrammen wird auf *Seite 186* beschrieben. Wichtig ist, dass Sie nur eine Datenreihe darstellen! Zudem verwenden Sie im Unterschied zu oben keine Zeitreihen. Die Vorspalte muss somit Beschriftungen (Text) haben, keine Datumswerte.

Diagramm einfügen. Wie Sie ein Säulendiagramm einfügen, wird bereits ausführlich auf *Seite 186* beschrieben. Damit anschließend der Eindruck einer Häufigkeitsverteilung entsteht, müssen Sie die Optionen der Datenreihe anpassen:

- Die ÜBERLAPPUNG können Sie beliebig lassen, da Sie ohnehin nur eine Datenreihe darstellen.
- Die ABSTANDSBREITE sollte »0« betragen, damit die Datenpunkte direkt nebeneinander liegen.

Eine Häufigkeitsverteilung finden Sie in *Abbildung 9.27*.

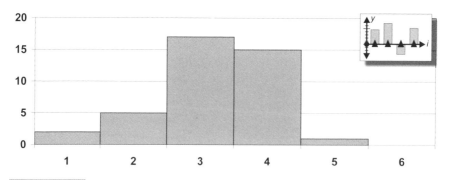

Abbildung 9.27: Häufigkeitsverteilung

Interpretation. Die Interpretation einer Häufigkeitsverteilung beschäftigt sich mit der Frage, wie die Verteilung geformt ist (beispielsweise normalverteilt, links- oder rechtssteil) und ob die Verteilung der Erwartung entspricht, die in der statistischen Analyse zuvor als Nullhypothese formuliert wurde. Wichtige Lageparameter sind beispielsweise

- der Modalwert: diejenige Merkmalsvariation mit der größten Beobachtungshäufigkeit.
- der Median: die Merkmalsvariation desjenigen Merkmals, das eine (entsprechend dem Häufigkeitsdiagramm) sortierte Datenreihe in zwei Hälften teilt.

- das arithmetische Mittel: die Summe aller beobachteten Merkmalsvariationen geteilt durch die Anzahl.

Wie bei Korrelationen ist es zudem wichtig, ein paar Worte über die Unregelmäßigkeiten und statistischen Ausreißer zu verlieren: Sind sie durch methodische Probleme verursacht oder handelt es sich dabei »nur« um extreme Einstellungen?

9.2.6 Funktion

Excel hat aufgrund seiner Eigenschaft als Tabellenkalkulation ein Problem mit der Darstellung von mathematischen Funktionen. In speziellen Mathematikprogrammen können Sie eine mathematische Funktion allgemein definieren, um sie für gegebene Parameterwerte zeichnen zu lassen. In Excel gelingt das so nicht.

Vielmehr müssen Sie sich eine Wertetabelle anfertigen, die Sie dann in Form eines Diagramms darstellen. Die damit einhergehenden Probleme sind offensichtlich. Sie müssen die Funktion selbst »diskutieren«, um alle relevanten Extrema, Nullstellen und Lücken aufzuspüren. Sobald Sie das erledigt haben, können Sie eine Wertetabelle aufstellen, die an den entsprechenden Stellen hinreichend viele Zwischenwerte berücksichtigen muss, damit Excel die Funktion sauber darstellen kann.

Punkt(XY)-Diagramme. Funktionen stellen Sie am einfachsten mit Punkt(XY)-Diagrammen dar.

Tabellenstruktur. Die Tabellenstruktur für Punkt(XY)-Diagramme kennen Sie bereits von *Seite* 196. Wichtiger ist in diesem Fall der Aufbau der Tabelle. Wie in *Kapitel 3* beschrieben, ist es sinnvoll, die Funktionsparameter oberhalb der Liste vorzugeben und durch Bezüge mit der Wertetabelle zu verknüpfen. So können Sie die Wertetabelle leichter anpassen.

Diagramm einfügen. Das Punkt(XY)-Diagramm fügen Sie ein, wie auf *Seite 196* beschrieben. Als Typ empfiehlt sich beispielsweise

[STANDARDTYPEN] ▶ DIAGRAMMTYP = PUNKT(XY) ▶ DIAGRAMMUNTERTYP = PUNKTE MIT LINIEN

Interpretation. Wenn Sie eine Funktion interpretieren, sollten Sie vorher alle Extrema, Nullstellen, Wendepunkte und Lücken ermittelt haben. Weiterhin empfiehlt es sich, zumindest die erste und die zweite Ableitung allgemein gebildet zu haben, um den Verlauf ordentlich beschreiben zu können.

9.3 Diagramme modifizieren

Wie Sie bereits in den Beschreibungen der einzelnen Diagrammtypen gesehen haben, ist es in der Praxis nicht ungewöhnlich, dass Sie die Ergebnisse des Diagramm-Assistenten modifizieren müssen. Mit den Standardvorgaben erzielen Sie leider nicht immer das passende Ergebnis.

Alle Diagramme in Excel haben bestimmte Elemente gemeinsam, beispielsweise eine oder mehrere Datenreihen. Allerdings hängen die konkreten Möglichkeiten immer vom einzelnen Diagrammtyp ab. Um Diagramme modifizieren zu können, ist es deshalb wichtig, dass Sie nicht nur den Aufbau von Excel-Diagrammen verstehen, sondern auch wissen, wie Sie die einzelnen Elemente auswählen und verändern können.

Diagrammelement wählen. Ganz wesentlich für die weiteren Anweisungen ist, dass Sie die Symbolleiste DIAGRAMM eingeblendet haben:

- Im linken Teil dieser Symbolleiste sehen Sie die Auswahl DIAGRAMMOBJEKTE.
- In dieser Auswahl finden Sie die meisten Elemente des vorhandenen Diagramms aufgeführt.
- Beachten Sie aber bitte, dass nicht alle Diagrammobjekte, die tatsächlich möglich sind, auch einzeln aufgeführt werden. Die einzelnen Datenpunkte sind ein Beispiel hierfür, die einzelnen Bestandteile einer Legende ebenfalls.

Zwei Elemente in dieser Zusammenstellung haben eine besondere Bedeutung. Die DIAGRAMMFLÄCHE ist das umfassendste Element. Wenn Sie ein Excel-Diagramm in eine PowerPoint-Folie beispielsweise kopieren, müssen Sie dieses Element markieren, um das Diagramm vollständig zu erfassen. Die nächst kleinere Einheit ist die ZEICHNUNGSFLÄCHE. Sie beinhaltet das Diagramm im eigentlichen Sinne, mit allen Achsen und Datenreihen. Die wichtigsten Elemente finden Sie auch in *Abbildung 9.28* zusammengefasst.

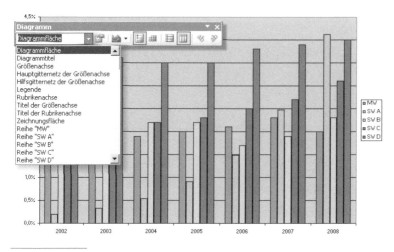

Abbildung 9.28: Diagrammelemente im Überblick

Der Diagrammtyp wird durch die einzelne DATENREIHE verkörpert. Die meisten nachträglichen Änderungen betreffen nach meiner Erfahrung die DATENREIHE und die ACHSEN.

Hinweise zur Schriftformatierung. Bei einigen Diagrammelementen können Sie die Schrift formatieren. Hierbei gilt es zu beachten, dass Excel normalerweise den Schriftgrad verändert, sobald sich die Diagrammgröße ändert. Wenn Sie aber ein Diagramm für eine Abbildung layouten, ist das ziemlich nervig. In diesem Fall deaktivieren Sie, wie in *Abbildung 9.29* dargestellt, die Einstellung

FORMAT ▶ (markiertes Element)… ▶ SCHRIFT : AUTOMATISCH SKALIEREN

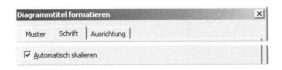

Abbildung 9.29: Schriftgrad manuell festlegen

9.3.1 Diagrammfläche

Das Diagramm ist in seiner Gesamtheit eine DIAGRAMMFLÄCHE. Wichtige Elemente sind der DIAGRAMMTITEL (soweit vorhanden), die LEGENDE (auch diese muss nicht vorhanden sein) und die DATENTABELLE (bei einigen Diagrammtypen ist sie nicht möglich).

Diagramm umplatzieren. Ob Sie das Diagramm als Objekt in einem Tabellenblatt oder als selbständiges Diagrammblatt wünschen, hatten Sie bereits in Schritt 4 des Diagramm-Assistenten festgelegt. Sie können das aber auch nachträglich ändern. Öffnen Sie dazu über

DIAGRAMM ▶ PLATZIEREN…

das Dialogfeld DIAGRAMMSPEICHERORT. Hier können Sie über die beiden Optionsfelder festlegen, ob Sie das Diagramm selbständig oder in ein Tabellenblatt eingebettet anordnen möchten; zu den Möglichkeiten vgl. *Seite 178.*

Diagrammtitel modifizieren. Nachdem Sie das Diagramm Ihren Vorstellungen entsprechend angeordnet haben, geht es mit dem Diagrammtitel weiter.

Diagrammtitel einfügen. Den Diagrammtitel können Sie unter

DIAGRAMM ▶ DIAGRAMMOPTIONEN… ▶ TITEL : DIAGRAMMTITEL

ergänzen, ändern oder auch entfernen. Hinweise hierzu finden Sie auch auf *Seite 177*, in Schritt 3 des Diagramm-Assistenten.

Diagrammtitel formatieren. Um den Titel zu formatieren, markieren Sie in der Auswahl DIAGRAMMOBJEKTE das Element DIAGRAMMTITEL. Dann öffnen Sie über

>   FORMAT ▸ MARKIERTER DIAGRAMMTITEL…

das Dialogfeld DIAGRAMMTITEL FORMATIEREN. Hier können Sie über die drei angebotenen Registerkarten die Schriftart und weitere Eigenschaften anpassen. Beachten Sie zum Schriftgrad auch den Hinweis auf *Seite 203*.

Diagrammtitel umplatzieren. Standardmäßig wird der Titel mittig oben platziert. Sie können ihn aber mit der Maus markieren und innerhalb der Diagrammfläche frei herumschieben.

Legende. Nach den Achsentiteln soll es mit der Legende weitergehen. Aufgabe der Legende ist es, die einzelnen Datenreihen oder, im Fall des Kreisdiagramms, die einzelnen Datenpunkte zu erklären.

Legende einfügen. Sofern Ihr Diagramm keine Legende hat, aber eine haben soll, aktivieren Sie die Einstellung

>   DIAGRAMM ▸ DIAGRAMMOPTIONEN… ▸ LEGENDE : LEGENDE ANZEIGEN

Legende formatieren. Um die Legende zu formatieren, markieren Sie in der Auswahl DIAGRAMMOBJEKTE das Element LEGENDE. Dann öffnen Sie über

>   FORMAT ▸ MARKIERTE LEGENDE…

das Dialogfeld LEGENDE FORMATIEREN. Hier finden Sie die drei Registerkarten, die Sie auch vom Diagrammtitel bereits kennen.

Legendeneintrag formatieren. Allgemein empfiehlt es sich zwar, die Legende nur einheitlich zu formatieren. Es mag aber Fälle geben, in denen einzelne Legendeneinträge nachformatiert werden sollen. Das gelingt so:

1. Markieren Sie zunächst die Legende selbst.
2. Klicken Sie dann auf den einzelnen Eintrag der Legende – die Symbolleiste DIAGRAMM signalisiert Ihnen den entsprechenden Legendeneintrag.

Nun können Sie über

>   FORMAT ▸ MARKIERTER LEGENDENEINTRAG…

diesen Eintrag nachformatieren.

Legende umplatzieren. Unter

>   DIAGRAMM ▸ DIAGRAMMOPTIONEN… ▸ LEGENDE ▸ [PLATZIERUNG]

sind bereits fünf mögliche Grundplatzierungen vorgegeben. Sie können die Legende aber auch mittels Maus innerhalb der Diagrammfläche frei verschieben.

Legendengröße ändern. Die Legende können Sie sowohl verkleinern als auch vergrößern. Wählen Sie die LEGENDE als Diagrammobjekt aus. Über die acht aktivierten Objektkästchen können Sie die Größe beliebig verändern.

Datentabelle. Das letzte Element in diesem Abschnitt ist die so genannte Datentabelle. Da sie nicht bei allen Diagrammtypen möglich ist, können Sie gegebenenfalls das Diagramm als Objekt so in einem Tabellenblatt anordnen, dass sich der entsprechende Gesamteindruck ergibt. Als Diagrammobjekt können Sie die Datentabelle weder in ihrer Größe verändern, noch können Sie sie innerhalb der Diagrammfläche verschieben – sie ist an die Zeichnungsfläche gebunden.

Datentabelle einfügen. Um eine Datentabelle einzufügen, aktivieren Sie die Einstellung

    DIAGRAMM ▸ DIAGRAMMOPTIONEN… ▸ DATENTABELLE : DATENTABELLE ANZEIGEN

Falls Sie diese Einstellung nicht wählen können, erlaubt der Diagrammtyp keine Datentabelle.

Datentabelle formatieren. Um die Datentabelle zu formatieren, markieren Sie in der Auswahl DIAGRAMMOBJEKTE das Element DATENTABELLE. Öffnen Sie dann über

    FORMAT ▸ MARKIERTE DATENTABELLE…

das Dialogfeld DATENTABELLE FORMATIEREN. Hier stehen Ihnen zwei Registerkarten zur Auswahl, von denen insbesondere die erste Registerkarte MUSTER Ihnen hilft, die Erscheinung der Tabelle zu verändern.

9.3.2 Datenreihen

Das wohl wichtigste Element eines Diagramms sind die einzelnen DATENREIHEN. Datenreihen verkörpern den jeweiligen Diagrammtyp:

- Diagrammtypen wie das Kreisdiagramm können allerdings nur eine Datenreihe darstellen.
- Andere Diagrammtypen wie das Säulendiagramm erlauben bis zu 255 verschiedene Datenreihen.

Jede dieser DATENREIHEN besteht aus mehreren DATENPUNKTEN. Die Mindestzahl ist Eins; im Normalfall sind es aber mehrere. Diese Datenpunkte können eine BESCHRIFTUNG haben. Diese ist aber eine Eigenschaft der DATENREIHE.

Diagrammtyp wechseln (insgesamt). Um den Diagrammtyp (für alle Datenreihen) zu wechseln, müssen Sie nichts Besonderes markiert haben. Am sichersten ist es deshalb, lediglich die Diagrammfläche oder die Zeichnungsfläche zu markieren. Dann öffnen Sie über

    DIAGRAMM ▸ DIAGRAMMTYP…

das gleich lautende Dialogfeld. Sie kennen es bereits aus dem ersten Schritt des Diagramm-Assistenten, vgl. *Seite 175*:

- Legen Sie in der Auswahl der DIAGRAMMTYPEN den gewünschten Typ fest.

- In der Auswahl DIAGRAMMUNTERTYP können Sie einen bestimmten Untertyp auswählen. Das Hinweisfeld unterhalb der Auswahl der Untertypen gibt Ihnen kurze Erklärungen.
- Stellen Sie sicher, dass das Kontrollfeld FÜR AUSWAHL ÜBERNEHMEN nicht aktiv ist. Sonst machen Sie jetzt bereits, was erst in der nächsten Handlungsanweisung beschrieben wird.

Mit OK schließen Sie das Dialogfeld und übernehmen die Einstellungen. Es ist klar, dass Sie bei einem Wechsel des Diagrammtyps an die jeweiligen Restriktionen des neuen Diagrammtyps gebunden sind.

Diagrammtyp wechseln (einzeln). Nicht immer ist es sinnvoll oder gewollt, einen Diagrammtyp insgesamt zu ändern. Mancher Diagrammtyp lässt sich auch mit anderen kombinieren, SÄULE mit LINIE beispielsweise. Hierdurch können Sie die Aussagekraft der Darstellung erhöhen. Das gelingt recht einfach:

1. Markieren Sie in der Auswahl DIAGRAMMOBJEKTE nur diejenige Datenreihe, deren Diagrammtyp Sie ändern möchten.
2. Öffnen Sie über DIAGRAMM ▶ DIAGRAMMTYP… das gleich lautende Dialogfeld.
3. Im Unterschied zur Handlungsanweisung auf *Seite 205* müssen Sie diesmal das Kontrollfeld FÜR AUSWAHL ÜBERNEHMEN aktivieren. Sollte es nicht aktivierbar sein, haben Sie vergessen, zuvor eine Datenreihe zu markieren:
   - Legen Sie in der Auswahl DIAGRAMMTYPEN einen neuen Typ für die markierte Datenreihe fest, beispielsweise LINIE.
   - Als UNTERTYP könnten Sie den ersten Typ wählen, LINIE.
4. Sobald die Einstellungen stimmen, schließen Sie über OK das Dialogfeld.

Als Ergebnis wird die markierte Datenreihe im Diagramm in einen anderen Diagrammtyp umgewandelt, ohne dass sich die anderen Datenreihen verändern.

> Durch das Umwandeln in einen anderen Diagrammtyp bleibt die Datenreihe weiterhin der ursprünglichen Achse zugeordnet, meistens also der Primärachse. Um eine Datenreihe einer anderen Achse zuzuordnen, müssen Sie dies separat machen.

Datenreihe auf Sekundärachse anordnen. In Excel hat ein Diagramm bis zu zwei Ordinaten (»y-Achsen«). Das ist beispielsweise dann praktisch, wenn Sie zwei unterschiedliche Messgrößen in einem Diagramm darstellen möchten, »€« und »%« beispielsweise. Mit diesem Hilfsgriff können Sie mitunter auch die Gefahr der Scheinverschiedenheit vermeiden; vgl. hierzu *Seite 191*. Das Vorgehen ist recht einfach:

1. Markieren Sie in der Auswahl DIAGRAMMOBJEKTE die DATENREIHE, die Sie der Sekundärachse zuordnen möchten.

2. Über FORMAT ▸ MARKIERTE DATENREIHEN... ▸ ACHSEN öffnen Sie die relevanten Einstellungen.
3. Sofern der Diagrammtyp eine Sekundärachse zulässt, enthält diese Registerkarte die Gruppe DATENREIHE ZEICHNEN AUF. Wählen Sie hier die Alternative SEKUNDÄRACHSE.
4. Klicken Sie auf OK, um das Kontrollfeld zu schließen und die Einstellungen zu übernehmen.

Die Sekundärachse erscheint an der rechten Seite des Diagramms und wird von Excel automatisch eingeblendet, sobald Sie eine Datenreihe der Sekundärachse zuordnen. Allerdings gibt es je Diagramm nur eine Sekundärachse.

> Allen 3D-Diagrammtypen ist gemeinsam, dass sie nur eine y-Achse haben. Eine so genannte Sekundärachse können sie nicht verwenden, so dass ich aus diesem Grund nicht weiter auf diese Varianten eingehe.

Datenreihe hinzufügen. Es kann durchaus vorkommen, dass ein zunächst vollständiges Diagramm um eine Datenreihe erweitert werden soll. Um hierfür nicht ein ganz neues Diagramm zeichnen zu müssen, gelingt das am schnellsten über

DIAGRAMM ▸ DATEN HINZUFÜGEN...

Es öffnet sich ein kleines Dialogfeld, dessen einziger Zweck darin besteht, dass Sie einen BEREICH im Tabellenblatt markieren und über OK bestätigen – diese Datenreihe wird automatisch in das Diagramm aufgenommen.

Es kann sein, dass sich im Anschluss hieran ein weiteres Dialogfeld öffnet, INHALTE EINFÜGEN. Dies ist immer dann der Fall, wenn die neuen Daten Probleme verursachen. Möglicherweise haben Sie vergessen, den Listenkopf zu markieren. Excel weiß dann nicht, wie es die neuen Datenpunkte entlang der Achse beschriften soll. Oder Sie haben Daten markiert, die bereits im Diagramm berücksichtigt sind. Werden Sie also nicht gleich nervös, wenn sich das Dialogfeld öffnen sollte (auch wenn es in diesem Fall einen Fehler signalisiert):

- Entscheiden Sie, ob die Daten eine neue DATENREIHE oder (nur) weitere DATENPUNKTE darstellen sollen.
- Wählen Sie aus, ob die Daten in SPALTEN oder entlang den REIHEN angegeben sind (bei dem hier bevorzugten Tabellenlayout sind die Daten in Spalten angegeben).
- Über die beiden Kontrollfelder können Sie anmerken, ob bestimmte Zellen der Markierung Beschriftungen enthalten.

Etwas gründlicher geht es, wenn Sie das Dialogfeld aufrufen, das Sie bereits aus dem zweiten Schritt des Diagramm-Assistenten kennen, vgl. *Seite 176*. Sie öffnen es über

DIAGRAMM ▸ DATENQUELLE... ▸ REIHE

In der linken unteren Hälfte finden Sie alle vorhandenen Datenreihen aufgelistet:
- Klicken Sie auf HINZUFÜGEN, um eine neue und zunächst noch leere Datenreihe aufzunehmen.
- Platzieren Sie die Eingabemarkierung im Eingabefeld NAME. Legen Sie hierüber den Bezug auf den Namen der Datenreihe fest, wichtig beispielsweise für die Legende. Sofern die Daten in Spalten angeordnet sind, sollte sich der Name im Spaltenkopf befinden.
- Die weiteren Eingabefelder richten sich nach dem jeweiligen Diagrammtyp und seinen spezifischen Anforderungen. Bei den meisten Diagrammtypen gibt es noch ein Eingabefeld mit dem Namen WERTE. Bei einigen Diagrammtypen kann es auch zwei oder mehr Eingabefelder geben, die X-WERTE, Y-WERTE und möglicherweise auch GRÖSSEN heißen. Legen Sie in den Eingabefeldern die jeweils relevanten Daten fest.
- Nachdem Sie der neuen Datenreihe alle Werte zugewiesen haben, können Sie das Dialogfeld über OK wieder schließen.

Ihre nunmehr angegebene Datenreihe sollte im Diagramm erscheinen.

Datenreihen erweitern. Etwas anders stellt sich die Situation dar, wenn Sie den bereits vorhandenen Datenreihen weitere Werte hinzufügen möchten. Beispielsweise haben Sie eine Zeitreihe, die nun um aktuelle Werte ergänzt werden soll. Am einfachsten gelingt das über

DIAGRAMM ▶ DATEN HINZUFÜGEN…

Markieren Sie hierüber die zusätzlichen Datenpunkte, die den vorhandenen Datenreihen hinzugefügt werden sollen. Sobald Sie dieses Dialogfeld wieder schließen, werden die Datenreihen um die neuen Datenpunkte erweitert.

Die etwas zeitaufwendigere Alternative zu dieser Handlungsanweisung besteht darin, wie oben über

DIAGRAMM ▶ DATENQUELLE… ▶ REIHE

für jede Datenreihe die WERTE bzw. X-WERTE, Y-WERTE und gegebenenfalls auch GRÖSSEN einzeln zu ändern. Dieses Vorgehen ist allerdings mühsam und nur dann sinnvoll, wenn die schnellere Variante nicht funktionieren sollte.

Datenreihe entfernen. Genauso, wie Sie eine Datenreihe hinzugefügt haben, können Sie eine Datenreihe auch entfernen. Öffnen Sie dazu über

DIAGRAMM ▶ DATENQUELLE… ▶ REIHE

die Zusammenstellung aller Datenreihen. Wählen Sie hier diejenige aus, die Sie über ENTFERNEN aus dem Diagramm herausnehmen möchten.

Datenreihenfolge ändern. Bei bestimmten Diagrammtypen wie dem Balken- und Säulendiagramm kann die Reihenfolge der Datenreihen zueinander eine Rolle spielen. Um sie zu ändern, markieren Sie zunächst eine beliebige Datenreihe;

falls Sie im Diagramm auch eine Sekundärachse verwenden, wählen Sie eine Datenreihe der entsprechenden Achse. Dann öffnen Sie über

FORMAT ▶ MARKIERTE DATENREIHEN… ▶ DATENREIHENANORDNUNG

die relevante Registerkarte. In der oberen linken Hälfte finden Sie die DATENREIHENANORDNUNG. Sie listet alle Datenreihen der aktuellen Achse auf:

- Markieren Sie hier diejenige Datenreihe, die Sie verschieben möchten.
- Über NACH OBEN und NACH UNTEN können Sie die Reihenfolge zueinander verändern.

Sobald die Reihenfolge stimmt, schließen Sie das Dialogfeld wieder über OK.

> Sie können die Reihenfolge nur innerhalb der einzelnen Achsen verändern. Haben Sie in einem Säulendiagramm einige Säulen der Primär- und andere der Sekundärachse zugeordnet, können Sie die Reihenfolge nur innerhalb der einzelnen Gruppen anpassen.

Datenreihe formatieren. Bereits zu Beginn dieses Kapitels hatte ich Ihnen empfohlen, eine geeignete Farbzusammenstellung festzulegen, um zukünftige Datenreihen nicht mit den »interessanten« Farben der Standardpalette einzufärben:

1. Markieren Sie in der Auswahl DIAGRAMMOBJEKTE diejenige DATENREIHE, deren Formatierungen Sie ändern möchten.

2. Über FORMAT ▶ MARKIERTE DATENREIHEN… öffnen Sie das Dialogfeld DATENREIHE FORMATIEREN.

3. In der Registerkarte MUSTER finden Sie alle Einstellungen, um auf die Farbe der Linien, Flächen und mögliche Formen der Datenpunkte einzuwirken.

4. Es gibt noch einige weitere Möglichkeiten. Diese richten sich nach dem jeweiligen Diagrammtyp. Meist wichtig sind die Möglichkeiten der Registerkarte OPTIONEN. Hier finden Sie diagrammtypische Einstellungen. Bei Balken- und Säulendiagrammen sind das beispielsweise die Abstände und Breiten, bei Kreisdiagrammen die Lage des ersten Segments.

5. Über OK schließen Sie das Dialogfeld und übernehmen die Formatierungen.

Datenpunkt (einer Datenreihe) formatieren. Anstatt die Datenreihe insgesamt zu formatieren, können Sie auch nur einen einzelnen Datenpunkt formatieren. Obwohl Datenpunkte Bestandteil des Diagramms sind, erscheinen sie nicht in der Auswahl:

1. Deshalb wählen Sie zunächst über die Auswahl DIAGRAMMOBJEKTE die zugehörige Datenreihe.

2. Klicken Sie dann noch einmal auf den Datenpunkt, dessen Formatierung Sie ändern möchten.

Dann öffnen Sie über

>FORMAT ▶ MARKIERTER DATENPUNKT...

das Dialogfeld DATENPUNKT FORMATIEREN. Für den einzelnen Datenpunkt können Sie beispielsweise das MUSTER ändern und die DATENBESCHRIFTUNG abwandeln.

> Die OPTIONEN in diesem Dialogfeld gelten allerdings für die gesamte Datenreihe!

Datenreihe beschriften. Sie haben bei den meisten Diagrammtypen die Möglichkeit, die einzelnen Datenpunkte einer Datenreihe zu beschriften. Dazu markieren Sie zunächst die gewünschte Datenreihe und öffnen dann

>FORMAT ▶ MARKIERTE DATENREIHEN... ▶ DATENBESCHRIFTUNG

Diese Registerkarte gibt Ihnen die Möglichkeit, je nach Diagrammtyp die absoluten oder relativen Werte der Datenpunkte einzublenden oder die Bezeichnungen der Rubriken zu übernehmen. Diese eingeblendeten Datenbeschriftungen können Sie separat nachformatieren. Je nach gewählter Variante erscheint bei jedem Datenpunkt der Wert, der Prozentwert oder eine andere Beschriftung.

Datenbeschriftung formatieren. Wenn Sie einer Datenreihe eine Datenbeschriftung hinzugefügt haben, können Sie diese auch formatieren. Wählen Sie in der Auswahl DIAGRAMMOBJEKTE das Element DATENBESCHRIFTUNG zur jeweiligen Datenreihe. Über

>FORMAT ▶ MARKIERTE DATENBESCHRIFTUNGEN...

öffnen Sie das Dialogfeld DATENBESCHRIFTUNG FORMATIEREN. Hier haben Sie nicht nur die Möglichkeit, die Texterscheinung zu beeinflussen.

- Über die Registerkarte ZAHLEN können Sie auch die Darstellung der Zahlen selbst beeinflussen – diese Möglichkeiten kennen Sie bereits aus *Kapitel 4*.
- Die Datenbeschriftung lässt sich im Übrigen wie die Legende oder der Diagrammtitel frei herumschieben. Allerdings sollten Sie der Lesbarkeit zuliebe die jeweiligen Beschriftungen nicht zu weit vom zugehörigen Datenpunkt entfernen.

Sobald alles stimmt, können Sie über OK das Dialogfeld schließen und die Formatierungen übernehmen.

> Die Datenbeschriftung bezieht sich übrigens auf die Datenreihe selbst und sollte nicht mit der Achsenbeschriftung verwechselt werden.

Trendlinien. Einige Diagramme bieten die Möglichkeit, die Datenreihe um eine Trendlinie zu ergänzen. Gerade für statistische Zwecken ist dies mitunter hilfreich. Eine besondere Datenreihe müssen Sie nicht markiert haben. Vielmehr öffnen Sie über

DIAGRAMM ▸ TRENDLINIE HINZUFÜGEN...

das entsprechende Dialogfeld. Die weiteren Schritte finden Sie bereits ausführlich in der Handlungsanweisung *Trendlinie ergänzen* auf *Seite 197* beschrieben.

9.3.3 Achsen und Gitternetz

Was jetzt noch fehlt, sind die Achsen des Diagramms und das Gitternetz. Als Gitternetz bezeichnet Excel die vertikalen und horizontalen Hilfslinien in der Diagrammfläche, die das Ablesen der einzelnen Datenpunkte erleichtern. Achsen und Gitternetz müssen nicht unbedingt vorhanden sein – beispielsweise fehlen sie in Kreis- und Ringdiagrammen. In den übrigen Diagrammtypen lassen sie sich jedoch darstellen und anpassen.

> Falls Sie Sekundärachsen verwenden möchten, müssen Sie eine Datenreihe zunächst einer solchen zuweisen, um eine solche Achse einzufügen, vgl. *Seite 206*.

Diagrammachsen. Beginnen möchte ich mit den ACHSEN, einem Element der ZEICHNUNGSFLÄCHE:

- Eine verhältnisskalierte Abszisse wird als GRÖSSENACHSE (X) bezeichnet,
- eine ordinalskalierte Abszisse als RUBRIKENACHSE.

Da die Ordinate stets verhältnisskaliert ist, wird sie immer als GRÖSSENACHSE bzw. GRÖSSENACHSE (Y) bezeichnet. Jede dieser Achsen kann mit einem ACHSENTITEL beschriftet sein. Ein Diagramm kann höchstens zwei Ordinaten haben, wie die Handlungsanweisung *Datenreihe auf Sekundärachse* **anordnen** auf *Seite 206* zeigt.

> In Balkendiagrammen vertauscht Excel (stillschweigend) beide Achsen miteinander.

Achsen skalieren. Im Zusammenhang mit der Scheinverschiedenheit (vgl. *Seite 191*) wurde bereits deutlich, dass die Skalierung einer Achse die Lesbarkeit entscheidend beeinflusst. Insbesondere eine logarithmische Skalierung kann die Darstellung verändern. Dazu markieren Sie über die Auswahl DIAGRAMMOBJEKTE die entsprechende Achse, beispielsweise die GRÖSSENACHSE. Öffnen Sie dann über

FORMAT ▸ GRÖSSENACHSE FORMATIEREN... ▸ SKALIERUNG

die relevanten Einstellungen. Über das Kontrollfeld LOGARITHMISCHE SKALIERUNG können Sie beeinflussen, ob die Achse linear oder logarithmisch skaliert werden soll. Die Wirkung wurde im Zusammenhang mit der Scheinverschiedenheit bereits beschrieben, vgl. *Seite 191*. Über OK schließen Sie das Kontrollfeld und übernehmen die Skalierungseinstellungen.

Schrittweite skalieren. Bezüglich der Schrittweite werden zwei Arten unterschieden:

- HAUPTINTERVALLE werden automatisch mit Einheiten versehen und bestimmen zugleich den Abstand des Hauptgitternetzes, worauf weiter unten eingegangen wird.
- HILFSINTERVALLE hingegen werden nicht beschriftet, können aber gleichwohl durch kleine Hilfslinien entlang der Achse markiert werden. Zudem wird das Hilfsgitternetz entsprechend dem Hilfsintervall skaliert.

Um die Schrittweite zu verändern, markieren Sie über die Auswahl DIAGRAMMOBJEKTE die entsprechende Achse, beispielsweise die GRÖSSENACHSE. Öffnen Sie dann über

> FORMAT ▸ GRÖSSENACHSE FORMATIEREN… ▸ SKALIERUNG

die relevanten Einstellungen:

1. Um das Hauptintervall zu verändern, deaktivieren Sie zunächst das Kontrollfeld AUTOMATISCH (die Bezeichnung steht oberhalb der Spalte) vor dem Eingabefeld HAUPTINTERVALL.
2. Tragen Sie dann einen geeigneten Wert ein. Sobald die Einstellung stimmt, klicken Sie auf OK, um die Schrittweite zu übernehmen.

Das Hilfsintervall verändern Sie analog dem Hauptintervall.

Achsenumfang anpassen. Ebenfalls bedeutend ist der dargestellte Umfang. Gerade Kursdiagramme, die oftmals Schwankungen in einem höheren Wertebereich belegen, stellen nur diesen Wertebereich dar und machen so auf kleinem Raum die Schwankungen deutlicher. Um den Achsenumfang einzugrenzen, markieren Sie über die Auswahl DIAGRAMMOBJEKTE die entsprechende Achse, beispielsweise die GRÖSSENACHSE. Öffnen Sie dann über

> FORMAT ▸ GRÖSSENACHSE FORMATIEREN… ▸ SKALIERUNG

die relevanten Einstellungen:

- Um den minimal dargestellten Wert der Achse zu verändern, deaktivieren Sie zunächst das Kontrollfeld AUTOMATISCH unmittelbar vor dem Eingabefeld MINIMUM. Tragen Sie dann in das Eingabefeld einen neuen Wert ein.
- Den maximal dargestellten Wert verändern Sie analog dem minimal dargestellten Wert. Liegt der Maximalwert unterhalb des Minimalwerts, gibt Excel eine Fehlermeldung aus.

Um diese Einstellungen zu übernehmen, schließen Sie über OK das Dialogfeld.

Maßlinien. Schließlich fehlen noch die Maßlinien. Das sind die kleinen Hilfslinien, die die Haupt- und Hilfsintervalle auf den Achsen selbst abtragen. Dazu markieren Sie über die Auswahl DIAGRAMMOBJEKTE die entsprechende Achse, beispielsweise die GRÖSSENACHSE. Öffnen Sie dann über

> FORMAT ▶ GRÖSSENACHSE FORMATIEREN... ▶ MUSTER

die relevanten Einstellungen:

- In der Gruppe HAUPTSTRICHE können Sie die Hilfslinien aktivieren, die entsprechend dem Hauptintervall auf der Achse abgetragen werden. Die Bezeichnungen sind selbsterklärend; wählen Sie KEINE, um die Hauptstriche auszublenden.
- Die HILFSSTRICHE werden entsprechend dem Hilfsintervall auf der Achse abgetragen. Die Eigenschaften verändern Sie analog den Hauptstrichen.

Sobald alles stimmt, klicken Sie auf OK, um die Hilfslinien zu übernehmen.

Achse formatieren. Unabhängig von der Skalierung können Sie die Achse hinsichtlich ihrer Linienstärke und Farbe verändern. Dazu ist es zunächst erforderlich, die relevante Achse über die Auswahl DIAGRAMMOBJEKTE auszuwählen, die GRÖSSENACHSE beispielsweise. Dann öffnen Sie über

> FORMAT ▶ GRÖSSENACHSE FORMATIEREN... ▶ MUSTER ▶ [LINIEN]

die relevanten Einstellungen:

- Um die Achse auszublenden, wählen Sie die Alternative KEINE.
- Um die Linie manuell zu verändern, wählen Sie BENUTZERDEFINIERT. Verändern Sie nun ART, FARBE und STÄRKE der Linie.

Um die Einstellungen zu übernehmen, klicken Sie auf OK. Sollte die Beschriftung der Achse fehlen, wählen Sie in der Registerkarte MUSTER innerhalb der Gruppe TEILSTRICHBESCHRIFTUNGEN eine geeignete Einstellung, beispielsweise ACHSENNAH.

Achse betiteln. Unabhängig von der Beschriftung können Sie der Achse einen Titel zuweisen. Dieser erscheint außerhalb der Zeichnungsfläche. Er gibt Auskunft darüber, was auf der Achse abgetragen oder gemessen wird. Dazu öffnen Sie über

> DIAGRAMM ▶ DIAGRAMMOPTIONEN... ▶ TITEL

die relevanten Einstellungen; Sie kennen diese Registerkarte bereits aus dem dritten Schritt des Diagramm-Assistenten, vgl. *Seite 177*:

- Für jede verfügbare Achse ist ein eigenes Eingabefeld vorgesehen.
- Tragen Sie in das jeweilige Eingabefeld die Bezeichnung für die entsprechende Achse ein.

Um die Bezeichnungen zu übernehmen, schließen Sie das Dialogfeld über OK.

Die Beschriftungen der einzelnen Achsen können Sie wie den Diagrammtitel oder die Legende mithilfe der Maus frei im Diagramm verschieben; vgl. hierzu auch *Diagrammtitel umplatzieren* auf *Seite 204*.

Achsenbeschriftung formatieren. Die Beschriftung der Achse beeinflussen Sie über die Einstellungen in den Registerkarten SCHRIFT und ZAHLEN. Das zugehörige Dialogfeld öffnen Sie wie in der Handlungsanweisung *Achse formatieren* (vgl. oben) beschrieben.

Gitternetz. Das dritte auffällige Element der ZEICHNUNGSFLÄCHE ist das GITTERNETZ. Jede Achse kann ein Gitternetz haben. Excel unterscheidet für jede Achse zwischen dem HAUPTGITTERNETZ und dem HILFSGITTERNETZ. Berücksichtigen Sie bei den folgenden Handlungsanweisungen bitte, dass Sie hierüber wiederum die Aussage des Diagramms beeinflussen können.

Gitternetz einfügen. Um ein Gitternetz einzufügen, öffnen Sie über

DIAGRAMM ▶ DIAGRAMMOPTIONEN… ▶ GITTERNETZLINIEN

die relevanten Einstellungen. Aktivieren Sie hier die jeweiligen Kontrollfelder, um das eine oder andere Gitternetz einzufügen.

Gitternetz formatieren. Die Möglichkeiten, ein Gitternetz zu formatieren, beschränken sich auf die Art der Linien. Markieren Sie zunächst über die Auswahl DIAGRAMMOBJEKTE das gewünschte Gitternetz. Unter

FORMAT ▶ MARKIERTE GITTERNETZLINIEN… ▶ MUSTER

finden Sie die Möglichkeiten, das Gitternetz zu formatieren.

Gitternetz skalieren. Das Gitternetz können Sie nicht direkt skalieren. Vielmehr richtet es sich hinsichtlich seiner Skalierung nach der Achse, der es jeweils zugeordnet ist.

9.4 Kurz und wichtig

Diagramme lassen sich mit Excel ziemlich schnell anfertigen und problemlos nachträglich verändern. Wichtig sind deshalb folgende Hinweise:

➔ Bevor Sie mit dem Diagramm-Assistenten das Diagramm anfertigen, strukturieren Sie die Daten in einer Tabelle passend zum benötigten Diagramm.

➔ Insgesamt lassen sich sechs Grundsituationen unterscheiden, die Sie mit Diagrammen visualisieren können. Prüfen Sie deshalb, wie der vorherrschende Charakter Ihrer Daten aussieht.

➔ Je nach Diagramm sind Grundkenntnisse der Statistik oder Analysis erforderlich, um ein Diagramm zu interpretieren. Seien Sie vorsichtig damit, vorschnell Zusammenhänge zu beschreiben, solange diese nicht mathematisch untermauert sind.

➔ Erst durch das nachträgliche Modifizieren können Sie die Diagramme vollständig aufbereiten. Eine wichtige Möglichkeit ist beispielsweise das Verändern der Achsenskalierung.

Anlage 9.2: Einstellungen und Tastenkombinationen.

Kapitel 10 Arbeitsmappen drucken

Im letzten Kapitel möchte ich Ihnen zeigen, wie Sie die Inhalte Ihrer Arbeitsmappen, also Tabellen und Diagramme, zu Papier bringen. Dabei geht es im Einzelnen um folgende Fragen:

→ Wie drucken Sie Tabellen und Diagramme aus?
→ Welche Möglichkeiten gibt es, Kopf- und Fußzeilen zu gestalten?
→ Wie können Sie bei übergroßen Tabellen das Druckergebnis anpassen?
→ Was ist beim Ausdrucken von Diagrammen zu beachten?

Anlage 10.1: Beispiele zu den einzelnen Druckvarianten.

Excel orientiert sich als Tabellenkalkulation grundsätzlich nicht an Papierformaten. Das ist ein wesentlicher Unterschied zu Word oder noch mehr zu PowerPoint beispielsweise. Das Papierformat ist für die laufende Arbeit ziemlich nachrangig und beeinflusst die Tabellendarstellung nicht. Gleichwohl gibt es sehr umfangreiche Tabellen und viele Möglichkeiten, um sie ansprechend auf mehrere Seiten zu verteilen. Diese werden in den beiden *Abschnitten 10.2* und *10.3* behandelt.

10.1 Allgemeine Einstellungen

Wenn Sie schon einmal mit einem Windows-Programm gearbeitet haben, werden Sie das kleine Drucker-Symbol und seine Funktion vermutlich bereits kennen. In vielen Fällen ist es nicht notwendig, den Ausdruck von Tabellen oder Diagrammen besonders vorzubereiten – Sie können Ihre Arbeitsblätter direkt ausdrucken.

Ausdruck vorkontrollieren. Sie können in Excel das Druckergebnis kontrollieren, ohne hierfür Papier zu verbrauchen. Excel verwendet dazu die Druckvorschau, auch SEITENANSICHT genannt.

Auswahl. Um den Ausdruck eines Tabellenblatts zu kontrollieren, wählen Sie das Tabellenblatt zunächst aus. Enthält es eingebettete Diagramme, achten Sie darauf, dass kein Diagrammobjekt markiert ist, sondern eine Zelle. Möchten Sie mehrere Arbeitsblätter kontrollieren, markieren Sie diese mithilfe des Blattregisters.

Kontrolle. Wenn die Auswahl stimmt, wechseln Sie über

DATEI ▶ SEITENANSICHT

in die Seitenansicht, vgl. *Abbildung 10.1*. Es handelt sich hierbei um eine Variante des Programmfensters, die über die Statusleiste signalisiert wird. Von den Schaltflächen, die hier zu sehen sind, sollen die folgenden kurz betrachtet werden:

- Die Schaltflächen WEITER und VORHER sind nur aktiv, wenn Ihr Ausdruck sich über mehr als eine Seite erstrecken würde. In diesem Fall können Sie hiermit zwischen den jeweiligen Druckseiten wechseln.
- ZOOM erlaubt es Ihnen, Details auf dem Bildschirm zu vergrößern.
- Mithilfe der Schaltfläche DRUCKEN beginnen Sie sofort die nächste Handlungsanweisung, *Ausdruck starten*.
- LAYOUT... öffnet das Dialogfeld SEITE EINRICHTEN, worauf die beiden folgenden Unterabschnitte detailliert eingehen, da es hier Unterschiede gibt für Tabellen und Diagramme.
- Um die SEITENANSICHT zu verlassen, klicken Sie auf SCHLIESSEN.

Die Seitenansicht bietet daneben einige weitere Möglichkeiten, die der Druckvorbereitung dienen und in den nächsten Unterabschnitten betrachtet werden. Richtig eingesetzt, hilft Sie Ihnen, gerade beim Ausdrucken von farbintensiven Diagrammen, bares Geld zu sparen.

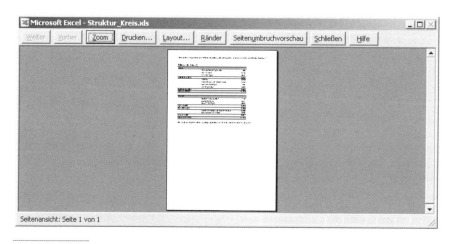

Abbildung 10.1: Seitenansicht auf eine Tabelle

Ausdruck starten. Wenn Sie den Ausdruck soweit kontrolliert haben oder wissen, dass er gelingen wird, öffnen Sie über

DATEI ▶ DRUCKEN...

das gleich lautende Dialogfeld, vgl. *Abbildung 10.2*. Wichtig sind die folgenden Einstellungen.

Druckereigenschaften festlegen. Im oberen Teil, also in der Gruppe DRUCKER, können Sie unter NAME Ihren Drucker auswählen. Die Einstellungen des ausgewählten Druckers kontrollieren Sie, indem Sie auf EIGENSCHAFTEN klicken. In dem Dialogfeld, das sich dann öffnet, können Sie alle Einstellungen für den Druckertreiber vorgeben.

Druckumfang festlegen. Nachdem Sie den gewünschten Drucker ausgewählt und seine Einstellungen überprüft haben, können Sie den *Druckumfang* festlegen. Möglich sind:

- die AUSGEWÄHLTEN BLÄTTER, womit alle ausgewählten Arbeitsblätter gemeint sind.
- die GESAMTE ARBEITSMAPPE, was sich von selbst erklärt.
- die aktuell markierten Zellen (MARKIERUNG).

Über den DRUCKBEREICH können Sie die gemachten Angaben einschränken:

- Wählen Sie das Optionsfeld ALLES, um sämtliche Seiten Ihres zuvor festgelegten Druckauftrags auszudrucken.
- Durch Angaben im Feld VON BIS grenzen Sie den Auftrag auf bestimmte Seiten ein.

Im rechten Teil des Druckdialogs haben Sie die Möglichkeit, die ANZAHL DER EXEMPLARE festzulegen und anzugeben, wie sie gegebenenfalls sortiert werden sollen. Sind Sie damit durch, haben Sie zwei Möglichkeiten:

- Um den Ausdruck noch einmal zu kontrollieren und zur vorigen Handlungsanweisung *Ausdruck vorkontrollieren* zu wechseln, klicken Sie auf VORSCHAU.
- Um den Ausdruck endgültig zu starten, klicken Sie auf DRUCKEN.

Wie schnell oder langsam der Ausdruck nun startet, hängt von zahlreichen Faktoren ab. Grafiken und Diagramme verlangsamen den Ausdruck, wenig freier Arbeitsspeicher und ein Drucker ohne großen eigenen Arbeitsspeicher (auch Drucker haben einen eigenen Arbeitsspeicher!) genauso.

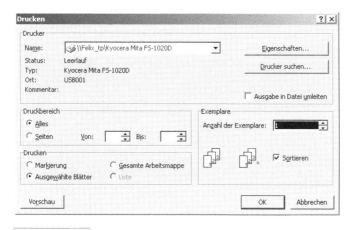

Abbildung 10.2:   Dialogfeld »Drucken«

Genauso wie die Zusammenstellung der Menüleiste teilweise davon abhängt, ob Sie sich in einer Tabelle oder einem Diagramm befinden, passt sich auch das Dialogfeld SEITE EINRICHTEN Ihrem Betätigungsfeld an, vgl. *Abbildung 10.3*. Die vierte Registerkarte enthält ihrer Bezeichnung entsprechend die speziellen Möglichkeiten für Diagramme bzw. Tabellen.

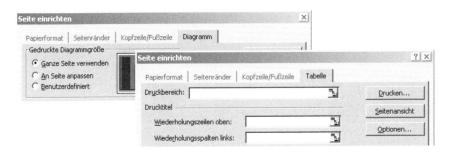

Abbildung 10.3: Dialogfeld »Seite einrichten« für Diagramme und Tabellen (Register hervorgehoben)

Weiterhin sollten Sie beachten, dass im Unterschied zu Word oder PowerPoint die Arbeitsblätter in Excel selbständige Einheiten mit eigenen Drucklayouteinstellungen sind. Die folgenden Einstellungen beziehen sich immer nur auf das oder die markierten Arbeitsblätter, aber niemals automatisch auf alle Arbeitsblätter einer Arbeitsmappe. Hierzu ist es vielmehr notwendig, alle Arbeitsblätter zu markieren.

Seite einrichten. Als Erstes soll die Seite eingerichtet werden, auf der die Tabelle ausgedruckt wird. Hierzu gehören das Papierformat, die Papierausrichtung sowie die unbedruckten Seitenränder. Dazu öffnen Sie über

DATEI ▶ SEITE EINRICHTEN ▶ PAPIERFORMAT

die relevante Registerkarte im Dialogfeld SEITE EINRICHTEN. Hier können Sie folgende Einstellungen festlegen:

- Wählen Sie zunächst im unteren Bereich des Dialogfelds das Papierformat. Die DRUCKQUALITÄT brauchen Sie normalerweise nicht zu ändern.
- Im oberen Bereich, ORIENTIERUNG, können Sie angeben, ob das Papier im HOCHFORMAT oder im QUERFORMAT bedruckt werden soll. Bei kleineren Tabellen mag das noch einen Unterschied machen, bei sehr großen Tabellen ist das hingegen unerheblich. Das Hochformat lässt sich in üblichen Ordnern aber besser blättern.
- Hat die Seitenvorschau ergeben, dass die Tabelle nur wenig mehr Platz einnimmt als eine Seite, sind die Möglichkeiten der *Skalierung* vielleicht interessant. Über das untere Optionsfeld ANPASSEN können Sie Excel beispielsweise veranlassen, die Tabelle selbständig so weit zu verkleinern, dass sie die vorgegebene Anzahl an SEITEN BREIT und SEITEN HOCH nicht überschreitet.

Nachdem Sie die allgemeinen Papiereinstellungen vorgegeben haben, wird das nähere Seitenlayout festgelegt, die SEITENRÄNDER. Diese können Sie einmal im obigen Dialogfeld in der Registerkarte SEITENRÄNDER vorgeben, die Sie (falls das Dialogfeld wieder geschlossen ist), unter

> DATEI ▶ SEITE EINRICHTEN ▶ SEITENRÄNDER

finden. Die relevanten Einstellungen betreffen die Seitenränder

- OBEN,
- UNTEN,
- LINKS und
- RECHTS.

Daneben sollten Sie auch den zulässigen Platz für die KOPFZEILE und die FUSS-ZEILE festlegen. Klicken Sie auf OK, um die Einstellungen zu übernehmen.

Eine andere Möglichkeit bietet Ihnen die SEITENANSICHT, die Sie oben bereits kennen gelernt haben:

1. Klicken Sie hier auf RÄNDER. Es werden Punktlinien sichtbar, die Ihre eingestellten Seitenränder andeuten.
2. Diese Linien können Sie direkt mithilfe der Maus verschieben.

Die so verschobenen Ränder können selbstverständlich in der Registerkarte SEITENRÄNDER nachgebessert werden.

Kopf- und Fußzeilen anpassen. Die Abmessungen der Kopf- und Fußzeilen haben Sie mit der vorangegangenen Handlungsanweisung bereits angepasst. Nun soll es darum gehen, den Inhalt dieser beiden Druckbereiche zu gestalten. Allgemein ist es die Aufgabe der Kopf- und Fußzeilen, einen Zusammenhang zwischen den einzelnen Seiten eines Ausdrucks herzustellen. Typische Inhalte sind:

- der Name der Arbeitsmappe,
- der Name der Tabelle,
- eine übergreifende Seitenzählung,
- ein bestimmtes Datum, beispielsweise das Datum des Ausdruckens, oder
- ein anderer beschreibender Text.

Die Einstellungen, um die Kopf- und Fußzeile mit Inhalt zu füllen, finden Sie unter

> DATEI ▶ SEITE EINRICHTEN ▶ KOPFZEILE/FUSSZEILE

Beginnen Sie zunächst mit der Kopfzeile. Sie haben zwei Möglichkeiten.

Standardinhalte. Öffnen Sie die Auswahlliste KOPFZEILE, indem Sie auf das Auswahldreieck am rechten Listenrand klicken. In dieser Liste finden Sie einige Standardkonfigurationen. Wenn Sie sich nicht sicher sind, wählen Sie einfach eine aus und klicken Sie dann auf SEITENANSICHT, um das Ergebnis zu begutachten (wählen Sie dort LAYOUT, um das Dialogfeld wieder einzublenden).

Benutzerdefiniert. Individuelle Kopfzeilen legen Sie fest, indem Sie auf BENUTZERDEFINIERTE KOPFZEILE… klicken. Es öffnet sich das Dialogfeld KOPFZEILE, vgl. *Abbildung 10.4*. Es gliedert die Kopfzeile in drei Bereiche, die fest vorgegeben sind und anders als in Word oder PowerPoint auch nicht manuell verschoben werden können.

1. Platzieren Sie die Einfügemarke zunächst im LINKEN ABSCHNITT. Geben Sie hier beispielsweise Ihren Namen an.
2. Wechseln Sie zum MITTLEREN ABSCHNITT. Klicken Sie zunächst auf das Symbol für *Seitenzahl*. Es erscheint der Text »&[Seite]« im Eingabefeld. Schreiben Sie dahinter »von«, mit entsprechenden Leerzeichen. Klicken Sie dann auf das Symbol für *Seitenanzahl*. Um den folgenden Text ergänzt, steht im Eingabefeld »&[Seite] von &[Seiten]«.
3. Platzieren Sie die Einfügemarke im RECHTEN ABSCHNITT. Klicken Sie auf das Symbol für *Datum*, um den Text »&[Datum]« in das Eingabefeld einzufügen.
4. Klicken Sie auf OK, um das Dialogfeld KOPFZEILE EINRICHTEN zu schließen. Sie kehren nun wieder zum Dialogfeld SEITE EINRICHTEN zurück, das Sie ebenfalls mithilfe der Schaltfläche OK schließen.

Fußzeilen legen Sie genauso fest wie Kopfzeilen, so dass ich das Verfahren nicht eigens beschreibe. Da Sie im *Schritt 2* Seitenzahlen vorgesehen haben, sollten Sie wissen, dass Sie auf der Registerkarte PAPIERFORMAT im unteren Bereich ERSTE SEITENZAHL einen Startwert festlegen können, wenn die erste Seite nicht automatisch mit der Seitenzahl »1« beginnen soll.

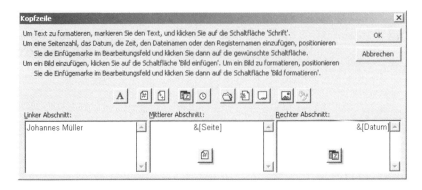

Abbildung 10.4:   Dialogfeld »Kopfzeile«

10.2 Tabellenblätter vorbereiten

Wie schon eingangs angedeutet, ist das Papierformat für das Arbeiten in den Tabellen nachrangig. Wenn Sie aber Tabellen haben, die über mehrere Seiten reichen, kann es abhängig vom Tabellenaufbau notwendig werden, die Kopfzeile der Tabelle jedes Mal zu wiederholen. Ebenso können Sie Excel veranlassen, die Vorspalte auf jeder Seite wiederzugeben. Die folgenden Handlungsanweisungen sollen Ihnen zeigen, wie Sie das Druckergebnis Ihren Vorstellungen entsprechend anpassen können.

Nun folgen einige Einstellungen, die nur für Tabellen möglich sind. Sie werden über die vierte Registerkarte des Dialogfelds, TABELLE, festgelegt (vgl. *Abbildung 10.5*).

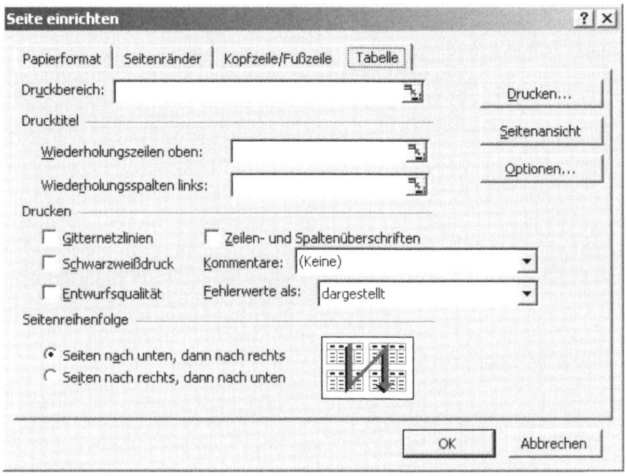

Abbildung 10.5: Dialogfeld »Seite einrichten« für Tabellen

Auszudruckenden Tabellenbereich festlegen. Sie haben unter Excel die Möglichkeit, den Tabellenausdruck auf einen bestimmten Bereich zu beschränken. Gerade wenn Ihre Tabellen sehr viele unwichtige Zelleneinträge oberhalb oder unterhalb aufweisen, kann es sehr praktisch sein, den auszudruckenden Tabellenbereich einzugrenzen. Am schnellsten gelingt das, indem Sie den auszudruckenden Tabellenbereich markieren. Dann können Sie über

DATEI ▶ DRUCKBEREICH ▶ DRUCKBEREICH FESTLEGEN

den Tabellenbereich direkt als Druckbereich festlegen. Wenn Sie hierfür lieber ein Dialogfeld verwenden möchten, finden Sie die gleiche Einstellung auch unter

DATEI ▶ SEITE EINRICHTEN ▶ TABELLE : DRUCKBEREICH

Wiederkehrende Vorspalten und Tabellenköpfe festlegen. Für die Bildschirmansicht haben Sie bereits zu Anfang erfahren, wie Sie bestimmte Zeilen und Spalten fixieren können, damit sie stets sichtbar sind, auch wenn sich der Tabellenausschnitt verschiebt. Dies können Sie auch für den Ausdruck vorgeben. In umfangreichen Tabellen fällt es so trotz des Seitenumbruchs leichter, die Übersicht zu behalten. Die Einstellungen finden Sie unter

DATEI ▶ SEITE EINRICHTEN ▶ TABELLE ▶ [DRUCKTITEL]

Für eine wiederkehrende Spaltenüberschrift platzieren Sie die Einfügemarke im Eingabefeld WIEDERHOLUNGSZEILEN OBEN. Markieren Sie dann in der Tabelle diejenigen Zellen, die als wiederkehrende Spaltenüberschrift verwendet werden sollen.

Das Gleiche können Sie im Eingabefeld WIEDERHOLUNGSSPALTEN LINKS für eine wiederkehrende Vorspalte festlegen.

> Die Wiederholungsspalten und -zeilen dürfen auch außerhalb des Druckbereichs liegen!

Tabellengitter übernehmen. Sie haben weiterhin die Möglichkeit, die von Excel verwendeten Zeilen- und Spaltenbezeichnungen sowie das Gitternetz automatisch im Ausdruck wiedergeben zu lassen. Dazu aktivieren Sie einfach die Einstellung

DATEI ▸ SEITE EINRICHTEN ▸ TABELLE ▸ [DRUCKEN] : ZEILEN- UND SPALTENÜBERSCHRIFTEN

sowie in der gleichen Gruppe die Einstellung GITTERNETZLINIEN.

Seitenumbruch festlegen. Sie sind nun beinahe fertig mit allen Druckvorbereitungen. Das einzige, was tatsächlich noch fehlt, ist das Festlegen des Seitenumbruchs.

Ansichtsart wechseln. Den Seitenumbruch legen Sie über die entsprechende Blattansicht fest. Diese finden Sie unter

ANSICHT ▸ SEITENUMBRUCHVORSCHAU

Drei Besonderheiten fallen direkt auf:
- Die Tabellenansicht ist stark verkleinert, standardmäßig auf einen Zoomfaktor von 60%.
- Im Tabellenblatt sind dicke gestrichelte oder durchgezogene blaue Linien eingezeichnet, zumindest als Randmarkierung.
- Die Bereiche zwischen den Linien sind mit grauen Beschriftungen versehen, die »Seite…« lauten.

> Falls Sie einen Druckbereich manuell festgelegt haben, können auch reguläre Tabelleninhalte innerhalb der grauen Fläche erscheinen – ein Zeichen dafür, dass sie nicht gedruckt werden.

Seitenwechsel verschieben. Die automatischen Umbruchlinien erscheinen als dicke, gestrichelte Linien, vgl. *Abbildung 10.6*:
- Diese Linien können Sie mit der Maus anklicken und verschieben. Dadurch verändern Sie bereits den Seitenwechsel.

- Sobald Sie eine Linie verschoben haben, erscheint sie nicht mehr gestrichelt, sondern durchgezogen – der Umbruch erfolgt an der Stelle somit manuell.

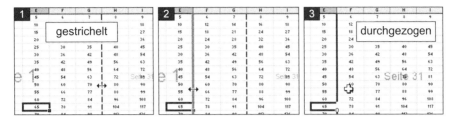

Abbildung 10.6: Seitenumbruch verschieben

Seitenwechsel zurücksetzen. Sofern Sie einen Seitenwechsel nicht nach »innen« schieben, sondern die Seite größer werden lassen, als ursprünglich von Excel vorgesehen, wird das Druckbild verkleinert – so zu sehen auf dem Ausschnitt oben rechts in *Abbildung 10.7*. Dazu kontrollieren Sie, ob unter

> DATEI ▶ SEITE EINRICHTEN ▶ PAPIERFORMAT ▶ [SKALIERUNG] : VERKLEINERN/VERGRÖSSERN

noch der Wert »100 %« steht oder etwas anderes.

Um alle manuellen Seitenwechsel zu entfernen (einzeln geht es leider nicht), klicken Sie mit der rechten Maustaste auf eine beliebige Zelle und wählen im

> [Kontextmenü] ▶ ALLE SEITENUMBRÜCHE ZURÜCKSETZEN

Jetzt entfernt Excel alle durchgezogenen blauen Linien, da es sich hierbei ja um manuelle Seitenwechsel handelt.

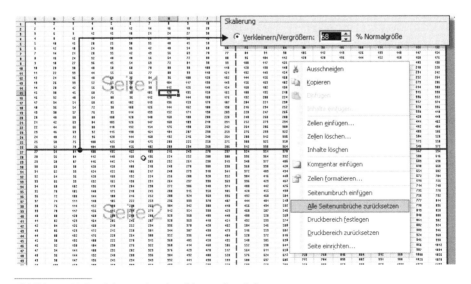

Abbildung 10.7: Seitenumbruch prüfen und zurücksetzen

Über ANSICHT ▶ NORMAL kehren Sie aus der Seitenumbruchvorschau wieder in die gewohnte Tabellenansicht zurück. Es fällt auf, dass nach der Rückkehr in die Tabelle überall dort zusätzliche schwarze gestrichelte Linien eingezeichnet sind, wo ein Seitenumbruch erfolgen wird. Diese Linien können Sie ausblenden, indem Sie über EXTRAS ▶ OPTIONEN… die Programmoptionen öffnen und dort zur Registerkarte ANSICHT wechseln. Deaktivieren Sie das Kontrollfeld SEITENUMBRUCH.

Druckreihenfolge festlegen. Standardmäßig druckt Excel zunächst die Seiten nach unten, bevor es mit den seitlich angrenzenden Seiten fortfährt. Im Dialogfeld SEITE EINRICHTEN (vgl. hierzu die Handlungsanweisung *Seite einrichten*) haben Sie auf der Registerkarte TABELLE die Möglichkeit, über die SORTIERREIHENFOLGE im unteren Teil des Dialogfelds diese Reihenfolge umzukehren.

10.3   Diagrammblätter vorbereiten

Grundsätzlich bereiten Sie Diagrammblätter zum Ausdrucken genauso vor wie Tabellenblätter. Oftmals wird übersehen, dass auch Diagramme, die in Tabellenblätter eingebettet sind, selbständig für den Ausdruck eingerichtet und auch separat ausgedruckt werden können. Dazu ist es nur erforderlich, das Diagramm im Tabellenblatt zu markieren – die Menüleiste passt sich sofort an! – und dann das Dialogfeld SEITE EINRICHTEN zu öffnen.

Solange Sie nur das Tabellenblatt, das ein eingebettetes Diagramm enthält, markieren und den Ausdruck starten, kommen alle Einstellungen zur Geltung, die das Tabellenblatt betreffen. Soweit der druckbare Tabellenausschnitt es vorsieht, wird das Diagramm als eingebettetes Objekt erwartungsgemäß mitgedruckt. Allerdings werden Diagramme, die entlang eines Seitenwechsels angeordnet sind, kommentarlos durchgeschnitten.

Anders sieht es aus, wenn Sie das eingebettete Diagramm im Tabellenblatt markieren. Sobald Sie jetzt den Ausdruck starten, wird nur das Diagramm ausgedruckt und es kommen alle Einstellungen zur Anwendung, die Sie für das Diagramm selbst getroffen haben. Das umgebende Tabellenblatt hingegen wird nicht mitgedruckt.

Im Dialogfeld SEITE EINRICHTEN sind die ersten drei Registerkarten im Wesentlichen identisch mit denen für Tabellen; nur die Skalierungsmöglichkeit fehlt für Diagramme (sie wird auf der Registerkarte DIAGRAMM nachgereicht). Lediglich die vierte Registerkarte, DIAGRAMM, unterscheidet sich, vgl. *Abbildung 10.8*. Aus diesem Grund sind die vergleichsweise allgemeinen Druckeinstellungen in *Abschnitt 10.1* beschrieben. In diesem Abschnitt wird nur auf die speziellen Einstellungen eingegangen, die Diagramme betreffen.

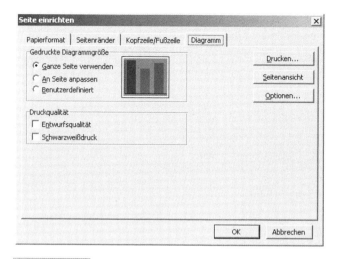

Abbildung 10.8: Dialogfeld »Seite einrichten« für Diagramme

Gedruckte Diagrammgröße anpassen. Eine wichtige Einstellung bei Diagrammen ist, wie groß es im Ausdruck erscheinen soll. Die Standardvorgabe ist nämlich nicht jedermanns Geschmack. Die relevante Einstellung finden Sie unter

DATEI ▸ SEITE EINRICHTEN ▸ DIAGRAMM ▸ [GEDRUCKTE DIAGRAMMGRÖSSE]

Die Auswahl ist selbsterklärend. Sobald Sie hier die Einstellung BENUTZERDEFINIERT gewählt haben, können Sie im Diagramm selbst das Element DIAGRAMMFLÄCHE mit der Maus markieren und skalieren. Automatisch passt sich der Inhalt an die geänderte Größe und Proportion an.

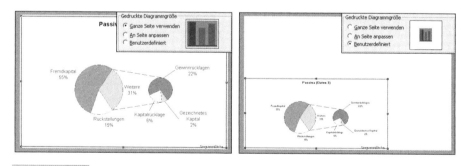

Abbildung 10.9: Diagramm in ganzer Seitengröße und benutzerdefiniert

Diese Einstellung hat – zumindest bis PowerPoint 2002 – noch funktioniert, um Excel-Diagramme für Folien passend vorzuskalieren.

Druckqualität anpassen. Ergänzend zu den Einstellungen, die Sie über den Druckertreiber direkt vornehmen können, haben Sie in Excel die Möglichkeit, die Druckqualität zu beeinflussen:

1. Über DATEI ▶ SEITE EINRICHTEN ▶ DIAGRAMM öffnen Sie das Dialogfeld.
2. Mithilfe der Kontrollfelder ENTWURFSQUALITÄT und SCHWARZWEISSDRUCK – die Bezeichnungen sind selbsterklärend – können Sie die Druckqualität ändern.
3. Über OK schließen Sie das Dialogfeld wieder.

10.4 Kurz und wichtig

Als Tabellenkalkulation orientiert sich Excel grundsätzlich nicht an Papierformaten. Deshalb können Ihnen folgende Hinweise beim Drucken helfen:

→ Legen Sie zunächst für alle Arbeitsblätter das passende Papierformat fest, meistens DIN A4. Insoweit unterscheiden sich Tabellenblätter nicht von Diagrammblättern.

→ Kopf- und Fußzeilen können Sie unter Excel nur über das entsprechende Dialogfeld gestalten. Die Möglichkeiten sind für Arbeitszwecke ausreichend.

→ Übergroße Tabellen können Sie auf zweierlei Art für den Ausdruck passend machen. Einerseits können Sie die Tabelle auf einen Druckbereich eingrenzen. Andererseits können Sie den Seitenumbruch so anpassen, dass die einzelnen Seiten möglichst lesbar bleiben – in diesem Fall sind wiederholte Vorspalten und Tabellenköpfe ratsam.

→ Diagramme müssen Sie nicht seitenfüllend ausdrucken. Sie haben auch die Möglichkeit, diese für den Ausdruck zu skalieren.

Anlage 10.2: Einstellungen und Tastenkombinationen

Anhang A

Wichtige Excel-Funktionen

Excel enthält 329 fest integrierte Funktionen, die in zehn Gruppen gegliedert sind, darunter auch Finanzmathematik, Statistik sowie Datum und Zeit. Da es den Umfang dieses Buches übersteigen würde, jede einzelne Funktion vorzustellen, finden Sie in *Kapitel 5* eine ausführliche Einführung, die den Aufbau und die Verwendung von Funktionen beschreibt.

Die darauf folgenden Kapitel zeigen Ihnen, wie Sie mit Funktionen Aufgaben aus den Bereichen Finanzmathematik und Statistik lösen können und wie Sie mit der Datumszahl von Excel rechnen.

Nicht nur in den Beispielen in diesem Buch, sondern auch wenn Sie selber Formeln bilden, werden Sie bestimmte Funktionen häufiger benötigen. Einige Funktionen sind sehr vielseitig verwendbar und helfen Ihnen, komplizierte Berechnungen umzusetzen. Die wichtigsten dieser Funktionen werden nachfolgend beschrieben.

> In den Übungsdateien finden Sie die Lösungen wie in der Abbildung umgesetzt. Sie können also beliebige Werte eintragen, um das Verhalten der gezeigten Funktionen zu erfahren.

Anlage A.1: Programmhinweise zu Vorversionen
Anlage A.2: Einstellungen und Tastenkombinationen

A.1 ANZAHL() und ANZAHL2()

Mithilfe der Excel-Funktion ANZAHL() können Sie ermitteln, wie viele der als Argument angegebenen Zellen eine Zahl als Inhalt (Konstante) oder Ergebnis (Formel) haben. Das ist in der Praxis beispielsweise dann wichtig, wenn Sie umfangreiche Listen auf Vollständigkeit kontrollieren möchten. Eine Variante dieser Funktion, sie heißt sinnigerweise ANZAHL2(), zählt sogar alle Zellen, egal welchen Inhalt sie haben, solange sie nicht leer sind. Funktionsweise und Unterschiede werden mit den folgenden Beispielen deutlich.

A.1.1 Beispiel mit ANZAHL()

Mit ANZAHL() ermitteln Sie also, wie viele der angegebenen Zellen eine Zahl ausgeben.

> **Übung A.1:**
>
> Bestimmen Sie, wie viele Zellen im Übungsblatt eine Zahl enthalten.

Definition. Die Funktion ANZAHL() hat die folgende Syntax:

   ANZAHL (WERT1 ; …)

Insgesamt können Sie bis zu dreißig WERTE angeben. Das sind sowohl einzelne Zellen als auch Zellenbereiche. Die Funktion zählt innerhalb der WERTE alle Zellen, die eine Zahl als Inhalt (Konstante) oder Ergebnis (Formel) enthalten. Dagegen ignoriert die Funktion

- Zellen mit Text,
- Zellen mit Wahrheitswerten,
- Zellen mit Fehlern und
- leere Zellen.

> Datums- und Uhrzeitangaben sind auch Zahlen, da Excel intern eine fortlaufende Zahl hierfür verwendet (ausführlich dazu *Kapitel 8*).

Umsetzung. Beispielsweise könnte Ihr Tabellenblatt zwei Bereiche enthalten, wie in *Abbildung A.1* dargestellt. Der erste Bereich umfasst die Zellen B3 bis B6, der zweite die Zellen B8 bis B10. Da Sie in der Funktion bis zu dreißig Zellenangaben oder Zellenbereiche berücksichtigen können, reicht die Funktion also aus, um die Aufgabe zu lösen. Die Lösungsformel lautet demnach:

   =ANZAHL(B3:B6;B8:B10)

Insgesamt werden sieben Zellen in der Zählung berücksichtigt:

- Der Tabellenbereich B3 bis B6 besteht aus vier Zellen.
- Der Tabellenbereich B8 bis B10 beinhaltet drei Zellen.

Innerhalb dieser sieben Zellen zählt die Funktion alle Zellen, die eine Zahl enthalten. Wie Sie in *Abbildung A.1* sehen, wird als Anzahl der Wert 6 ausgegeben. Das liegt daran, dass die Funktion ANZAHL() tatsächlich nur Zellen zählt, die Zahlen enthalten, sowohl als Inhalt wie auch als Ergebnis. Da in Zelle B10 der Texteintrag »Claus« steht, wird diese Zelle also nicht mitgezählt.

Diese Funktion entspricht der Statusleisten-Funktion ANZAHL.

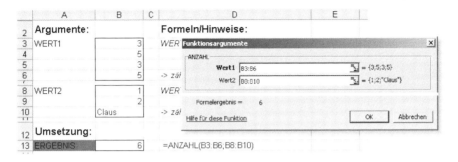

Abbildung A.1:   Mit »ANZAHL()« Zellen mit Zahlwerten auszählen

A.1.2   Beispiel mit ANZAHL2()

Etwas allgemeiner ist die Funktion ANZAHL2(). Sie zählt alle nicht leeren Zellen, egal ob sie Zahlen, Text, Wahrheitswerte oder Fehler enthalten. Ansonsten funktioniert sie wie die Funktion oben.

Definition. Die Syntax lautet:

   ANZAHL2 (WERT1 ; ...)

Wiederum können Sie bis zu dreißig WERTE angeben, also einzelne Zellen oder Zellenbereiche.

Umsetzung. Um die Unterschiede deutlich zu machen, werden wiederum die Daten der obigen Übung verwendet. Nur wird diesmal das Ergebnis mithilfe der Funktion ANZAHL2() bestimmt. Die Ergebnisformel lautet also:

   =ANZAHL2(B3:B6;B8:B10)

Diesmal zählt die Formel auch Zellen mit Text, wie *Abbildung A.2* zeigt. Als Ergebnis wird somit der Wert 7 ausgegeben, die Gesamtzahl aller eingeschlossenen Zellen. Das liegt daran, dass diese Funktion alle irgendwie gefüllten Zellen zählt – nur leere Zellen werden ignoriert.

Diese Funktion entspricht der Statusleisten-Funktion ZÄHLEN.

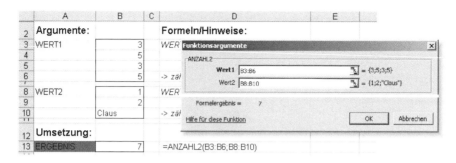

Abbildung A.2:   Mit »ANZAHL2()« alle nicht leeren Zellen auszählen

A.1.3   Kombinierte Beispiele

Nachdem Sie beide Funktionen kennen gelernt haben, soll dieses Wissen an einem umfangreicheren Beispiel geprobt werden.

> **Übung A.2:**
>
> Finden Sie eine Kontrollfunktion, um die Liste auf Vollständigkeit zu überprüfen – es müssen gleich viele Namen und Geldbeträge vorhanden sein.

Beispiel. Die Situation dieser Übung könnte sein, dass Sie nach einem Wochenendurlaub zusammentragen, wie viel Ihnen jeder Mitreisende noch schuldet. Die Liste könnte wie in *Abbildung A.3* aussehen. In einem ersten Schritt möchten Sie prüfen, ob die Liste genau so viele Personennamen enthält wie Geldbeträge.

Das gelingt sehr einfach mithilfe der beiden beschriebenen Funktionen:

- Alle Personennamen zählt die Funktion ANZAHL2() aus, da sie alles mitzählt, nur nicht leere Zellen – die Personennamen stehen in den Zellen B4 bis B9.
- Die Anzahl der Geldbeträge wird von der Funktion ANZAHL() bestimmt, da sie nur solche Zellen zählt, die auch Zahlen enthalten – die Geldbeträge stehen in den Zellen C4 bis C9.
- Die Kontrolle erfolgt mithilfe der Funktion WENN(), genauer beschrieben auf *Seite 247*.

Mit diesen Hinweisen gelingt es Ihnen, die Kontrollformel zu entwickeln. Für Zelle B15 ergibt sich die Formel

=WENN(ANZAHL2(B4:B9)=ANZAHL(C4:C9);"OKAY";"FEHLER?")

Die Lösung ist auch in *Abbildung A.3* dargestellt.

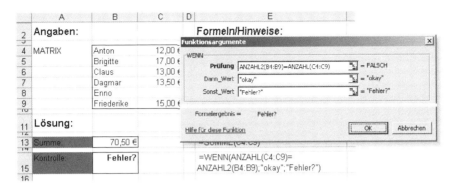

Abbildung A.3: Kombiniertes Beispiel zu den Funktionen »ANZAHL()« und »ANZAHL2()«

Ein Nachteil dieser Lösung ist allerdings, dass nur die Anzahl geprüft wird. Es kann also vorkommen, dass zwar genauso viele Namen wie Geldbeträge vorhanden sind. Dennoch könnten Namen ohne Geldbeträge und Geldbeträge ohne Namen sein. Deshalb gibt Ihnen das »okay« nicht automatisch die Sicherheit, dass die Liste stimmt.

Übung A.3:

Wie lösen Sie diese Aufgabenstellung, wenn Sie prüfen müssen, ob jeder Person ein Geldbetrag zugeordnet ist?

A.2 INDEX()

Mit der Excel-Funktion INDEX() können Sie sich aus einem Tabellenbereich Werte gezielt herausziehen, um sie als Ergebnis darzustellen oder auch weiterzuverwenden – an den folgenden Beispielen wird das verständlich. Sie ist immer dann praktisch, wenn Sie einzelne Werte aus einem Zellenbereich heraussuchen müssen.

A.2.1 Beispiel mit »Matrix«-Variante

Die Funktion INDEX() gibt es in zwei Varianten. Charakteristisch für die erste Variante ist, dass Sie einen geschlossenen Tabellenbereich verwenden.

Übung A.4:

Wählen Sie aus einer Namensliste den Namen »Claus«.

Definition. Mit der Funktion INDEX() lässt sich diese Übung lösen. Die Syntax lautet:

INDEX (MATRIX ; ZEILE ; SPALTE)

Die Funktion verwendet folgende Argumente:

- MATRIX: Hiermit geben Sie den Tabellenbereich an, den Sie mithilfe der INDEX-Funktion durchsuchen. Dieser kann sowohl eindimensional sein (einspaltig, einzeilig) als auch zweidimensional (mindestens zwei Spalten und Zeilen). Sie können den Bereich auch aus mehreren Einzelbereichen zusammensetzen. Damit diese korrekt verwendet werden, müssen sie in einer Klammer zusammengefasst werden; die einzelnen Bereiche werden durch Semikolon voneinander abgetrennt. Wichtig ist, dass jeder Tabellenbereich die gleiche Anzahl an Dimensionen hat. Fassen Sie also bitte nicht einen einspaltigen und einen einzeiligen Bereich als MATRIX zusammen.
- ZEILE: Hierüber geben Sie die Zeile der Matrix an, von der Sie den Wert wissen möchten. Ganz wichtig ist, dass diese Zeilenangabe sich *nur* auf die Matrix bezieht und nicht auf das gesamte Tabellenblatt – die Zeilenbeschriftung am linken Rand ist also nicht relevant. Die erste Zeile der Matrix hat den Wert »1«. Die Zeilenangabe ist also relativ. Falls die Matrix einzeilig ist, können Sie das Argument ZEILE auch weglassen. Sofern Sie Teilbereiche verwenden, werden alle Teilbereiche fortlaufend durchgezählt (die Alternative ist der *Index auf Bezug*, vgl. unten).
- SPALTE: Hierüber grenzen Sie die Matrix auf die Spalte ein, aus der Sie den Wert wissen möchten. Auch die Spaltenangabe bezieht sich ausschließlich auf die Matrix. Falls die Matrix nur einspaltig ist, können Sie dieses Argument auch weglassen; da es das letzte Argument ist, könnte es ganz entfallen.

Umsetzung. Im konkreten Fall, dargestellt in *Abbildung A.4*, gilt für die Argumente:

- Die MATRIX befindet sich in den Zellen B3 bis B8.
- Die ZEILE, in der sich der gesuchte Name »Claus« befindet, ist in der Zelle B10 hinterlegt.
- Der gesuchte Name steht in der ersten (und einzigen) SPALTE; dies wird in der Zelle B12 vermerkt.

Mit diesen Angaben können Sie loslegen und in die Zelle B15 als Lösungsformel eintragen

=INDEX(B3:B8;B10;B12)

Sie können jetzt in die Zelle B10 eine beliebige Zahl zwischen »1« und »6« eingeben, um den entsprechenden Namen aus der MATRIX zurückzugeben – die Anzahl der erfassten Zellen bestimmt die Obergrenze. Sobald die Zahl diese übersteigt, wird ein Fehler zurückgegeben.

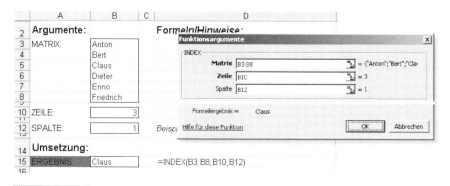

Abbildung A.4:   Mit »INDEX()« in der Matrix Werte auswählen

Natürlich könnten Sie in die Ergebniszelle B15 auch einen Bezug auf den jeweils benötigten Namen eingeben. Um den Namen »Claus« anzuzeigen, würde der Bezug also »=B5« lauten, da dieser Name in der Zelle B5 steht. Sobald Sie aber einen anderen Namen benötigen, müssen Sie den Bezug erst ändern. Das ist weder besonders komfortabel noch frei von Fehlern.

A.2.2   Beispiel mit »Bezug«-Variante

Die zweite Variante der Funktion INDEX() erlaubt es, die einbezogenen Bereiche einzeln anzusprechen. Eine Variante der vorangegangenen Übung macht dies deutlich.

Übung A.5:

Verwenden Sie zwei Namenslisten, eine für die Frauen und eine für die Männer. Wählen Sie aus der Namensliste der Frauen den Namen »Anna«.

Definition. Die INDEX-Funktion kann auch mit mehreren Teilbereichen einer Tabelle verwendet werden, wobei Sie den Index auf einen der Teilbereiche eingrenzen können. Die Syntax lautet

INDEX (BEZUG ; ZEILE ; SPALTE ; BEREICH)

Wirklich neu hierfür ist das Argument BEREICH, mit dem Sie den Teilbereich angeben:

- BEZUG: Hier geben Sie in jedem Fall mehrere MATRIZEN an, die Sie wie oben beschrieben in einer Klammer anordnen und durch Semikolon voneinander abtrennen. Alle Bereiche müssen entweder gleich viele Spalten oder Zellen haben.
- ZEILE: Funktioniert wie oben.
- SPALTE: Funktioniert wie oben.

- BEREICH: Alle Tabellenbereiche, die Sie in BEZUG angegeben haben, werden fortlaufend durchgezählt: Der erste Bereich trägt die Nummer »1«, der zweite die Nummer »2«. Mit diesem Argument grenzen Sie den Index also auf den genannten Bezug ein. Allerdings beginnen auch die Zeilen- und die Spaltenzählung relativ zum Bezug!

Umsetzung. Ein Blick in *Abbildung A.5* zeigt Ihnen, wie die einzelnen Argumente angeordnet sind:

- Die MATRIX1 mit den Frauennamen befindet sich in den Zellen B3 bis B6, die MATRIX2 mit den Männernamen in den Zellen B8 bis B10 – beide ergeben gemeinsam den BEZUG.
- Die ZEILE wird wiederum separat vorgegeben, der Wert steht in der Zelle B12. Da der Name »Anna« in der ersten Zeile des ersten Bereichs steht, ist in der Zelle B12 entsprechend der Wert »1« eingetragen.
- Da der Bereich einspaltig ist, ist für das Argument SPALTE in der Zelle B14 der Wert »1« eingetragen.
- In diesem Beispiel werden zwei BEREICHE angegeben; die Auswahl steht in der Zelle B16. Da die Frauennamen in der ersten Matrix zusammengestellt sind, steht in dieser Zelle der Wert »1«.

Aus diesen Angaben können Sie die Lösungsformel für die Zelle B19 zusammensetzen. Sie lautet:

=INDEX((B3:B6;B8:B10);B12;B14;B16)

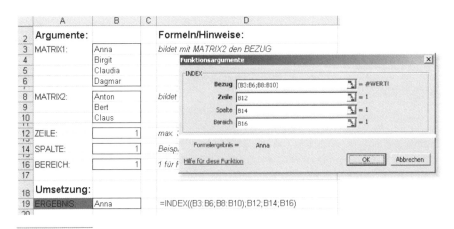

Abbildung A.5: Mit »INDEX()« aus einem bestimmten Bezug Werte auswählen

Um Ihnen das Argument ZEILE verständlich zu machen, wurden mit Absicht unterschiedlich viele Frauen- und Männernamen verwendet. Wenn Sie nämlich als Zeile (B12) den Wert »4« eintragen, werden Sie

- für Bereich 1 das Ergebnis »Dagmar« erhalten und
- für Bereich 2 den Fehler »#Bezug!«.

Dass Sie für Bereich 2 einen Fehler erhalten, liegt daran, dass die zweite Matrix nur drei Zeilen umfasst. Sobald Sie versuchen, auf die vierte Zelle im zweiten Bereich zu verweisen, läuft der Bezug ins Leere. Wenn Sie das vermeiden möchten, wäre ein Lösungsansatz, die Zeilenangabe zunächst mittels ANZAHL() gegenzuprüfen.

> Sofern es um eine Benutzereingabe geht, ist es das Einfachste, die Eingabe per Gültigkeitsprüfung einzugrenzen.

A.2.3 Kombinierte Beispiele

Bislang haben Sie Funktionen in ihrer einfachen Form kennen gelernt. Nun möchte ich Ihnen zeigen, wie sich eine solche Funktion mit anderen Funktionen kombinieren lässt.

> **Übung A.6:**
>
> Wie können Sie aus mehreren Namen einen zufällig auswählen?

Beispiel. Stellen Sie sich vor, ein Freund (oder eine Freundin) bittet Sie, einen Namen für sein Kind auszuwählen. Oftmals kommen mehrere Namen in Frage, aus denen dann einer ausgesucht werden muss. Mit Excel können Sie »Kommissar Zufall« entscheiden lassen, welcher Name genommen werden soll.

Zufallszahl(). Entscheidend für die Lösung ist die Excel-Funktion ZUFALLSZAHL(). Mit ihr können Sie Zahlen von zufälliger Größe zwischen 0 und 1 erzeugen.

Syntax. Ihre Syntax lautet

ZUFALLSZAHL( )

Wie Sie sehen, kennt diese Funktion keine Argumente. Das soll sie auch nicht, da ihr Ergebnis ja zufällig sein soll – ganz im wahrsten Sinne des Wortes.

Verwendung. Um die Funktion zu testen, können Sie in eine Zelle die Formel =ZUFALLSZAHL() eingeben. Jedes Mal, wenn Sie etwas ändern und Excel die Formeln neu berechnet, wird in der Zelle ein anderes Ergebnis stehen.

Aufrunden(). Die Zufallszahl allein reicht aber noch nicht aus, um die Aufgabe zu lösen. Wie Sie oben bereits gesehen haben, benötigt Excel in der Funktion INDEX() »glatte« Zeilenangaben. Aus der Zufallszahl muss also ein ganzzahliger Wert gemacht werden. Das gelingt sehr einfach mit der Excel-Funktion AUFRUNDEN().

Syntax. Ihre Syntax lautet

AUFRUNDEN (ZAHL ; ANZAHL_STELLEN)

Wie in der Syntax dargestellt, benötigt diese Funktion zwei sehr einleuchtende Argumente:

- erstens eine ZAHL, die aufzurunden ist,
- weiterhin die ANZAHL DER NACHKOMMASTELLEN – mit dem Wert »0« wird auf die nächst größere ganze Zahl aufgerundet.

Verwendung. Beispielsweise können Sie in eine Zelle die Formel

=AUFRUNDEN(3,1415;1)

eingeben. Als Ergebnis bekommen Sie »3,1«.

Umsetzung. Mit diesen beiden Funktionen sind Sie gerüstet, um die Aufgabe vollständig zu lösen. In *Abbildung A.6* sehen Sie die Aufgabe:

- In MATRIX 1 sind alle Mädchennamen zusammengestellt.
- MATRIX 2 enthält alle Jungennamen.

Damit Sie die Auswahl wahlweise auf Mädchen- oder Jungennamen eingrenzen können, werden Sie die Funktion INDEX() in der Bezug-Variante verwenden müssen. Folglich geben Sie auch den BEREICH mit vor:

- Der Wert »1« grenzt die Namensauswahl auf die Mädchennamen ein.
- Der Wert »2« beschränkt die Auswahl auf Jungennamen.

Andere Werte als diese beiden sind in dieser Beispielanordnung nicht zulässig, weil Sie nur zwei Matrizen angegeben haben. Die Angabe für die SPALTE ist in diesem Beispiel stets »1«, weil beide Matrizen einspaltig sind.

Zeile bestimmen. Zunächst müssen Sie die ZEILE ermitteln:

- Dazu bestimmen Sie eine Zufallszahl.
- Diese Zufallszahl multiplizieren Sie mit der Anzahl der zulässigen Zeilen, um näherungsweise die zufällig auszuwählende Zeile zu bestimmen.
- Indem Sie diese angenäherte Zeilenangabe auf die nächste ganze Zahl aufrunden, wird daraus eine endgültige Zeilenangabe.

Insgesamt ergibt sich für die Zelle B20 als Lösungsformel für die automatische Zeilenwahl

=AUFRUNDEN(ZUFALLSZAHL()*4;0)

Dieses Ergebnis ist stets eine Zahl zwischen 1 und 4. Die Obergrenze ist in diesem Fall manuell vorgegeben worden, um das Beispiel verständlicher zu machen.

> Das Ergebnis muss deshalb stets aufgerundet werden, weil die Indexfunktion als kleinste zulässige Zeile nur den Wert »1« akzeptiert – der Wert »0« führt zu einer Fehlermeldung.

Namen zurückgeben. Die Zeile zu bestimmen, war schon der schwierigste Schritt. Nun haben Sie eine tatsächliche Zeilenangabe, mit deren Hilfe Sie den Namen ausgeben können. Die Lösungsformel für die Zelle B22 lautet somit

=INDEX((B4:B7;B9:B12);B20;B14;B16)

Sobald Sie jetzt Excel dazu bringen, die Formeln neu zu berechnen, wird dort ein anderer Name erscheinen. Möglicherweise erscheint dabei der gleiche Name hintereinander (Wahrnehmung: er ändert sich nicht ...), weil bei vier Namen die Wahrscheinlichkeit sehr hoch ist, dass zweimal der gleiche Name »ausgelost« wird.

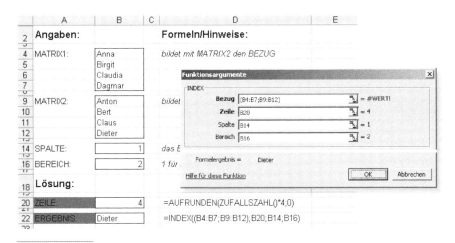

Abbildung A.6: Namen zufällig auswählen

A.3 IstZahl()

Die Funktion IstZahl() ist eine Prüffunktion. Mit ihrer Hilfe ermitteln Sie, ob ein Zellenwert eine Zahl ist oder nicht – der Name ist Programm. Das ist beispielsweise in Tabellen praktisch, um fehlerhafte Zellenwerte aufzuspüren.

A.3.1 Einführungsbeispiel

Die Verwendung lässt sich an der Thematik von *Kapitel 4* deutlich machen.

Übung A.7:

Prüfen Sie, ob eine Zelle einen Zahlenwert enthält.

Definition. Mit der Funktion IstZahl() lässt sich diese Übung lösen. Die Syntax lautet:

IstZahl (Wert)

Sie können diese Funktion nur auf einzelne WERTE oder Zellen anwenden. Zellenbereiche sind als Vorgabe dagegen nicht möglich. Die Funktion liefert als Ergebnis

- WAHR, wenn der übergebene einzelne Wert eine Zahl ist,
- FALSCH, wenn der übergebene einzelne Wert keine Zahl ist.

Umsetzung. In *Abbildung A.7* sehen Sie den Tabellenaufbau. In die Zelle B3 können Sie eingeben und zurechtformatieren, was Sie möchten. Um zu prüfen, ob das auch als Zahl erkannt wird, geben Sie als Lösungsformel in die Zelle B6

=ISTZAHL(B3)

ein. Sehr schön lässt sich das Beispiel mit Datumsangaben vorführen. Da Excel für diese Angaben intern eine serielle Zahl verwendet, werden Datumsangaben normalerweise als ZAHL erkannt, die Funktion liefert also ein »WAHR« zurück.

Abbildung A.7: Mit »ISTZAHL()« Zellenergebnisse prüfen

Das gelingt aber nur für Datumsangaben, die tatsächlich vorgekommen sind und innerhalb des Datumsbereichs von Excel liegen. Sobald Sie ein unmögliches Datum wie den »35.05.2004« oder »29.02.2003« eingeben, wird die Funktion dagegen »FALSCH« zurückgeben – beide Datumsangaben gibt es nicht.

A.3.2 Kombinierte Beispiele

Die Funktion ISTZAHL() ist sehr gut für Kontrollspalten geeignet. Damit können Sie ganz einfach zeilenweise prüfen, ob der Inhalt einer bestimmten Zelle tatsächlich als Zahl erkannt wird oder nicht.

> **Übung A.8:**
>
> Wie können Sie diejenigen Zeilen ermitteln, in denen keine zulässigen Datumsangaben stehen?

Beispiel. Sie könnten eine Tabelle erhalten, in der mehrere Datumsangaben aufgeführt sind, für Krankmeldungen beispielsweise. Ihre Aufgabe besteht darin, die unsinnigen Datumswerte herauszusuchen. Natürlich können Sie jetzt jede Angabe einzeln im Kalender nachschlagen. Das ist allerdings weder komfortabel noch frei von Fehlern. Einfacher geht es mithilfe der Prüffunktion IsTZAHL(). Wie in der Praxis üblich, soll das Ergebnis mit einer WENN()-Funktion interpretiert werden.

Die Lösungsformel für die erste der relevanten Zeilen in der Zelle D5 lautet

=WENN(ISTZAHL(B5);"OK";"PRÜFEN!")

Diese Formel müssen Sie auf die darunter liegenden Zellen erweitern, also bis einschließlich Zelle D15. Wie Sie auch in *Abbildung A.8* sehen, werden insgesamt zwei Zeilen mit fehlerhaften Angaben erkannt.

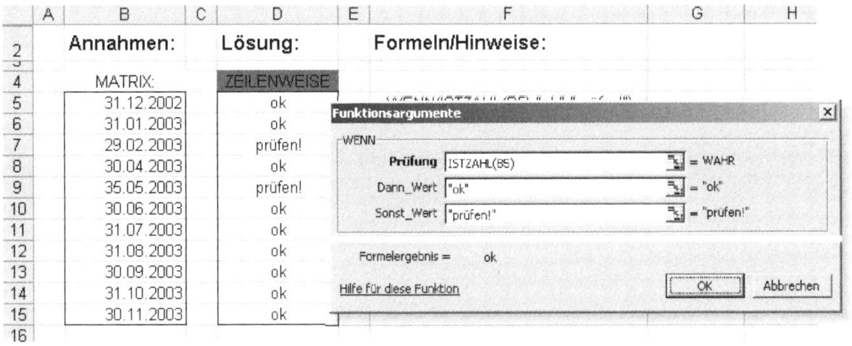

Abbildung A.8: Mit »ISTZAHL()« eine Kontrollspalte bilden

Wenn Sie in der Praxis mit sehr langen Tabellen zu tun haben, werden Sie in diesem Fall die Kontrollspalte verwenden, um die Liste zu filtern. Sie würden so eine kompakte Zusammenfassung der fehlerhaften Werte erhalten, die Sie anschließend einzeln kontrollieren können.

A.4 UND()

Die Excel-Funktion UND() zählt zu den so genannten Wahrheitsfunktionen. Alle in der Funktion angegebenen Werte müssen »WAHR« sein, damit die Funktion ebenfalls ein »WAHR« zurückgibt. Sobald einer der Werte oder mehrere »FALSCH« sind, liefert die Funktion ebenfalls ein »FALSCH« zurück. Am Beispiel wird das deutlich.

A.4.1 Einführungsbeispiel

Denken Sie an die Szene in einem Film, wenn der Flugzeugkapitän zur Landung ansetzt. Bevor er mit dem Landeanflug beginnt, geht er gemeinsam mit seinem Co-Piloten die Checkliste durch, um alle notwendigen Handgriffe zu kontrollieren. Derartige Checklisten lassen sich mit der Funktion UND() nachbilden.

Übung A.9:

Bilden Sie eine solche Checkliste mit Excel nach.

Definition. Die Funktion UND() hat die folgende Syntax:

UND (WAHRHEITSWERT1 ; ...)

Die Funktion kann bis zu 30 einzelne WAHRHEITSWERTE berücksichtigen. Als Ergebnis liefert die Funktion

- WAHR, wenn *alle* übergebenen Wahrheitswerte »wahr« sind,
- FALSCH, solange *nicht alle* übergebenen Wahrheitswerte »wahr« sind; ein einziger nicht wahrer Wert genügt also, damit das Funktionsergebnis FALSCH ist.

Umsetzung. Um die Arbeitsweise deutlich zu machen, wird in Excel eine mögliche Checkliste für den Landeanflug nachgebildet. Da es in diesem Buch nicht um die Pilotenausbildung, sondern um Excel geht, wird die Checkliste auf insgesamt drei Fragen verkürzt:

- Fahrwerk ausgefahren?
- Landeklappen okay?
- Sinkgeschwindigkeit okay?

Da die Landung nur dann erfolgreich gelingt, wenn *alle* drei Fragen mit »ja« beantwortet werden können, wird für diese Checkliste die Funktion UND() verwendet. In *Abbildung A.9* sind im oberen Bereich ARGUMENTE alle drei Fragen zusammengetragen. Die Auswertung der Checkliste sehen Sie im ERGEBNIS. Die Lösungsformel für die Zelle B10 lautet

=UND(B3;B5;B7)

Abgefragt werden die Inhalte der drei Zellen B3, B5 und B7. Nur wenn alle drei Fragen bejaht werden können (»wahr«), erscheint auch als Ergebnis »wahr« – eine gute Landung erscheint sicher ... Sie können in der Übungsdatei ja mal einzelne Fragen mit »falsch« beantworten. Sobald auch nur eine Frage verneint wird, werden Sie sehen, dass das Ergebnis sofort auf »falsch« umspringt. Brechen Sie in diesem Fall den Landeanflug besser ab.

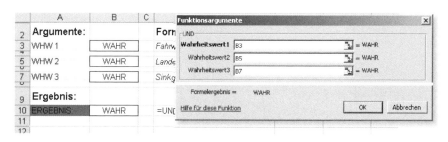

Abbildung A.9: Einfache Checkliste mittels »UND()«

A.4.2 Kombinierte Beispiele

Vermutlich haben Sie täglich mit einer Situation zu tun, die sich mit einer UND()-Funktion nachbilden lässt.

Übung A.10:

Entwickeln Sie eine Abfrage in Excel für Zugangskennung und Passwort.

Beispiel. Sie kennen dieses Beispiel vom Einloggen in Ihren E-Mail-Account. Kennzeichnend für dieses Einloggen ist, dass Sie sowohl einen Benutzernamen als auch ein Passwort eingeben müssen. Nur wenn *beides* stimmt, gelangen Sie an Ihre Mails. Der Hinweis auf *beides* hat Sie bestimmt hellhörig gemacht – natürlich bietet sich wieder einmal die Funktion UND() an. Um das Vorgehen transparent zu machen, werden Zwischenschritte verwendet.

Identisch(). Die erste Aufgabe bei dieser Abfrage besteht darin, die einzelnen Angaben für sich mit den hinterlegten Werten zu vergleichen. Dazu geeignet ist die Funktion IDENTISCH(). Im Unterschied zu VERGLEICH() achtet sie auch auf die Groß- und Kleinschreibung.

Syntax. Ihre Syntax lautet

   IDENTISCH (TEXT1 ; TEXT2)

Die beiden Argumente TEXT werden miteinander verglichen. Dabei ist es unerheblich, ob Sie im Beispiel zunächst die Benutzerkennung und dann das Passwort übergeben oder umgekehrt. Solange beide miteinander identisch sind, gibt die Funktion »WAHR« zurück, bei der kleinsten Abweichung »FALSCH«.

Verwendung. Um die Verwendung zu verstehen, geben Sie in eine leere Zelle die Formel »=IDENTISCH("a";"A")« ein – und Sie erhalten als Ergebnis »FALSCH«. Das liegt daran, dass die Groß- und Kleinschreibung berücksichtigt wird – und darin sind beide Buchstaben verschieden.

Im konkreten Fall soll das Login aus der Zelle B4 verglichen werden mit der Vorgabe, die direkt hinterlegt wird. Angenommen, die Vorgabe soll »haNNes« lauten, ergibt sich für die Zelle B10 als Lösungsformel

   =IDENTISCH(B4;"haNNes")

Genauso können Sie als Passwort »geheiM« vorgeben. Da der Benutzer sein Passwort in die Zelle B6 eingeben muss, ergibt sich daraus für die Zelle B12 als Lösungsformel

   =IDENTISCH(B6;"geheiM")

> Das gültige Login sowie das gültige Passwort können Sie direkt über die Formel in den Zellen B10 und B12 ändern.

Kombinationskontrolle. Auch wenn jedes Wort für sich passt, heißt das noch lange nicht, dass auch beides in der richtigen Kombination verwendet wird. Die unmittelbare Auswertung geschieht mithilfe der Funktion UND(). Die relevanten Eingangsdaten, die Einzelkontrollen, stehen in den Zellen B10 und B12. Um das Ergebnis der Abfrage zugleich zu interpretieren, wird die Funktion WENN() verwendet. So ergibt sich für die Zelle B14 als Lösungsformel

=WENN(UND(B10;B12);"EINGELOGGT";"ABGEWIESEN")

Dies ist auch in *Abbildung A.10* zu sehen. Nur wenn Benutzername *und* Passwort stimmen, erscheint in B14 der Hinweis »eingeloggt«. In allen anderen Fällen wird der Benutzer »abgewiesen« sehen.

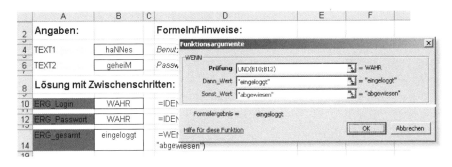

Abbildung A.10:   Login-Beispiel mittels »UND()«

A.5   VERGLEICH()

Die Funktion VERGLEICH() ist eine sehr universelle Suchfunktion, um Zellenbereiche nach bestimmten Werten zu durchsuchen. Mithilfe von Funktionsargumenten können Sie das Suchverhalten spezifizieren, weshalb diese Funktion in der Praxis häufig anzutreffen ist, wenn umfangreiche Listen ausgewertet werden sollen.

A.5.1   Einführungsbeispiel

Um die Funktion vorzustellen, soll eine einfache Gästeliste nachgebildet werden. Praktisch funktioniert das meistens so, dass sich der Gast am Empfang meldet und seinen Namen mitteilt. Der Empfang sieht dann in einer Liste nach und nennt dem Gast beispielsweise seinen Platz.

Übung A.11:

Bestimmen Sie zu jedem Namen die zugehörige Position auf der Gästeliste.

Mithilfe der Funktion VERGLEICH() lässt sich dieses Beispiel sehr einfach umsetzen.

Definition. Zunächst wird Ihnen die Funktion vorgestellt. Sie hat folgende Syntax:

VERGLEICH (SUCHKRITERIUM ; SUCHMATRIX ; [VERGLEICHSTYP])

Die Argumente ergeben sich aus der Funktionsweise:
- Das SUCHKRITERIUM ist der Wert, der gefunden werden soll. Das ist meistens eine Zahl oder wie in diesem Beispiel ein Text.
- Durchsucht wird die SUCHMATRIX. Innerhalb dieses Bereichs wird jedes Zellenergebnis mit dem Suchkriterium verglichen. Der erste relevante Treffer wird zurückgegeben – trotz mehrerer möglicher Treffer würde das Ergebnis immer auf den ersten erfolgreichen Treffer zeigen.
- Was als Treffer betrachtet wird und was nicht, ergibt sich aus dem VERGLEICHSTYP; dieses Argument kann auch weggelassen werden – oder Sie geben explizit den Wert »0« vor. In diesem Fall geht Excel davon aus, dass der Wert in der Suchmatrix *gleich* dem Suchkriterium sein muss. Andere Werte für dieses Argument sind »-1« und »1« – dies wird im Anschluss an das Beispiel betrachtet.

Umsetzung. Um das Beispiel mit der Gästeliste nachzubilden, soll der passende Name gefunden werden. Das Argument VERGLEICHSTYP hat somit den Wert »0«, der in Zelle B12 vermerkt ist. Als Lösungsformel ergibt sich für die Zelle B15 damit

=VERGLEICH(B3;B5:B10;B12)

Die vollständige Lösung ist auch in *Abbildung A.11* dargestellt.

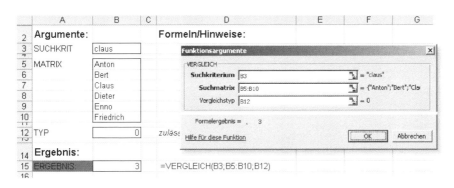

Abbildung A.11: Mit »VERGLEICH()« eine Gästeliste prüfen (Vergleichstyp »0«)

Vergleichstyp »+1«. Nachdem Sie anhand der Gästeliste die Funktionsweise kennen gelernt haben, möchte ich Ihnen die Bedeutung des Arguments VERGLEICHSTYP näher bringen. Der Wert »0« weist Excel an, einen passenden Wert zu finden – oder keinen. Das ist allerdings nicht immer praktisch, wie das Beispiel in *Kapitel 3* zeigt. Der Einkommensteuersatz hängt (stark vereinfacht) vom Mindesteinkommen ab. Damit die Steuertabelle nicht jedes mögliche Einkommen einzeln aufführen muss, werden nur die Grenzen eingetragen. Wenn Sie jetzt als VERGLEICHSTYP »0« vorgeben, würde die Suche meistens ins Leere führen – und damit einen Fehler liefern, der nicht erwünscht ist.

Sie können Excel über das Argument VERGLEICHSTYP allerdings auch anweisen, denjenigen Wert als Treffer zu akzeptieren, der mindestens so groß ist wie der gesuchte, aber nicht größer. Dabei ist Folgendes zu beachten:

- Das Argument VERGLEICHSTYP hat den Wert »1«.
- Die SUCHMATRIX ist aufsteigend sortiert, also 0, 1, 2, …

Excel liefert dann den größten der in Frage kommenden Werte als Treffer zurück. Werfen Sie dazu einen Blick in *Abbildung A.12*. Hier finden Sie in den Zellen B5 bis B10 mehrere Mindesteinkommen aufgeführt. Als Suchkriterium in Zelle B3 steht das vorgegebene Einkommen, das Sie einer der vorgegebenen Einkommensgruppen zuordnen sollen. Wie Sie sehen, wird das Einkommen in Höhe von 2.900 +E+U+R+O+ der Gruppe »2000« zugeordnet – für die Gruppe »3000« ist es dagegen zu gering.

Abbildung A.12: Mit »VERGLEICH()« die Einkommensklasse bestimmen (Vergleichstyp »1«)

Vergleichstyp »-1«. Umgekehrt kann der VERGLEICHSTYP auch den Wert »-1« annehmen. Um Ihnen das zu beschreiben, werfen Sie einen Blick auf *Abbildung A.13*. Dort finden Sie einige Gewichtsklassen des Boxsports zusammengestellt. In welcher Klasse ein Boxer kämpft, hängt von seinem Körpergewicht ab. Damit er beispielsweise als »Mittelgewicht« durchgeht, darf er nicht mehr wiegen als 72,574 kg – schon bei 72,575 kg würde er in die nächst höhere Klasse eingestuft werden.

Die Situation ist damit das Gegenstück zum vorigen Beispiel. Dort wurde ein Mindestwert (Einkommen) ermittelt, hier ein Höchstwert (Gewicht). Damit Excel die Funktion entsprechend verwendet, sind zwei Voraussetzungen notwendig:

- Das Argument VERGLEICHSTYP hat den Wert »-1«.
- Die SUCHMATRIX ist absteigend sortiert, also 9, 8, 7, …

Wenn diese Voraussetzungen erfüllt sind, können Sie in die Zelle B3 ein beliebiges Gewicht eintragen. Solange es oberhalb von 95,254 kg liegt, wird es als »Schwergewicht« eingestuft. Da Excel bei dieser Anordnung für zu große Werte eine Fehlermeldung ausgeben würde, wurde für die Klasse »Schwergewicht« (über 95,254 kg) kurzerhand eine Gewichtsklasse explizit vorgegeben (»höchstens 999 kg«).

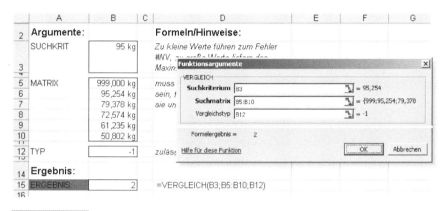

Abbildung A.13: Mit »VERGLEICH()« eine Gewichtsklasse bestimmen (Vergleichstyp »-1«)

A.5.2 Kombinierte Beispiele

Sie können, wie in *Kapitel 3* gezeigt, einen vorgegebenen Wert mit den Werten einer Hilfstabelle vergleichen. Sie können die Funktion auch nutzen, um für Reiserouten die Entfernung zu ermitteln.

> **Übung A.12:**
>
> Finden Sie eine Möglichkeit, um Entfernungen zwischen zwei Orten aus einer Tabelle auszulesen.

Beispiel. Ein sehr interessantes Beispiel kombiniert die Funktionen INDEX() und VERGLEICH() miteinander; die Funktion VERGLEICH() wird auf *Seite 242* genauer beschrieben. Beispielsweise können Sie in einer Tabelle zu bestimmten Kombinationen von Orten die Entfernungen eintragen. Sie erhalten damit *Abbildung A.14*.

Ihre Aufgabe ist es, abhängig von der Eingabe in die Zellen B11 (»Start«) und B13 (»Ziel«) die »Entfernung« (Zelle B17, vgl. *Abbildung A.15*) auszugeben. Alle notwendigen Angaben finden Sie bereits in der Matrix.

	A	B	C	D	E	F	G	H
2	Angaben:							
4	MATRIX1:			Berlin	Hamburg	Köln	Leipzig	München
5			Berlin	0	289	572	192	585
6			Hamburg	289	0	423	397	775
7			Köln	572	423	0	494	574
8			Leipzig	192	397	494	0	423
9			München	585	775	574	423	0
11	Start:		hamburg	*hier Startort eingeben (sucht in Vorspalte)*				
13	Ziel:		berlin	*hier Zielort eingeben (sucht in Tabellenkopf)*				

Abbildung A.14: Entfernungstabelle für das Beispiel

Um das Beispiel zu lösen, verdeutlichen Sie sich die Unterschiede zwischen beiden Funktionen:

- Die Funktion VERGLEICH() gibt eine Position zurück, keinen Wert.
- Die Funktion INDEX() dagegen kann den Zellenwert zurückgeben, benötigt dafür aber die Position.

Damit ist das Verhältnis zwischen beiden Funktionen auch deutlich:

- Um die richtige Zeile (»Start«) zu bestimmen, wird die Eingabe in die Zelle B11 mit den Einträgen der Zellen B4 bis B9 verglichen.
- Um die richtige Spalte (»Ziel«) zu bestimmen, wird die Eingabe in die Zelle B13 mit den Einträgen der Zellen B4 bis G4 verglichen.
- Der Lösungsbereich sind die Zellen B4 bis G9.

Mit diesen Angaben können Sie die Lösungsformel für die Zelle B17 aufstellen, sie lautet

=INDEX(B4:G9;VERGLEICH(B11;B4:B9;0);VERGLEICH(B13;B4:G4;0))

Die Lösung finden Sie auch in *Abbildung A.15* dargestellt. Sie können als Start und Ziel jeden der angegebenen Orte eintragen. Excel wird die zugehörige Entfernung ausgeben.

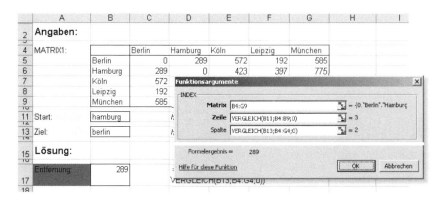

Abbildung A.15: Entfernung bestimmen mittels »INDEX()« und »VERGLEICH()«

> Wenn Sie das Beispiel gegen fehlerhafte Eingaben absichern wollten, würden Sie für die beiden Zellen B11 und B13 eine Gültigkeitsprüfung definieren, die auf die jeweils zulässigen Listenwerte verweist.

A.6 Wenn()

Manchmal macht es eine Berechnung notwendig, bestimmte Fälle zu unterscheiden: *Wenn* die Einzahlungen ausreichen, *dann* kann die Maschine gekauft werden. *Sonst* muss weiter eingezahlt werden. Zahlreiche Beispiele, auch in diesem Anhang, verwenden die Funktion Wenn(), um Kontrollen für den Anwender verständlich zu machen, beispielsweise auf *Seite 242*. Wenn() ist damit eine der universell einsetzbaren Funktionen, um knifflige Fälle zu lösen.

A.6.1 Einführungsbeispiel

Um Ihnen die Funktion näher zu bringen, soll eine abstrakte Lotterie beschrieben werden. Sie ziehen ein Los. Abhängig davon, ob Sie eine Niete gezogen haben oder nicht, haben Sie verloren oder gewonnen.

Definition. Die Funktion Wenn() hat diese Syntax:

Wenn (Prüfkriterium ; Dann_Wert ; Sonst_Wert)

Die Argumente ergeben sich aus der Funktionsweise:

- Das Prüfkriterium muss so beschaffen sein, dass es im Ergebnis »wahr« ist oder »falsch«. Sie können diesen logischen Wert auch direkt eingeben: Eine Niete könnte beispielsweise als »falsch« bezeichnet werden, ein Gewinn dagegen als »wahr«.
- Wenn das Prüfkriterium zutrifft, also »wahr« ist, wird der Dann_Wert verwendet. Dabei kann es sich selbstverständlich auch um weitere Berechnungen handeln, Excel ist da ziemlich flexibel.
- Sollte das Prüfkriterium nicht zutreffen, weil es »falsch« ist, wird der Sonst_Wert betrachtet. Auch hier kann es sich um weitergehende Berechnungen handeln.

Umsetzung. Mit der Funktion soll nun die eingangs erwähnte Lotterie nachgebildet werden. Der Tabellenaufbau wird durch einen Blick in *Abbildung A.16* deutlich:

- Prüfkriterium: In die Zelle B3 geben Sie das Prüfkriterium ein, also die Zeichenfolge »wahr« (für Gewinnerlos) oder »falsch« (bei Niete).
- Dann_Wert: Damit im Falle des Gewinnerloses auch »gewonnen« erscheint, tragen Sie dieses Spielergebnis in die Zelle B5 ein.
- Sonst_Wert: Das Spielergebnis einer Niete steht in der Zelle B7.

Die Argumente sind also in die einzelnen Zellen eingegeben. Die Lösungsformel für die Zelle B10 lautet somit

=WENN(B3;B5;B7)

Sobald in der Zelle B3 das Losergebnis »wahr« steht, gibt die Ergebniszelle »gewonnen« zurück – weil Sie das in der Zelle B5 so vorgegeben haben. Andernfalls wird »verloren« angezeigt, soweit Sie in der Zelle B7 nichts anderes eingetragen haben.

Abbildung A.16:   Auslosung nachbilden mit »WENN()«

A.6.2   Kombinierte Beispiele

Mit der Funktion WENN() lassen sich sehr viel längere Formeln bilden. Im nächsten Beispiel möchte ich Ihnen zeigen, wie Sie das Prüfkriterium mithilfe von Funktionen ausdifferenzieren können.

Übung A.13:

Vergleichen Sie die einzelnen Beiträge mit der benötigten Summe.

Beispiel. Sie können mit der Funktion WENN() beispielsweise eine einfache Investitionsrechnung nachbilden – allerdings ohne tiefergehende Berechnungen. In einer Liste werden alle erwarteten Einzahlungen notiert, daneben wird der geforderte Mindestbetrag angegeben. Ihre Aufgabe ist es, herauszufinden, ob die Einzahlungen ausreichen.

Summe(). Entscheidend ist in diesem Fall die Kontrolle, ob alle Einzahlungen zusammen den geforderten Mindestbetrag erreichen (oder übersteigen) oder ob sie dahinter zurückbleiben.

Die Syntax der Funktion SUMME() wird ausführlich in *Kapitel 7* beschrieben.

Umsetzung. In Excel-Deutsch übertragen, wird also die Summe der Zellen B4 bis B7 mit dem Betrag in der Zelle B9 verglichen. Da es ein Mindestbetrag ist, wird nach »gleich oder größer« gefragt – der richtige Vergleichsoperator (genauer in *Kapitel 5*) ist also »>=«. Als Lösungsformel für die Zelle B13 ergibt sich somit

=WENN(SUMME(B4:B7)>=B9;"KAUFEN";"SPAREN")

Die vollständige Lösung ist auch in *Abbildung A.17* zu sehen.

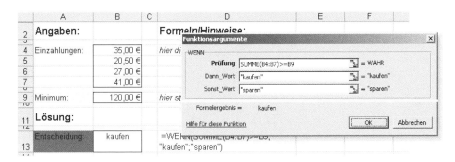

Abbildung A.17: Einzahlungskontrolle mithilfe von »WENN()«

Anhang B   Tabellen und Listen handhaben

Gerade wenn Sie umfangreiche Daten auswerten, müssen Sie möglicherweise mit großen Tabellen oder Listen zurechtkommen. Problematisch ist dabei nicht nur, dass umfangreiche Tabellen nicht mehr auf den Monitor passen, weshalb Sie häufig »blättern« müssen. Sehr große Tabellen können auch dazu führen, dass Sie »den Wald vor lauter Bäumen« nicht mehr sehen – unnötige Fehler sind die Folge.

Excel unterstützt Sie in mehrfacher Weise, um große Tabellen auf die wesentlichen Daten zu reduzieren. Wichtig dabei ist, dass keine der Möglichkeiten die Daten verändert – es wird nur ausgeblendet, was nicht relevant ist.

Anlage B.1: Programmhinweise zu Vorversionen

Anlage B.2: Einstellungen und Tastenkombinationen

B.1   Markieren

Eine grundlegende Arbeitstechnik ist das Markieren der Zelle oder der Zellen. Um Ihnen hierfür die nötige Klarheit zu geben, finden Sie in *Abbildung B.1* die Zelle in ihre drei mauszeigerrelevanten Bereiche aufgegliedert. Deutlich zu erkennen ist, dass Sie den Mauszeiger über die Zellenfläche bringen müssen, um eine Zelle markieren zu können. Sobald Sie die Zelle markiert haben, können Sie den Zelleninhalt auf die angrenzenden Zellen erweitern (hierzu ausführlich *Kapitel 4*) oder die markierte Zelle verschieben. Abhängig davon, worauf der Mauszeiger zeigt, nimmt er eine der drei dargestellten Formen an.

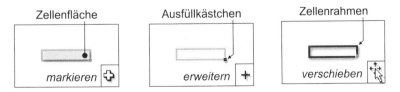

Abbildung B.1:   Mauszeigerrelevante Bestandteile der Zelle

Zusammenhängenden Zellenbereich markieren (Tastatur). Zunächst möchte ich Ihnen zeigen, wie Sie zum Markieren die Tastatur verwenden können. Dies hat in

Excel manchmal Vorteile, da Sie mittels geeigneter Tastenkombinationen bestimmte Zellen präzise erfassen können:

1. Markieren Sie die erste Zelle des gewünschten Bereichs (per Maus oder Tastatur ist hierbei egal).
2. Drücken Sie dann eine der Tastenkombinationen, um die entsprechenden Zellen zu markieren.

Um die Möglichkeiten der Tastatur zu erkennen, werfen Sie einen Blick in die folgenden drei Tabellen. Hier finden Sie die wichtigsten Tabellenelemente und ihre Tastenkombinationen aufgeführt. *Tabelle B.1* beschreibt solche Tastenkombinationen, mit denen Sie einen Bereich aus Spalten und Zeilen markieren können.

Tastenkombination	Tabellenelement
[Strg] + [A]	gesamte Tabelle markieren
[Strg] + [⇧] + [Pos1]	alle Zellen zwischen aktueller Zelle und Anfang der Tabelle markieren

Tabelle B.1: Tastenkombinationen zum freien Markieren

In *Tabelle B.3* werden die wichtigsten Tastenkombinationen genannt, mit denen Sie entlang von Tabellenzeilen markieren können. Wie Sie sehen, kennt Excel einige Varianten. In der Praxis sind vor allem die Kombinationen hilfreich, mit denen Sie nur die verwendeten Zellen markieren.

Tastenkombination	Tabellenelement
[⇧] + [Leertaste]	gesamte Zeile markieren
[⇧] + [Pos1]	Zeile bis Zeilenanfang markieren
[⇧] + [→]	Markierung um eine Zelle nach rechts erweitern; Gegenrichtung mit [←]
[Strg] + [⇧] + [→]	Markierung bis zur letzten (nächsten) verwendeten Zelle nach rechts erweitern; Gegenrichtung mit [←]
[Strg] + [Ende]	Zeile bis Zeilenende markieren

Tabelle B.2: Tastenkombinationen zum Markieren in Zeilen

Etwas weniger Kombinationen gibt es, um entlang von Spalten zu markieren. Die wichtigsten Tastenkombinationen sind in *Tabelle B.3* zusammengestellt.

Tastenkombination	Tabellenelement
[Strg] + [Leertaste]	gesamte Spalte markieren
[⇧] + [↓]	Markierung um eine Zelle nach unten erweitern; Gegenrichtung mit [↑]
[Strg] + [⇧] + [→]	Markierung bis zur letzten (nächsten) verwendeten Zelle nach unten erweitern; Gegenrichtung mit [↑]

Tabelle B.3: Tastenkombinationen zum Markieren in Spalten

Häufig wird die Maus verwendet, um Zellen zu markieren. Das ist dann praktisch, wenn alle Zellen im Sichtfeld liegen. Außerdem können Sie mithilfe der Maus sehr angenehm einzelne Zellen auswählen.

Zellenbereich markieren (Maus). Wenn Sie Zellen mithilfe der Maus markieren, ist es nur wichtig, dass Sie über der Zellenfläche starten, vgl. zum richtigen Mauszeiger *Abbildung B.1*. Ansonsten ist das Vorgehen sehr einfach, wie *Abbildung B.2* zeigt:

1. Klicken Sie mit der Maus auf die Zelle A6. Wenn Sie mehrere Zellen markieren möchten, wählen Sie hierfür eine der Eckzellen des auszuwählenden Bereichs – Sie können von jeder Eckzelle aus starten.

2. Der Mauszeiger sollte nun über der markierten Zelle stehen und die Kreuzform annehmen. Halten Sie nun die linke Maustaste gedrückt, während Sie mit der Maus die Markierung aufziehen.

3. Ziehen Sie die Maus auf die gegenüberliegende Eckzelle A8. Sobald der Bereich alle gewünschten Zellen erfasst, können Sie die linke Maustaste wieder loslassen.

Das Markieren mittels Maus zu beschreiben, ist in der Theorie schwieriger, als es in der Praxis tatsächlich ist. Wenn Sie häufiger mit Windows-Programmen arbeiten, werden Sie diesen Handlungsablauf vermutlich längst und sicher beherrschen.

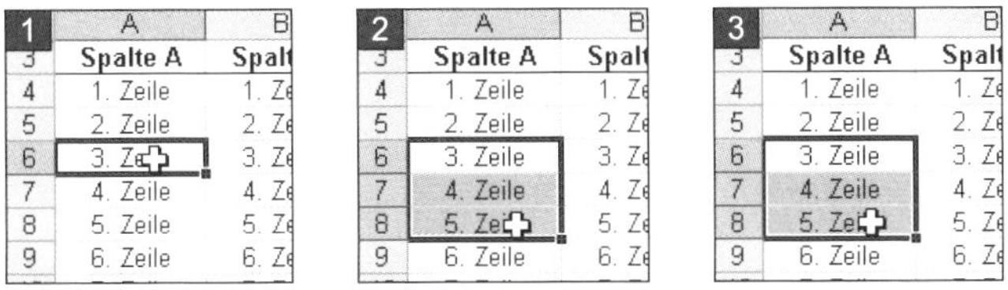

Abbildung B.2: Zusammenhängenden Zellenbereich markieren

Mehrere Zellenbereiche markieren (nur Maus). In vielen Beispielen kommt es vor, dass Sie mehrere Zellen markieren möchten, die keine zusammenhängende oder rechteckige Fläche bilden, wie in *Abbildung B.3* dargestellt. Dieser Fall lässt sich aber recht einfach lösen:

1. Markieren Sie zunächst, wie vorhergehend beschrieben, die erste Fläche, also die Zellen A6 bis A8. Hierbei können Sie sowohl die Maus als auch die Tastatur verwenden. Die weiteren Flächen lassen sich hingegen nur mithilfe der Maus markieren.
2. Verschieben Sie über die Bildlaufleisten den Fensterausschnitt so, dass Sie die nächste Fläche von Zellen sehen können – der bereits markierte Bereich wird hierdurch nicht geändert.
3. Bevor Sie die nächste Fläche markieren, drücken Sie bitte [Strg] und halten sie so lange gedrückt, wie Sie markieren (also bis *Schritt 6*).
4. Nun können Sie mit der linken Maustaste die erste Zelle des zusätzlichen Bereichs anklicken, also die Zelle C8 (vgl. *Teilbild 1*). Die Markierung aus dem ersten Arbeitsschritt wird dabei nicht aufgehoben, wie in der Abbildung zu sehen ist.
5. Ziehen Sie nun – die Taste [Strg] bleibt weiterhin gedrückt – die Fläche auf die gewünschte Größe auf, beispielsweise bis zur Zelle C10 (vgl. *Teilbild 2*).
6. Geben Sie als Erstes die linke Maustaste wieder frei, bevor Sie auch [Strg] wieder loslassen.

Sie können mit dieser Methode beliebig viele Flächen markieren und ebenso die Markierung für einzelne Zellen wieder aufheben. Dazu müssen Sie lediglich die *Schritte 2 bis 6* wiederholen. Achten Sie dabei stets darauf, [Strg] zu drücken, *bevor* (!) Sie mit der Maus weitere Zellen auswählen, und erst wieder freizugeben, *nachdem* (!) Sie auch die linke Maustaste losgelassen haben. Ansonsten müssen Sie Ihre Markierungen ganz von vorne beginnen.

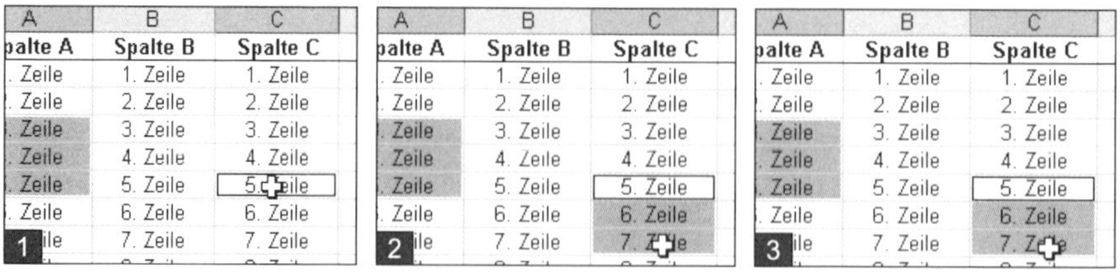

Abbildung B.3: Nicht zusammenhängende Zellenbereiche markieren

Spalte markieren (Maus). Eine oder mehrere Spalten vollständig zu markieren, geht vergleichsweise einfach, sofern Sie die Spalten- und Zeilenüberschriften eingeblendet haben, vgl. *Abbildung B.4*:

1. Klicken Sie mit der Maus auf die Spaltenüberschrift »B«. Der Mauszeiger muss vorher eine charakteristische Pfeilform annehmen, wie im *Teilbild 1* besonders hervorgehoben.
2. Es wird die gesamte Spalte B markiert, vgl. *Teilbild 2*.

Beim Markieren von Spalten können Sie eigentlich keinen Fehler machen, solange Sie auf den Spaltentitel direkt klicken, nicht aber auf seine Begrenzung. Achten Sie auf den Mauszeiger: Solange er die Form eines Abwärtspfeils hat, ist alles in Ordnung. Um mehrere Spalten, zusammenhängend oder selektiv, zu markieren, brauchen Sie die Hinweise zum Markieren von Zellen nur entsprechend anzuwenden und die Tasten ⇧ oder Strg zusätzlich zu verwenden.

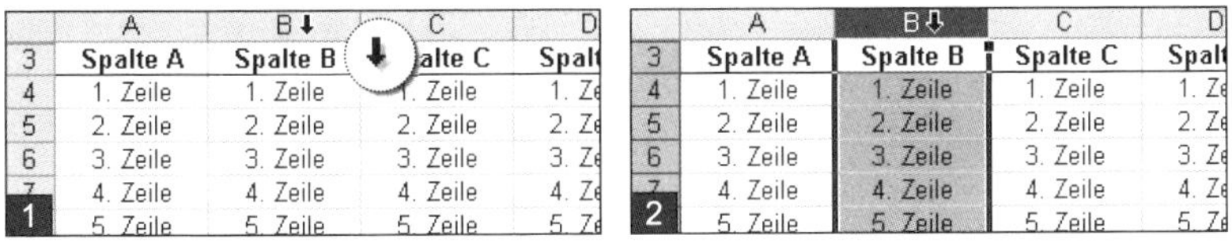

Abbildung B.4: Spalte markieren

Zeile markieren (Maus). Das Markieren von Zeilen funktioniert im Prinzip wie das entsprechende Vorgehen bei Spalten, vgl. *Abbildung B.5*. Auch hier sollten Sie darauf achten, die Zeilenüberschrift selbst und nicht ihre Randbegrenzung zu markieren. Der Mauszeiger muss dazu vorher die charakteristische Pfeilform annehmen, diesmal aber nach rechts zeigend (vgl. Hervorhebung in *Teilbild 1*). Mithilfe der Tasten ⇧ oder Strg können Sie mehrere Zeilen zusammen oder selektiv auswählen.

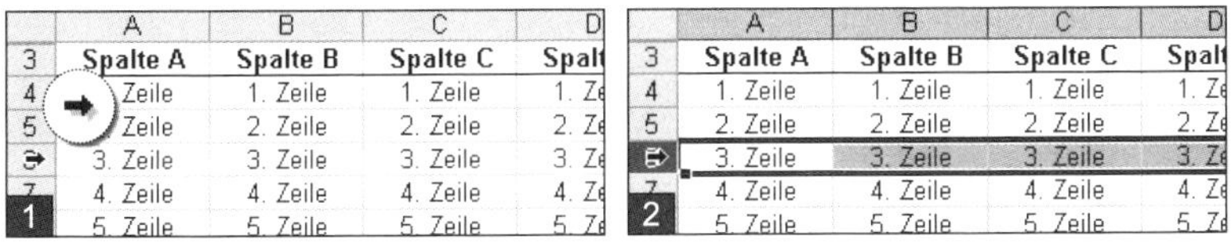

Abbildung B.5: Zeile markieren

B.2 Ausblenden

Das Markieren bildet die Grundlage, um weniger wichtige Inhalte ausblenden zu können. Sie können somit beispielsweise die Kontrollspalten ausblenden, damit sie beim Ausdrucken nicht erscheinen. Sie können genauso gut diejenigen Tabellenzeilen ausblenden, in denen Zwischenschritte notiert sind, die nicht gemeinsam mit dem Ergebnis erscheinen sollen.

> Das Ausblenden funktioniert bei Spalten und Zeilen gleichermaßen gut. Es ist aber nicht möglich, nur einzelne Zellen auszublenden – möglich sind immer nur ganze Spalten oder Zeilen.

Spalte ausblenden. Um eine oder mehrere Spalten auszublenden, ist es wichtig, diese zunächst zu markieren, was im vorigen Abschnitt beschrieben ist. Zum Ausblenden der markierten Spalten klicken Sie auf

FORMAT ▶ SPALTE ▶ AUSBLENDEN

Augenblicklich verschwindet die markierte Spalte – achten Sie auf die Spaltenüberschrift. Zu sehen ist dies auch in *Abbildung B.6*.

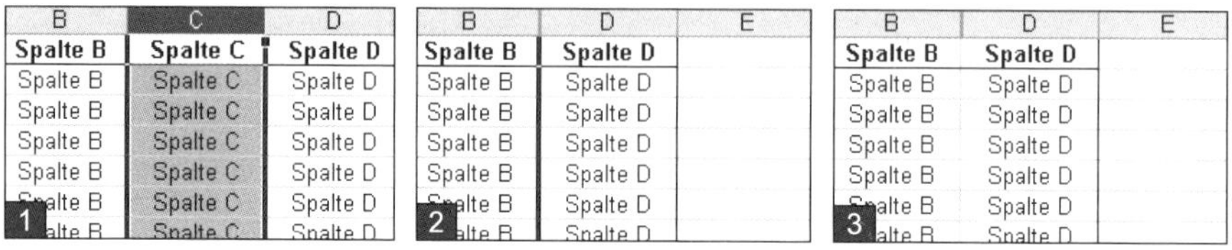

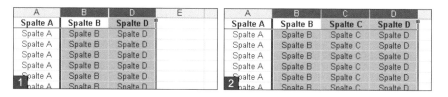

Abbildung B.6: Spalten ausblenden

> Der Befehl AUSBLENDEN befindet sich auch im Kontextmenü zur Spaltenüberschrift.

Spalten einblenden. Selbstverständlich ist es möglich, die ausgeblendeten Spalten wieder einzublenden. Falls Sie mehrere Spalten ausgeblendet haben, können Sie unterschiedlich vorgehen:

- Um eine bestimmte Spalte oder einen bestimmten Spaltenbereich, beispielsweise nur die Spalte C, wieder einzublenden, markieren Sie die Nachbarspalten, also die Spalten B und D (vgl. *Abbildung B.7*).
- Um alle ausgeblendeten Spalten wieder einzublenden, markieren Sie das gesamte Tabellenblatt.

Stimmt die Markierung, klicken Sie auf

FORMAT ▶ SPALTE ▶ AUSBLENDEN

Sofort werden die ausgeblendeten Spalten entsprechend der Markierung wieder eingeblendet – achten Sie wiederum auf die Spaltenüberschrift, wie *Abbildung B.7* zeigt.

Abbildung B.7: Spalten einblenden

> Der Befehl EINBLENDEN findet sich auch im Kontextmenü zur Spaltenüberschrift.

Mit Zeilen funktioniert das übrigens genauso gut. Die entsprechenden Befehle sind allerdings im Menü

FORMAT ▶ ZEILE

zu finden.

B.3 Filtern

Beim Ausblenden haben Sie selbst vorgegeben, welche Zeilen oder Spalten ausgeblendet werden sollen. Filter sind eine elegante Möglichkeit, Zeilen abhängig von bestimmten Kriterien auszublenden. Wenn Sie diese Technik verinnerlicht haben, können Sie auch in einer scheinbar endlosen Tabelle die wenigen wichtigen Tabellenzeilen heraussuchen und den Rest ausblenden.

> Sie können nur Zeilen ausfiltern, keine Spalten.

Excel kennt zwei Arten von Filtern, den AutoFilter und den Spezialfilter. Der AutoFilter zeichnet sich vor allem dadurch aus, dass er schnell einsetzbar ist und einen guten Komfort bietet, um bestimmte Werte herauszufiltern. Der Spezialfilter erlaubt dagegen komplexere sowie ODER-verknüpfte Filterkriterien, was mit dem AutoFilter nicht gelingt. Allerdings ist er dafür auch nicht so einfach zu verwenden.

AutoFilter aktivieren. Bevor Sie den AutoFilter starten, markieren Sie eine der Zellen, die in dem zu filternden Bereich liegt. Aktivieren Sie dann die Einstellung

DATEN ▶ FILTER ▶ AUTOFILTER

Sofern Excel in Ihrer Tabelle eine Liste erkennt, sehen Sie, dass rechts neben den Spaltenbezeichnungen Ihrer Liste Auswahlpfeile erscheinen – die AutoFilter, vgl. *Abbildung B.8*.

Sollte sich herausstellen, dass Excel Ihre Listenstruktur nicht erkannt hat, können Sie Excel auch manuell anweisen, welche AutoFilter Sie benötigen:

- Markieren Sie die benötigten Zellen – alle in der gleichen Zeile –, um Excel anzuweisen, hierfür AutoFilter einzublenden.
- Markieren Sie bestimmte Spalten (vollständig, vgl. oben), um den AutoFilter auf bestimmte Spalten vollständig anzuwenden.

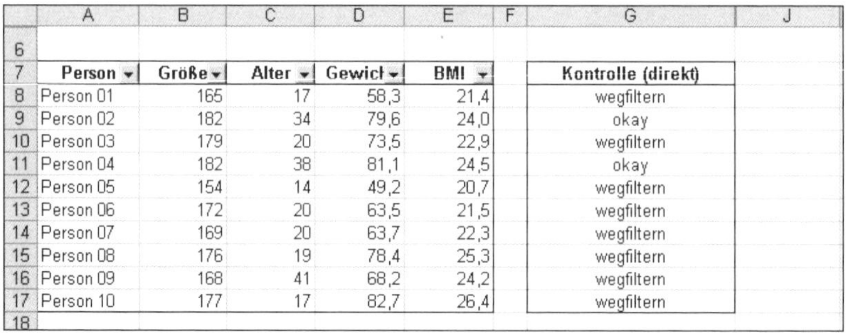

	A	B	C	D	E	F	G	J
6								
7	Person	Größe	Alter	Gewicht	BMI		Kontrolle (direkt)	
8	Person 01	165	17	58,3	21,4		wegfiltern	
9	Person 02	182	34	79,6	24,0		okay	
10	Person 03	179	20	73,5	22,9		wegfiltern	
11	Person 04	182	38	81,1	24,5		okay	
12	Person 05	154	14	49,2	20,7		wegfiltern	
13	Person 06	172	20	63,5	21,5		wegfiltern	
14	Person 07	169	20	63,7	22,3		wegfiltern	
15	Person 08	176	19	78,4	25,3		wegfiltern	
16	Person 09	168	41	68,2	24,2		wegfiltern	
17	Person 10	177	17	82,7	26,4		wegfiltern	
18								

Abbildung B.8:   Tabelle mit AutoFilter für erkannte Liste

Die zweite Variante ist vor allem dann wichtig, wenn Ihre Tabelle leere Zeilen hat, so dass Excel darin mehrere Listen erkennt. In diesem Fall würde es den AutoFilter nur auf die aktuelle Liste anwenden, weshalb nur ein Teil der Tabelle vom AutoFilter erfasst wird, der übrige Teil hingegen nicht.

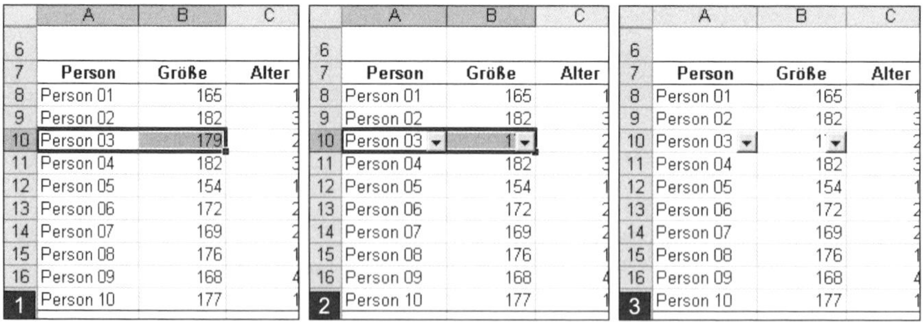

Abbildung B.9:   Tabelle mit manuell platziertem AutoFilter

> Sie können innerhalb eines Tabellenblatts nicht mehrere AutoFilter in unterschiedlichen Listen verwenden.

AutoFilter verwenden. Das Schöne am AutoFilter ist, dass er sich sehr einfach verwenden lässt. Aus der vorliegenden Tabelle sollen beispielsweise alle Personen herausgefiltert werden,

- die größer als 175 cm *und* (!)
- mindestens 31 Jahre alt sind.

»*Größe« filtern.* Beginnen Sie beispielsweise damit, zunächst nach der Körpergröße zu filtern:

1. Klicken Sie auf den Auswahlpfeil bei der Spalte »Größe«, um die Filtervarianten zu sehen. Da Sie keine bestimmte Größe, sondern einen Bereich benötigen, wählen Sie die Variante (BENUTZERDEFINIERT...).

2. Es öffnet sich das Dialogfeld BENUTZERDEFINIERTER AUTOFILTER. Wählen Sie hier bei GRÖSSE die Alternative IST GRÖSSER ALS und tragen Sie dahinter den Wert »175« ein. Da die gesuchte Größe nach oben offen ist, bleibt das zweite Kriterium leer.

3. Klicken Sie nun auf OK, um den AutoFilter auf die Spalte »Größe« anzuwenden.

Nun werden diejenigen Zeilen ausgeblendet, in denen eine Körpergröße von 175 cm und weniger vermerkt ist – »175,1« würde also eingeblendet bleiben, »175,0« hingegen wird ausgefiltert. Auffällig ist, dass einige der Zeilenüberschriften am linken Tabellenrand blau gefärbt sind. Damit signalisiert Ihnen Excel, dass der AutoFilter aktiv ist. Wenn Sie auf den AutoFilter schauen, erkennen Sie, dass der Auswahlpfeil in der Spalte »Größe« ebenfalls blau gefärbt ist.

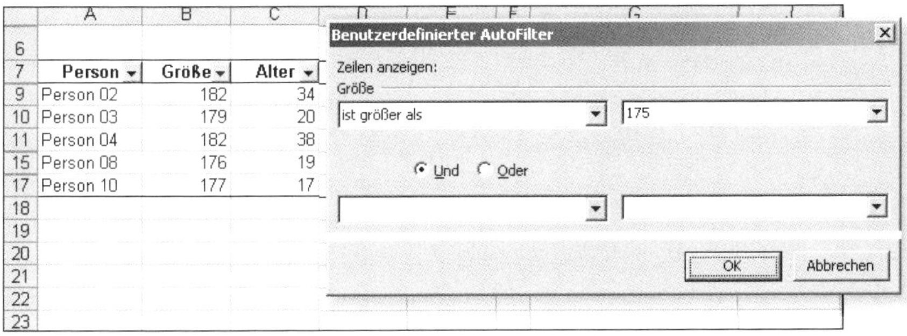

Abbildung B.10: AutoFilter für die Spalte »Größe«

»Alter« filtern. Die Aufgabe ist noch nicht vollständig umgesetzt. Bislang wird das Alter noch nicht berücksichtigt. »Person 03« beispielsweise ist zu jung:

1. Um als Nächstes die Liste auf alle Personen von mindestens 31 Jahren einzugrenzen, öffnen Sie den AutoFilter für die Spalte »Alter«; wählen Sie wiederum die Variante (BENUTZERDEFINIERT…).

2. Wählen Sie im Dialogfeld BENUTZERDEFINIERTER AUTOFILTER bei ALTER die Alternative IST GRÖSSER ODER GLEICH. Als Wert tragen Sie dahinter »31« ein.

3. Sobald Sie auf OK klicken, wird der AutoFilter angewendet.

Nun werden insgesamt zwei AutoFilter gleichzeitig verwendet. Sie können auch noch die weiteren AutoFilter verwenden, um die Liste weiter einzugrenzen. Alle Kriterien werden gleichzeitig angewendet – im Filterjargon spricht man auch von einer »UND«-Beziehung.

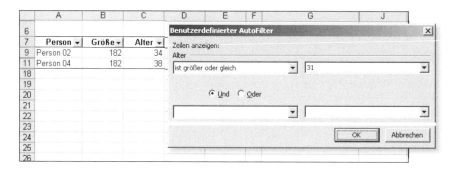

Abbildung B.11: AutoFilter für die Spalte »Alter«

> Mit AutoFiltern können Sie nur UND-verknüpft filtern – alle Kriterien müssen gemeinsam erfüllt sein. Diese Logik kennen Sie von der Excel-Funktion UND() (vgl. *Anhang A*).

AutoFilter zurücksetzen. Selbstverständlich können Sie die einzelnen Filterkriterien auch wieder zurücksetzen. Dazu wählen Sie im jeweiligen AutoFilter einfach die Variante (ALLE). Sie erkennen einen zurückgesetzten AutoFilter daran, dass sein Auswahlpfeil schwarz ist, nicht blau.

AutoFilter entfernen. Sie können die AutoFilter auch insgesamt wieder entfernen. Dadurch verschwinden nicht nur die Auswahlpfeile. Gleichzeitig werden auch alle zuvor gefilterten Tabellenzeilen wieder eingeblendet. Um den AutoFilter zu entfernen, deaktivieren Sie die Einstellung

DATEN ▸ FILTER ▸ AUTOFILTER

Spezialfilter verwenden. Der Spezialfilter bietet mehr Möglichkeiten als der AutoFilter. Um dies zu zeigen, soll zunächst das vorige Beispiel wiederholt werden, diesmal jedoch mit dem Spezialfilter. Eine Variante zeigt dann seine Vorzüge.

Nach »Größe« und »Alter« filtern. In der Tabelle sollen wie oben zunächst einmal diejenigen Personen herausgefiltert werden,

- die größer als 175 cm *und* (!)
- mindestens 31 Jahre alt sind.

Tabellenblattaufbau. Damit der Spezialfilter gelingt, sollte das Tabellenblatt in einer bestimmten Weise aufgebaut sein:

- Fügen Sie oberhalb der zu filternden Liste einige leere Zeilen ein.
- Diese Zeilen haben die gleiche Überschrift wie die Liste; am einfachsten ist es, den Listenkopf nach oben zu kopieren.
- Alle Filterkriterien stehen in den jeweiligen Spalten.

Um den Tabellenblattaufbau zu zeigen, werden die einzelnen Bereiche zeichnerisch in *Abbildung B.12* hervorgehoben. Da die beiden Filterkriterien gemeinsam erfüllt werden sollen, stehen sie in der gleichen Zeile, »>175« somit in der Zelle B4, »>=31« in der Zelle C4.

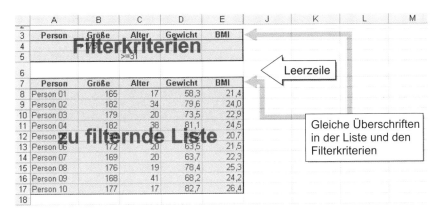

Abbildung B.12: Tabellenaufbau für Spezialfilter

> Der Spezialfilter gelingt nicht, wenn die Filterkriterien andere Spaltenüberschriften haben als die zu filternde Liste.

Filter aktivieren. Sobald der Aufbau stimmt, lässt sich der Filter recht einfach anwenden. Dazu öffnen Sie über

   DATEN ▶ FILTER ▶ SPEZIALFILTER...

das gleichlautende Dialogfeld. Folgende Einstellungen sind wichtig:

- Als LISTENBEREICH geben Sie die Zellen A7 bis E17 vor – die Überschrift gehört zur Liste!
- Der KRITERIENBEREICH steht in den Zellen A3 bis E4 – die Überschrift gehört wiederum dazu, Zeilen ohne Filterkriterium (= leere Zeilen) dagegen nicht!
- Als Aktion wählen Sie schließlich die Variante LISTE AN GLEICHER STELLE FILTERN, um die Liste direkt zu filtern.
- Das Kontrollfeld KEINE DUPLIKATE sollten Sie deaktiviert lassen, damit gleiche Zeilen mehrfach vorkommen können.

Sobald diese Einstellungen stimmen, klicken Sie auf OK. Der Spezialfilter blendet nun diejenigen Zeilen aus, die diese Kriterien nicht erfüllen. Wiederum werden die herausgefilterten Zeilen am linken Rand blau beschriftet, um zu zeigen, dass ein Filter aktiv ist.

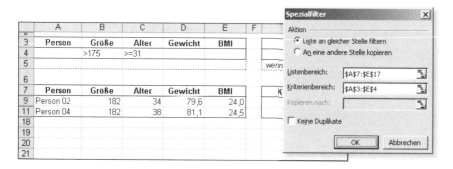

Abbildung B.13: Spezialfilter für »Größe« UND »Alter«

Die Filterkriterien werden übrigens nicht verknüpft. Sobald Sie ein neues Filterkriterium oben eintragen, müssen Sie den Filter zurücksetzen und neu starten, um die neuen Kriterien zu berücksichtigen.

Nach »Größe« oder »Alter« filtern. Die Vorteile des Spezialfilters lassen sich an einer etwas veränderten Aufgabenstellung zeigen. In der Tabelle sollen diesmal diejenigen Personen herausgefiltert werden,

- die größer als 175 cm *oder* (!)
- mindestens 31 Jahre alt sind.

Tabellenblattaufbau. Die Tabelle ist wie oben aufgebaut. Allerdings stehen die Filterkriterien in unterschiedlichen Zeilen, um Excel zu signalisieren, dass diese Kriterien nicht gleichzeitig, sondern alternativ erfüllt sein müssen:

- Zeile 1: Tragen Sie in die Zelle B4 das Kriterium »>175« ein.
- Zeile 2: In die Zelle C5 gehört das Kriterium »>=31«.

Filter aktivieren. Nun können Sie den Spezialfilter anwenden. Dazu öffnen Sie wiederum das Dialogfeld SPEZIALFILTER und legen die folgenden Einstellungen fest:

- Der LISTENBEREICH umfasst wie oben die Zellen A7 bis E17!
- Der KRITERIENBEREICH steht diesmal in den Zellen A3 bis E5 – wegen der ODER-Beziehung sind zwei Kriterienzeilen vorhanden!
- Die Einstellungen LISTE AN GLEICHER STELLE FILTERN und KEINE DUPLIKATE werden wie oben festgelegt.

Wiederum blendet der Spezialfilter die Zeilen aus, die diese Kriterien nicht erfüllen.

Spezialfilter zurücksetzen. Bevor Sie einen neuen Spezialfilter verwenden können, müssen Sie zunächst die vorhandene Filterung zurücksetzen. Das gelingt sehr einfach über

DATEN ▸ FILTER ▸ ALLE ANZEIGEN

Augenblicklich werden die blau beschrifteten Zeilenüberschriften am linken Tabellenrand wieder schwarz. Gleichzeitig werden alle ausgeblendeten Zeilen wieder eingeblendet.

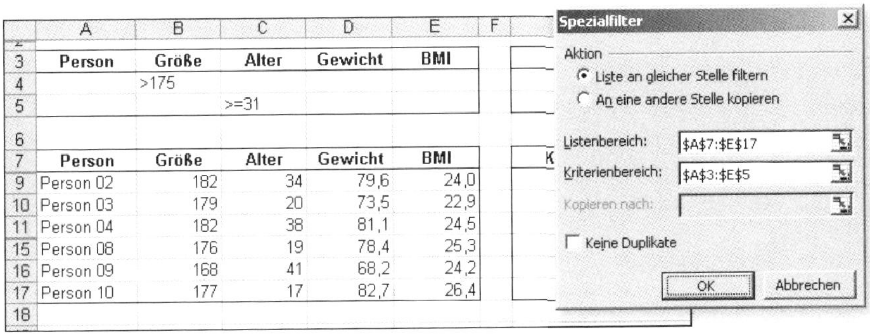

Abbildung B.14:   Spezialfilter für »Größe« ODER »Alter«

B.4 Sortieren

Eine weitere Hilfe in langen Listen ist das Sortieren der Zeilen. Hierbei geben Sie vor, welche Kriterien relevant sind und ob die Zeilen, entsprechend dem Kriterium, in aufsteigender oder absteigender Reihenfolge sortiert werden sollen.

Sortieren mit AutoFilter. Am schnellsten gelingt das Sortieren, solange der AutoFilter aktiv ist. Sie haben nämlich bei jedem AutoFilter auch die Auswahlvarianten AUFSTEIGEND SORTIEREN und ABSTEIGEND SORTIEREN. Beide Befehle sind selbsterklärend.

Sortieren ohne AutoFilter. Excel erlaubt es Ihnen aber auch, ohne aktivierten AutoFilter Tabellen zu sortieren. Das kann allerdings in zwei vollkommen unterschiedlichen Methoden umgesetzt gelingen, die Sie auch strikt unterscheiden sollten.

Begrenzter Zellenbereich. Sobald Sie mehr als eine Zelle markieren, können Sie das Sortieren auf den markierten Zellenbereich eingrenzen. Hierbei werden allerdings auch nur die Zellen im markierten Bereich zeilenweise sortiert, nicht hingegen die Werte in den Tabellenzeilen außerhalb der Markierung. Excel achtet jedoch innerhalb von Tabellenblättern auf die Listen. Angenommen, Sie markieren die Zellen B10 bis B12. Sobald Sie über

DATEN ▶ SORTIEREN…

das Dialogfeld SORTIEREN öffnen möchten, prüft Excel zunächst Ihre Markierung. In diesem Fall erkennt das Programm, dass Sie nur einen Teil einer Liste markiert haben. Wenn Sie fortfahren, werden Sie die Liste durcheinander wirbeln, weil nur einige der Werte sortiert werden, nicht alle. Deshalb erscheint eine SORTIERWARNUNG, wie in *Abbildung B.15* dargestellt. Hier müssen Sie die Variante MIT BESTEHENDER MARKIERUNG FORTFAHREN wählen, um das Dialogfeld auf den markierten Bereich weiterhin einzugrenzen.

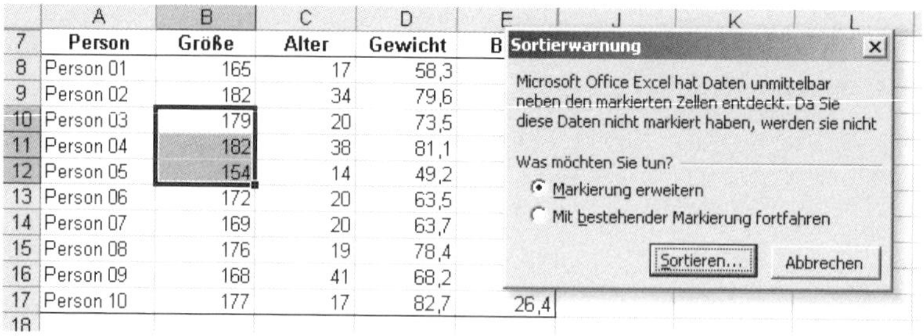

Abbildung B.15: Teilweise markierte Liste mit Sortierwarnung

Listenbereich. Solange nur eine Zelle markiert ist, zwingen Sie Excel, selbstständig nach Listen zu suchen, die sich sortieren lassen. Deshalb ist es meistens nicht nur die sichere, sondern auch die schnellere Art:

1. Markieren Sie eine (!) beliebige Zelle innerhalb einer Liste.
2. Öffnen Sie dann über DATEN ▸ SORTIEREN… das gleichnamige Dialogfeld.

Als Erstes klicken Sie auf OPTIONEN…, um das Dialogfeld SORTIEROPTIONEN zu öffnen:

- Als BENUTZERDEFINIERTE REIHENFOLGE wählen Sie STANDARD. Alternativ können Sie hier auch eine der benutzerdefinierten Listen vorgeben – was aber nur in besonderen Situationen weiterhilft.
- Wichtig ist noch die Einstellung ORIENTIERUNG. Hierüber können Sie festlegen, ob Sie ZEILEN SORTIEREN oder SPALTEN SORITEREN möchten. Die erste Variante ist die Standardeinstellung – und wird für das weitere Vorgehen benötigt. Mit der zweiten Variante können Sie die Spalten verschieben und neu sortieren.

Die Einstellungen können Sie übernehmen. Sie gelangen wieder zum Dialogfeld SORTIEREN. Hier können Sie bis zu drei Sortierkriterien vorgeben:

- Sofern Excel in der Liste Überschriften erkannt hat, verwendet es deren Bezeichnungen in der Sortierspaltenauswahl. Andernfalls finden Sie dort eingeklammert die Spaltenüberschriften vom Tabellenblatt, beispielsweise »(SPALTE B)«.
- Eine AUFSTEIGENDE Reihenfolge sortiert »0, 1, 2, 3, …« und »a, b, c, …«, eine ABSTEIGENDE Reihenfolge umgekehrt.

Noch sind aber nicht alle Einstellungen festgelegt. Wichtig sind schließlich die Einstellungen der Gruppe DATENBEREICH ENTHÄLT:

- Sofern die erkannte Liste eine Überschrift hat, sollten Sie die Alternative ÜBERSCHRIFT wählen – sonst wird die Überschrift ebenfalls mit sortiert, also »untergerührt«.
- Andernfalls oder um die Überschrift mit einzusortieren, wählen Sie die Alternative KEINE ÜBERSCHRIFT.

Sobald Sie auf OK klicken, wird die Liste entsprechend Ihren Vorgaben sortiert.

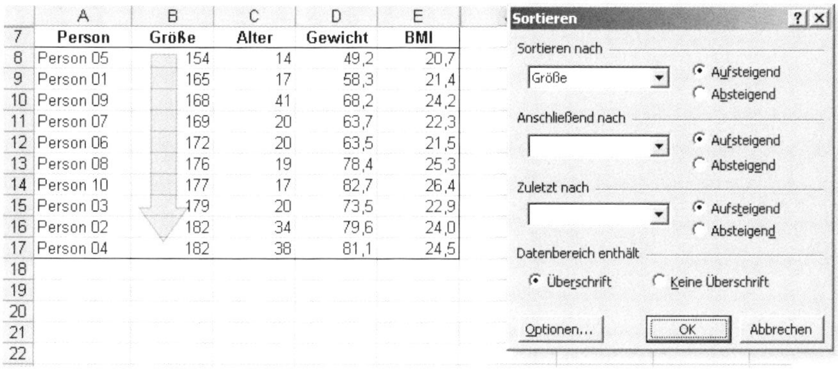

	A	B	C	D	E
7	Person	Größe	Alter	Gewicht	BMI
8	Person 05	154	14	49,2	20,7
9	Person 01	165	17	58,3	21,4
10	Person 09	168	41	68,2	24,2
11	Person 07	169	20	63,7	22,3
12	Person 06	172	20	63,5	21,5
13	Person 08	176	19	78,4	25,3
14	Person 10	177	17	82,7	26,4
15	Person 03	179	20	73,5	22,9
16	Person 02	182	34	79,6	24,0
17	Person 04	182	38	81,1	24,5
18					
19					
20					
21					
22					

Abbildung B.16: Sortierte Liste mit Dialogfeld

Wenn Sie in den SORTIEROPTIONEN als ORIENTIERUNG die Alternative SPALTEN SORTIEREN gewählt haben, werden im Dialogfeld SORTIEREN die Zeilenbezeichnungen aufgeführt anstelle der Spaltenbezeichnungen.

Auffällig an sortierten Listen ist, dass nur die Inhalte sortiert werden. Die Zeilenüberschriften am linken Rand des Tabellenblatts hingegen bleiben unverändert. Daraus ergeben sich zwei Hinweise:

- Im Unterschied zum Filtern können Sie eine Sortierung nicht »zurücksetzen« oder »aufheben«. Sie können eine Liste nur abermals sortieren.
- Wenn Sie die ursprüngliche Reihenfolge wieder herstellen müssen und diese sich nicht bereits aus einer Spalte ergibt, ergänzen Sie Ihre Liste vor (!) dem ersten Sortieren um eine weitere Spalte (»Reihenfolge«), in der alle relevanten Zeilen entsprechend der ursprünglichen Reihenfolge durchgezählt sind (gelingt sehr einfach mit Reihen, vgl. *Kapitel 4*).

Anhang C Fehler analysieren

Immer wieder ärgerlich sind Fehler in den Berechnungen. Leider gibt es zu viele Ursachen, die Fehler entstehen lassen, als dass ich Ihnen eine kurze Liste mit »wenn…dann«-Hinweisen geben könnte. Stattdessen werden zunächst die Fehlertypen von Excel unterschieden, um Ihnen anschließend Lösungsansätze aufzuzeigen. Auf logische Fehler wie ein verkehrt gewähltes Rechenzeichen (»Vorzeichenfehler«) werde ich allerdings nicht eingehen.

Anlage C.1: Programmhinweise zu Vorversionen.

Anlage C.2: Einstellungen und Tastenkombinationen.

C.1 Fehlertypen unterscheiden

Die folgenden Ausführungen konzentrieren sich auf solche Fehler, die Excel Ihnen durch eine Fehlermeldung ankreidet. In *Abbildung C.1* sehen Sie die beiden Anzeigevarianten, Fehlerindikator und Statusleiste.

Abbildung C.1: Fehlermeldungen

Fehler sind *Ergebnistypen*. Die meisten Fehler werden stets in der Zelle signalisiert, in der sie auftreten. Excel blendet in diesem Fall einen kleinen Fehlerindikator ein – sobald Sie die Zelle markieren, erscheint ein Fehler-Smarttag. Das muss jedoch nicht heißen, dass in dieser Zelle auch der Fehler verursacht wird; denken Sie nur an die Eingabebeispiele in *Kapitel 4*. Gerade wenn Sie in der Zelle mithilfe von Bezügen mehrere Werte zusammenführen, kann der Fehler ganz woanders liegen. Die zweite Möglichkeit, eine Fehlermeldung zu erhalten, geschieht über die Statusleiste. Der Fehler »Zirkelbezug« wird hier signalisiert.

Fehlerprüfung einstellen. Zunächst sollten Sie die Fehlerprüfung für Ihre Zwecke passend einstellen. Dazu aktivieren Sie die Einstellung

> EXTRAS ▶ OPTIONEN… ▶ FEHLERÜBERPRÜFUNG : FEHLERÜBERPRÜFUNG IM HINTERGRUND AKTIVIEREN

Dort können Sie dem Fehlerindikator auch eine Farbe zuweisen. In der Gruppe REGELN darunter haben Sie zudem die Möglichkeit, beispielsweise ALS TEXT GESPEICHERTE ZAHLEN als Fehler anmerken zu lassen.

Wenn die Einstellungen auf Ihre Arbeitssituation passen, sollen als Nächstes die Fehlertypen unterschieden werden.

Fehlermeldung »########«. Dieser Fehler ist eigentlich keiner, sondern lediglich ein Darstellungsproblem.

Ursache. Sobald ein Wert nicht mehr in eine Zelle passt, weil er zu groß ist, wird der gesamte Wert durch diese Doppelkreuze maskiert. Im Unterschied zum Text können Zahlen nicht in die angrenzende Zelle hineinfließen.

Abhilfe. Verbreitern Sie einfach die Spalte oder markieren Sie die gesamte Spalte und wählen Sie über

> FORMAT ▶ SPALTE ▶ OPTIMALE BREITE FESTLEGEN

gleich die optimale Spaltenbreite, um diese Meldung zu beseitigen.

Fehlermeldung »#BEZUG!«. Diese Fehlermeldung kann immer dann entstehen, wenn Sie Bezüge verwenden.

Ursache. Beispielsweise könnten Sie auf einen Bereich in einem anderen Tabellenblatt verweisen, das inzwischen aus der Arbeitsmappe gelöscht wurde – der Bezug ist also ungültig. Normalerweise passt Excel die Bezüge an, wenn Sie Tabellenblätter umbenennen, auf die bereits verwiesen ist.

Abhilfe. Um diese Fehlermeldung zu beseitigen, überprüfen Sie sorgfältig die Bezüge und schauen Sie nach, wo sich möglicherweise ein Rechtschreibfehler verbirgt.

Fehlermeldung »#NAME?«. Diese Fehlermeldung ist das Pendant zur vorigen, »#BEZUG!«.

Ursache. Wenn Sie in eine Zelle etwas eingeben, was weder als Funktion noch als Namensbezug gedeutet werden kann, wird diese Fehlermeldung ausgegeben.

Abhilfe. Normalerweise sind die Ursache hierbei Rechtschreibfehler. Prüfen Sie wie unten beschrieben, ob Sie einen Bezug innerhalb des Tabellenblatts nicht richtig eingegeben oder eine Funktion falsch bezeichnet haben.

Fehlermeldung »#DIV/0!«. Diese Fehlermeldung signalisiert Ihnen einen Berechnungsfehler.

Ursache. An irgendeiner Stelle innerhalb der Formel wird eine Größe durch Null dividiert.

Abhilfe. Da Bezüge auf leere Zellen den Wert Null mitbekommen, ist manchmal ein Bezug auf eine leere Zelle bereits die Ursache. Ansonsten schauen Sie, wie unten beschrieben, wo die Ursache liegt.

Fehlermeldung »#ZAHL!«. Hierbei ist die Ursache ähnlich wie bei der vorherigen Fehlermeldung in einer unzulässigen Berechnung zu suchen.

Ursache. Beispielsweise erzeugt der Versuch, die zweite Wurzel aus einer negativen Zahl zu ziehen, diesen Fehler.

Abhilfe. Wiederum müssen Sie alle Schritte der Berechnung prüfen. Wie das genau geht, wird anhand dieses Fehlers unten beschrieben.

Fehlermeldung »#NULL!«. Diese Fehlermeldung erscheint immer dann, wenn sich zwei Bereiche nicht überschneiden, obwohl sie dies tun sollten.

Ursache. Beispielsweise erzeugt die Eingabe in C1 »=SUMME(A1:A2 B1:B2)« diese Meldung, weil aufgrund des Leerzeichens zwischen beiden Bereichen ein unzulässiger Bereich entsteht.

Abhilfe. Im konkreten Fall würde ein Semikolon genügen, um die beiden Funktionsargumente korrekt voneinander zu trennen und die Fehlermeldung zu beseitigen. Ansonsten schauen Sie Ihre Berechnung auf fehlerhafte Berechnungen durch.

Fehlermeldung »#NV!«. Diese Fehlermeldung entsteht normalerweise im Zusammenspiel mit Funktionen.

Ursache. Meistens besteht die Ursache darin, dass eine Funktion nicht genügend Argumente mitbekommt, um ein Ergebnis zu produzieren.

Abhilfe. Schauen Sie sorgfältig die einzelnen Funktionen anhand des Dialogfelds daraufhin durch, ob alle notwendigen Argumente definiert sind.

Fehlermeldung »#WERT!«. Bei dieser Fehlermeldung ist die Ursache normalerweise, dass unterschiedliche Datentypen in eine Berechnung einfließen.

Ursache. Da die Datums- und Uhrzeitwerte intern als serielle Zahl und die logischen Werte intern als Null und Eins gehandhabt werden, ist die Ursache meistens, dass eine Zahl aufgrund falscher Eingabe als Text in der Zelle ist oder von vornherein eine Zelle mit Text in die Berechnung einfließt; dies finden Sie in *Kapitel 4* dokumentiert.

Abhilfe. Prüfen Sie in den einzelnen Rechenschritten, ob die Daten im richtigen Format übergeben werden. Achten Sie im Dialogfeld FUNKTIONSARGUMENTE darauf, ob jedes Argument im richtigen Datentyp vorliegt.

Fehler »Zirkelbezug«. Der Zirkelbezug wird, wie oben angedeutet, nur über die Statusleiste signalisiert.

Ursache. Ein Zirkelbezug ist ein Bezug auf sich selbst. Wenn Sie in die Zelle A1 einen Bezug auf A1 eingeben, also »=A1«, werden Sie diese Fehlermeldung provozieren. Aber auch die Summenformel mit einem Spaltenbezug, »=SUMME(A:A)«, wird den Fehler provozieren, solange sich diese Formel innerhalb einer Zelle der Spalte A befindet. Schließlich würde diese Formel alle Zelleninhalte innerhalb der Spalte A summieren. Da sich die Summe aber in der gleichen Spalte befindet, wäre sie sowohl Ergebnis als auch Teil der Berechnung – ein unlösbares Problem. Sie können einen Zirkelbezug aber auch bekommen, wenn Sie über mehrere Zellen hinweg Bezüge verketten, die schließlich einen geschlossenen Zirkel bilden.

Abhilfe. Zirkelbezüge lösen Sie auf, indem Sie alle Bezüge kontrollieren. Achten Sie darauf, wo ein Bezug in der Annahme das noch zu bestimmende Ergebnis verwenden möchte.

C.2 Spuren verfolgen

Manchmal lassen sich Fehler bereits dadurch aufklären, dass die Bezüge sichtbar gemacht werden. Vor allem logische Fehler können Sie auf diese Weise beseitigen. In *Kapitel 5* haben Sie schon erfahren, wie Sie die VORGÄNGER und NACHFOLGER einer Zelle *markieren* können.

Diese Markierungen haben aber zwei Nachteile. Erstens verschwinden sie wieder, sobald Sie etwas anderes markieren. Außerdem erscheinen sie nicht im Ausdruck. Beide Nachteile vermeiden Sie mit der folgenden Variante.

Bezüge einzeichnen. Excel bietet nämlich auch die Möglichkeit, die Bezüge durch Pfeile optisch hervorzuheben. Am einfachsten gelingt das über die Symbolleiste FORMELÜBERWACHUNG, die Sie alternativ zum Weg aus *Kapitel 1* auch über

EXTRAS ▶ FORMELÜBERWACHUNG ▶ DETEKTIVSYMBOLLEISTE ANZEIGEN

einblenden können – unter Excel 2000 heißt die entsprechende Symbolleiste DETEKTIV. Um die Bezüge der markierten Zelle deutlich zu machen, haben Sie die folgenden Alternativen:

- Wenn Sie die SPUR ZUM VORGÄNGER einzeichnen, werden alle Bezüge, die sich in der markierten Zelle befinden, durch Pfeile hervorgehoben.
- Zeichnen Sie hingegen die SPUR ZUM NACHFOLGER ein, werden Pfeile auf alle Zellen eingezeichnet, die auf die markierte Zelle zurückgreifen.

Lassen Sie sich die Bezüge einzeichnen, um bei problematischen Berechnungen die einbezogenen Zellen leichter zu finden. Verwenden Sie aber zunächst fehlerfreie Formeln, um die Pfeile richtig zu verstehen.

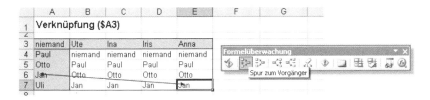

Abbildung C.2:   Tabellenblatt mit eingezeichneter Spur zum Vorgänger

Bezugsspuren löschen. Wenn Sie die Spuren auf die Bezüge entfernen möchten, haben Sie mehrere Möglichkeiten:

- Um *einzelne* Spuren zu entfernen, klicken Sie in der Symbolleiste FORMELÜBERWACHUNG auf SPUR ZUM VORGÄNGER ENTFERNEN oder SPUR ZUM NACHFOLGER ENTFERNEN.
- Um das Tabellenblatt wieder ganz sauber zu bekommen, klicken Sie auf ALLE SPUREN ENTFERNEN.

C.3 Berechnungen nachvollziehen

Wenn das Anzeigen der Bezüge den Fehler nicht beseitigen kann, hilft alles nichts – Sie müssen die Berechnung schrittweise nachvollziehen.

Seit der Version 2002 bietet Excel erstmals einen Assistenten, um Berechnungen schrittweise nachzuvollziehen. Dessen Verwendung soll an einem eindeutigen Fehler gezeigt werden. Wie Sie in *Abbildung C.3* sehen, enthält die Zelle B6 den Inhalt »=WURZEL(B4-2)« – da die Zelle B4 den Wert »1« enthält, muss der Versuch, aus einer negativen Zahl eine negative Wurzel zu ziehen, zwangsläufig scheitern. Dass auch Excel diesen Fehler erkannt hat, sehen Sie nicht nur an dem Fehlerindikator links oben in der Zelle. Da die Zelle markiert ist, wird außerdem der Smarttag für Fehler eingeblendet. In der Abbildung sehen Sie ebenfalls die Symbolleiste FORMELÜBERWACHUNG, die Sie bereits aus dem vorigen Abschnitt kennen.

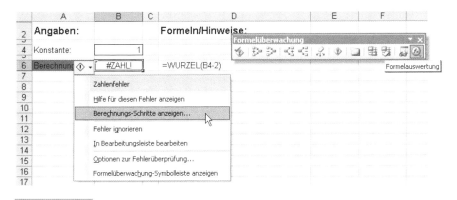

Abbildung C.3:   Fehlermeldung »#ZAHL!« auswerten

Berechnung nachvollziehen. Um die einzelnen Rechenschritte von einer Zelle nachzuvollziehen, müssen Sie die gewünschte Zelle zunächst markieren. Öffnen Sie dann über

EXTRAS ▶ FORMELÜBERWACHUNG ▶ FORMELAUSWERTUNG

das Dialogfeld FORMEL AUSWERTEN; im Kontextmenü des Smarttags müssen Sie auf BERECHNUNGS-SCHRITTE ANZEIGEN… klicken, um das Dialogfeld zu öffnen.

In diesem Dialogfeld, dargestellt in *Abbildung C.4*, sehen Sie als BEZUG die Zelladresse der markierten Zelle mitsamt Tabellenblatt. Prüfen Sie hierüber, ob Sie die richtige Zelle ausgewählt haben; in diesem Fall ist das bereits richtig. In der Vorschau AUSWERTUNG sehen Sie, was Excel im Ergebnis auszuwerten versucht. Sobald die Zelle eine mehrteilige Formel enthält, können Sie somit den Fehler auf einen bestimmten Teil der Formel eingrenzen.

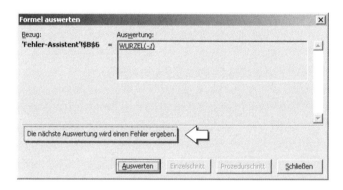

Abbildung C.4: Dialogfeld »Formel auswerten«

Auswertung beginnen. Um die Auswertung zu starten, klicken Sie auf

[FORMEL AUSWERTEN] ▶ AUSWERTEN

Zunächst wird Excel versuchen, die Formel entsprechend Ihrer Vorgabe auszuwerten. Wie Sie in *Abbildung C.4* bereits sehen konnten, weist Excel Sie darauf hin, dass »*die nächste Auswertung (..) einen Fehler ergeben*« wird. Indem Sie die markierte Zelle über das Dialogfeld auswerten lassen, wird somit der Fehler angezeigt, es ist »#ZAHL!«.

Zwischenschritte analysieren. Nachdem die erste Auswertung ergeben hat, dass die Zelle tatsächlich einen Fehler enthält, können Sie als Nächstes auf

[FORMEL AUSWERTEN] ▶ NEU STARTEN

klicken. Hierüber wird die Analyse neu gestartet – diesmal aber können Sie sich die Zwischenschritte einzeln anschauen. Um das weitere Vorgehen zu verstehen, werfen Sie einen Blick in *Abbildung C.5* und *Abbildung C.6*. In diesem Flussdiagramm werden alle Schritte dargestellt.

Achten Sie in der Vorschau AUSWERTUNG auf den unterstrichenen Teil – der wird von Excel gerade analysiert.

Nachdem Sie die Analyse neu gestartet haben, beginnt Excel, die einzelnen Zwischenrechnungen aufzulösen. Zunächst wird der Ausdruck »B4« unterstrichen. Da das ein Bezug ist, muss das Ergebnis erst ermittelt werden. Hierfür haben Sie zwei Alternativen:

- Wenn Sie die Berechnung dieses Ergebnisses nicht interessiert, klicken Sie auf AUSWERTEN und Sie werden direkt zum nächsten Zwischenschritt innerhalb der zunächst markierten Zelle gelotst.
- Falls wie in diesem Fall die Berechnung dieses markierten Bezugs wichtig ist, sollten Sie auf EINZELSCHRITT klicken. Wie in *Abbildung C.5* zu sehen, wird der abhängige Ausdruck analysiert (Verzweigung A) – Sie gelangen zu *Abbildung C.6*.

Der entsprechende Schritt wird nun analysiert. Da es sich um einen Bezug handelt, ändert sich die Adresse im Bereich BEZUG vom Dialogfeld auf den jetzt zu analysierenden. Dieser Ausdruck wird nun in seine Bestandteile aufgelöst:

- Besteht der zu analysierende Ausdruck aus weiteren Bezügen, können Sie auf EINZELSCHRITT klicken, um die in diesen Ausdruck eingehenden Bezüge einzeln zu analysieren.
- Wenn Sie an einer tiefergehenden Analyse nicht interessiert sind oder – wie im vorliegenden Fall – der Ausdruck nicht tiefer aufgelöst werden kann, klicken Sie auf PROZEDURSCHRITT. Sie gelangen dann wieder zur zuletzt analysierten Zelle.

Hier angekommen, können Sie soweit möglich mit AUSWERTEN die Berechnungen auf gleicher Ebene ausführen. Falls erforderlich und möglich, können Sie auch wieder in die EINZELSCHRITTE hineinschauen.

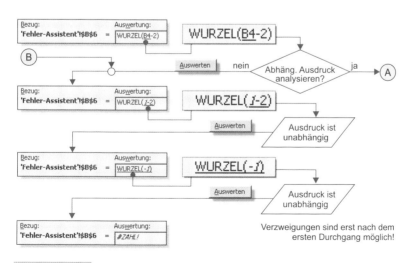

Abbildung C.5:   Flussdiagramm »Fehlerauswertung« (Teil 1)

Wie Sie in *Abbildung C.5* erkennen, wird zunächst der Bezug auf die Zelle B4 aufgelöst. Da hier als Konstante der Wert »1« steht, ergibt sich im nächsten Auswertungsschritt der Ausdruck »1-2«. Wenn Sie diesen Ausdruck ausrechnen, kommt »-1« heraus, der dritte Schritt in der Auswertung. Excel wird im letzten Schritt der Auswertung also versuchen, »WURZEL(-1)« aufzulösen – was auf den Fehler »#ZAHL!« hinausläuft.

Im Beispiel habe ich darauf verzichtet, die Berechnung der Zelle B6 tiefer zu verschachteln. Deshalb wird die in *Abbildung C.6* vorhandene tiefere Einzelschrittverzweigung nicht verwendet. Um sie auszuprobieren, brauchen Sie nur den Zelleninhalt von B4 in beispielsweise D4 zu verlegen und in B4 entsprechend einen Bezug auf D4 einzugeben.

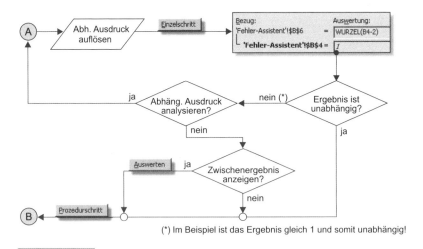

Abbildung C.6: Flussdiagramm »Fehlerauswertung« (Teil 2)

Dieser Assistent wird den Fehler nicht beseitigen. Aber nicht immer ist es so einfach, einen Fehler herauszufinden. Gerade wenn Sie mit verschachtelten Funktionen und zahlreichen Bezügen arbeiten, kann Ihnen der Assistent helfen, die anfallenden Rechenschritte zu überblicken.

Stichwortverzeichnis

Symbols

268
#BEZUG! 268
#DIV/0! 268
#NAME? 268
#NULL! 269
#NV! 269
#WERT! 269
#ZAHL! 269

A

Abbrechen 36
absolute Bezüge 94
Achsen
    betiteln 213
    formatieren 213
    Maximum 212
    Minimum 212
    skalieren 211
    Unterscheidung 211
    verändern 211
ACHSENABSCHNITT() 155
Achsenversatz (Statistik) 150
Addition (Operator) 104
Aktion
    abbrechen 36
    rückgängig machen 36
    wiederholen 37
Anpassungsmodus 26
Ansicht
    Formeln 89
    Ganzer Bildschirm 22
    Normalansicht 21
    Seitenansicht 22, 216
    Seitenumbruchvorschau 21
Antwort-Assistent siehe Hilfe-Assistent
ANZAHL() 228, 230
ANZAHL2() 229f.
Arbeitsbereich speichern 32
Arbeitsblatt
    ausblenden 54
    einblenden 55
    geschützt 25
    kopieren 53f.
    löschen 54
    markieren 49f.
    Markierung aufheben 50
    umbenennen 51
    verschieben 52f.
Arbeitsmappe
    Einstellungen 47
    Freigabe mit Änderungsprotokoll 25
    Freigabe ohne Änderungs-
        protokoll 25
    geschützt 25
    neu anlegen 48
    Normalzustand 24
    retten 37
Arbeitsmethodik
    Annahmen 40
    Auswertungsspalten 43
    Auswertungszeilen 44
    Ergebnis 40f.
    Hilfstabellen 43
    Kontrollspalten 43
    Tabellenauswertung 41
    Zwischenschritte 40
Arbeitsverzeichnisse
    Backup 16
    Diplomarbeit 16
    Material 16
    Vortrag 16
Argument (Funktion) 111
Aufgabenbereich (Bildschirmelement) 19
Aufgabenbereich speichern 32
AUFRUNDEN() 235
Ausblenden
    Arbeitsblatt 54
    Spalte 256
    Zeile 257

Auswahlliste 68
    automatisch 69
    Vervollständigung 69
AutoFilter 26, 257f., 260
AutoWiederherstellen-Info 32

B

Balkendiagramm 193
Barwert 126
Bearbeitungsleiste 18f.
Benutzerdefinierte Listen 67
BESTIMMTHEITSMASS() 152
Bezug 58
    A1-System 90
    absolut 94
    Dialogfeld maximieren 92
    Dialogfeld minimieren 91
    eingeben (Bearbeitungsleiste) 90
    einzeichnen 270
    markieren 97
    Nachfolger 97
    Nachfolgerzellen 98
    relativ 93
    Spaltenbezug 95
    Spur löschen 271
    Spur zum Nachfolger 270
    Spur zum Vorgänger 270
    Tabellenblatt 96
    umwandeln 95
    Vorgänger 97
    Zeilenbezug 95
Bildlaufleiste 20
Blasendiagramm 198
Blattregister 20
Bruchzahlen siehe Zahl
Buchhaltungswerte siehe Zahl
BW() 131

C

Computerviren vermeiden 33

D

Datei speichern
    automatisch 32
    Einstellungen 31
    manuell 31
Dateinamen verwenden 15
Datenanalyse 141
Datenbeschriftung 210
Datenpunkt
    Eigenschaften 205
    formatieren 209
Datenreihe 205
    beschriften 210
    Diagrammtyp ändern 205f.
    einfügen 207
    entfernen 208
    erweitern 208
    formatieren 209
    Reihenfolge ändern 208
    Sekundärachse 206, 211
Datentabelle 203
Datentyp
    Datum 59
    Text 59
    Uhrzeit 59
    Wahrheitswert 59
    Zahl 59
Datentyp zuweisen
    Datum 80
    Text 62
    Uhrzeit 83
    Zahl 74, 76
Datum
    Berechnungen 161
    Datentyp 59
    eingeben 80
    Einstellungen 80
    Excel-Logik 161
    Ländereinstellungen 80
    markieren 83
    Monat addieren 162
    Reihe per Maus 82
    Reihe per Menü 82
    Tag addieren 162
DATUM() 162

Diagramm
    Achsen 177, 211
    Assistent 174
    ausblenden, siehe Arbeitsblatt ausblenden
    Datenbeschriftung 177
    Datenpunkt 205
    Datenquelle 207
    Datenreihe 205
    Datentabelle 177, 203, 205
    Diagrammfläche 202f.
    Druckeinstellungen 224
    einblenden, siehe Arbeitsblatt einblenden
    einfügen 175
    Element wählen 202
    Farbpalette festlegen 171
    Füllfarben 172
    Gitternetz 214
    Gitternetzlinien 177
    Größe anpassen (Drucken) 225
    Interpretationsprobleme 190
    kopieren, siehe Arbeitsblatt kopieren
    Legende 177, 203f.
    Linien 172
    löschen, siehe Arbeitsblatt löschen
    Maßlinie 212
    modifizieren 202
    Optionen 177
    platzieren 203
    Platzierung 178
    Primärachse 206, 211
    Quelldaten 176
    Schriftgrad 203
    Sekundärachse 206, 211
    Tabellenstruktur 173
    Titel 177, 203
    Typ festlegen 175
    Typ wechseln 205f.
    umbenennen, siehe Arbeitsblatt umbenennen
    verschieben, siehe Arbeitsblatt verschieben
    Zeichnungsfläche 202
Diagrammtypologie
    Balkendiagramm 193
    Blasendiagramm 198
    Funktionsdiagramm 201
    Gestapelten Balken 195
    Häufigkeitsdiagramm 199
    Korrelationsdiagramm 195
    Kreisdiagramm 181
    Kursdiagramm 191
    Liniendiagramm 188
    Netzdiagramm 184
    Punkt(XY) 195, 201
    Rangfolgediagramm 193
    Ringdiagramm 183
    Säulendiagramm 186, 199
    Standardtypen 175, 179
    Strukturdiagramm 181
    Trendlinie 197
    Zeitreihen 185
Division (Operator) 105
Drucken
    Diagrammgröße 225
    Druckbereich 217, 221
    Kontrolle 215
    Qualität 218, 226
    Reihenfolge festlegen 224
    Skalierung 218
    starten 216
Druckereigenschaften 217

E

Einblenden
    Arbeitsblatt 55
    Spalte 256
    Zeile 257
Einfügen 122f.
Eingabe
    Ablauf 58
    Bearbeitungsleiste 63
    mehrere Tabellenblätter 70
    mehrere Zellen 70
    Richtung 57
    Zellenbearbeitung 64

F

Fehler
    ###### 268
    #BEZUG! 268

#DIV/0! 268
#NAME? 268
#NULL! 269
#NV! 269
#WERT! 269
#ZAHL! 269
    auswerten 271f.
    Ergebnistyp 59, 267
    Fehlerprüfung 268
    Programmeinstellungen 268
    Zirkelbezug 269
Fenster
    fixieren 23
    Fixierung aufheben 23
    teilen 23
    Teilung aufheben 24
Festplatte organisieren 15
Filter
    AutoFilter 257
    AutoFilter aktivieren 258
    AutoFilter entfernen 260
    AutoFilter zurücksetzen 260
    Spezialfilter 260
    Spezialfilter aktivieren 261
    Spezialfilter verwenden 262
    Spezialfilter zurücksetzen 262
Formel 59, 118
    einfach 119
    markieren 97
    Matrixformeln 119
Funktion 58, 110
    Argumente 111
    Aufbau 111
    einfügen 113
    Eingabe 114
    Eingabe überprüfen 116
    eingeben 113
    Name 111
    suchen 113
    Übersicht 110
    Vorteile 117
Funktionsdiagramm siehe Diagrammtypologie
Fußzeile 219

G

Ganzer Bildschirm (Ansicht) 22
GANZZAHL() 168
Genauigkeit wie angezeigt 89
GEOMITTEL() 145
Gestapelten Balken 195
Gitternetz 214
    Hauptgitter 214
    Hilfsgitter 214
Gitternetzlinien 20
Gleichheit 107
Größenachse (X) 211
Größer 107
Gültigkeitsprüfung 84
    markieren 87
    Text 85
    Zahl 86

H

Häufigkeitsdiagramm siehe Diagrammtypologie
Hauptstrich 213
Hilfe
    Assistent 26
    Direkt-Abfrage 27
    Direkthilfe im Programm 27
    Direkthilfe in Dialogfeldern 27
    Online-Hilfe 26
    Programmhilfe 26
Hilfsstrich 213

I

IDENTISCH() 241
INDEX() 232f., 246
    Bezug-Variante 233
    Matrix-Variante 232
Intervallskala 180
ISTZAHL() 237

J

JAHR() 163

K

KAPZ() 138
Karl Klammer siehe Hilfe-Assistent
Kategorie siehe Datentyp
Klammern
    nachvollziehen 109
    verwenden 109
Kleiner 107
Knowledge-Base (Microsoft) 28
Konstante 58
Kopfzeile 219
Kopieren 122
Korrelationsdiagramm siehe Diagramm-
    typologie
KOVAR() 155
Kovarianz 147
Kreisdiagramm 181
Kursdiagramm 191

L

Legende 203f.
Lesezugriff schützen 35
Linearisierung 157
Liniendiagramm 188
Listen 45
    Merkmale 46

M

Makrosicherheit anpassen 34
Makrovirus 34
Markieren
    Arbeitsblatt (alle) 50
    Arbeitsblatt (einzeln) 49
    Arbeitsblatt (mehrere) 49
    Arbeitsblatt (selektiv) 49
    Bezug 97
    Datum 83
    Formel 97
    Gruppierung aufheben 50
    Gültigkeitsprüfung 87
    Namen 103
    Spalte 254
    Spalten- und Zeilenunterschiede 71
    Text 72
    Uhrzeit 84
    Zahl 78
    Zeile 255
    Zellenbereich 251, 253
Maßlinie 212
Matrixformel 119
    Aufbau 120
    eingeben 119
Menüleiste 17
Merkmale 142
Merkmalsausprägung 142
Merkmalsträger 141
Methodik, Einzelaufgaben 39
Microsoft Knowledge-Base siehe Know-
    ledge-Base
Microsoft Windows Backup 33
Minus siehe Operatoren
Mittelwert (arithmetisch) 145
MITTELWERT() 145
MONAT() 163
Multiplikation (Operator) 105

N

Nachfolger (Bezüge) 97
Namen 98
    automatisch erstellen 100
    definieren (Dialogfeld) 99
    Einschränkungen 98
    entfernen 101
    markieren 103
    übernehmen 102
    umbenennen 101
    verschieben 101
    verwenden 102
    zuweisen (Namensfeld) 100
Namensfeld 18, 100
Netzdiagramm 184
Nominalskala 180
Normalansicht 21

O

Office-Assistent siehe Hilfe-Assistent
Operator 104
    Addition 104
    arithmetisch 104

Division 105
Multiplikation 105
Potenz 106
Subtraktion 104
Vergleich 107
Verkettung 107
weitere 108
Ordinalskala 180
Ordnerstruktur
 anpassen 15
 Aufgaben 15
 Backup 15
Orientierung 218

P

Passwort zuweisen 35
Persönliche Informationen entfernen 35
Plus siehe Operator
POTENZ() 146
Potenzieren (Operator) 106
Primärachse 206, 211
PRODUKT() 146
Prozentwerte siehe Zahl
Punkt(XY)-Diagramm 195, 201

Q

QuickInfo verwenden 115
QUOTIENT() 106

R

Rangfolgediagramm siehe Diagramm-
 typologie
Regressionsanalyse
 linear 142
 logarithmisch 157
relative Bezüge 93
REST() 168
Restriktionen
 Datum 80
 Eingabe 46
 Mathematik 46
 Namen 98
 Statistik 47

Tabellengröße 47
Uhrzeit 166
Ringdiagramm 183
RMZ() 133
Rubrikenachse 211
Rubrikendaten 173
Rückgängig 36
RUNDEN() 89

S

Säulendiagramm 186, 199
Scheingenauigkeit 190
Scheingleichheit 190
Scheinverschiedenheit 191
Seite einrichten 218
Seitenansicht 22, 216
Seitenrand 219
Seitenumbruch
 festlegen 222
 Vorschau 222
 zurücksetzen 223
Seitenumbruchvorschau 21
Sekundärachse 206, 211
serielle Datumszahl 161, 164
Sicherheitsstufe 34
Sicherheitsupdate siehe Knowledge-Base
Skalen
 Intervallskala 180
 Nominalskala 180
 Ordinalskala 180
 Verhältnisskala 180
Skalierung 211
Sortieren
 mit AutoFilter 263
 per Menü 263
 Sortieroptionen 264
 Sortierwarnung 263
Spalten und Zeilen
 fixieren 23
 Fixierung aufheben 23
Spalten- und Zeilenunterschiede 71
Spaltenbreite anpassen 268
Spaltenüberschriften 20
Speichern 31
Spezialfilter 260ff.
STABWN() 153

Statusleiste 19
    Berechnungen 121
Steigung (Statistik) 149
STEIGUNG() 154
Strukturdiagramm siehe Diagrammtypologie
Subtraktion (Operator) 104
SUMME() 144, 249
Symbolleiste 18

T

Tabelle
    ausblenden, siehe Arbeitsblatt ausblenden
    Druckbereich 221
    einblenden, siehe Arbeitsblatt einblenden
    einfügen, siehe Arbeitsblatt einfügen
    kopieren, siehe Arbeitsblatt kopieren
    löschen, siehe Arbeitsblatt löschen
    mehrfach einfügen, siehe Arbeitsblatt mehrfach einfügen
    umbenennen, siehe Arbeitsblatt umbenennen
    verschieben, siehe Arbeitsblatt verschieben
TAG() 163
Text
    Auswahlliste 68
    Benutzerdefinierte Listen 67
    Datentyp 59
    Eingeben 62
    Gültigkeitsprüfung 85
    markieren 72
    Reihe vervollständigen 66
    Textreihen eingeben 65
Titelleiste 17
TREND() 151
Trendfunktion (Diagramme) 149, 158
Trendlinie 210
    ergänzen 197
Trendwert 150

U

Uhrzeit
    eingeben 83
    Excel-Logik 164
    Ländereinstellungen 83
    markieren 84
    Minute addieren 165
    Rechenbeispiel 166
    Reihe 84
    Restriktionen 166
    Stunde addieren 165
UhrzeitDatentyp 59
UND() 240
Ungleichheit 107

V

Varianz 148
VARIANZENA() 156
VBA-Makroschutz 34
VERGLEICH() 243f.
Verhältnisskala 180
Verkettungsoperator 107
Vertrauenswürdige Quellen (Virenschutz) 34
Virenschutz 34
Vorgänger (Bezüge) 97

W

Währungsbeträge siehe Zahl
Wahrheitswert (Datentyp) 59
WENN() 230, 247, 249
Wiederholungsspalten (Drucken) 222
Wiederholungszeilen (Drucken) 222
Wissenschaftliches Arbeiten 14
    Arbeitsablauf 14
    Prüfungsleistung 14

Z

Zahl
    benutzerdefiniert 76
    Bruchzahlen 76
    Buchhaltungswerte 75

Datentyp 59
    eingeben 74
    Gültigkeitsprüfung 86
    Ländereinstellungen 74
    markieren 78
    Prozentwerte 75
    Reihe per Maus 77
    Reihe per Menü 77
    Systemeinstellungen 74
    Währungsbeträge 75
    wissenschaftlich 76
Zeichnungsfläche (Diagramm) 202
Zeilen- und Spaltenüberschriften 20

Zeitreihendiagramm siehe Diagrammtypologie
Zellenformat siehe Datentyp
Zielwert 139
ZINSZ() 137
Zirkelbezug 269
ZUFALLSZAHL() 235
ZW() 127
Zwischenablage
    Inhalt direkt einfügen 122
    Inhalt mit Berechnung einfügen 123
    Wert übernehmen 122

... aktuelles Fachwissen rund um die Uhr – zum Probelesen, Downloaden oder auch auf Papier.

www.InformIT.de

InformIT.de, Partner von **Pearson Studium**, ist unsere Antwort auf alle Fragen der IT-Branche.

In Zusammenarbeit mit den Top-Autoren von Pearson Studium, absoluten Spezialisten ihres Fachgebiets, bieten wir Ihnen ständig hochinteressante, brandaktuelle Informationen und kompetente Lösungen zu nahezu allen IT-Themen.

wenn Sie mehr wissen wollen ... **www.InformIT.de**

Wissenschaftlich mit Word arbeiten

2. Auflage: Von Word 2000 bis Word 2003

Tobias Ravens

Zum Buch:

Der tägliche Ratgeber für das Arbeiten mit Word für Studenten: Er führt die Studenten durch typische Aufgaben, die bei Diplomarbeiten und Dissertationen auftreten. Systematiken helfen beim Nachschlagen. Der Schwerpunkt liegt auf den Herausforderungen, die durch große Dokumente in Word entstehen. Es wird u.a. gezeigt, wie Verzeichnisse automatisiert und das Layout vereinheitlicht werden können.

Aus dem Inhalt:

- Gliederung und Arbeitsaufbau
- Text und Überschriften
- Fußnoten
- Tabellen
- Abbildungen
- Abbildungen
- Layout
- Korrektur

Über den Autor:

Tobias Ravens ist Diplom-Betriebswirt. Sein umfangreiches Wissen über MS-Office und Windows sowie über Tipps und Tricks für das wissenschaftliche Arbeiten mit dem Computer hat er sich als jahrelanger technischer Betreuer von Diplom- und Doktorarbeiten erworben.

ISBN: 3-8273-7131-7
€ 17,95 [D], sFr 32,00
256 Seiten

scientific tools

Pearson-Studium-Produkte erhalten Sie im Buchhandel und Fachhandel
Pearson Education Deutschland GmbH • Martin-Kollar-Str. 10 – 12 • D-81829 München
Tel. (089) 46 00 3 - 222 • Fax (089) 46 00 3 - 100 • www.pearson-studium.de

Wissenschaftlich mit PowerPoint arbeiten

2. Auflage:
Von PowerPoint 2000 bis PowerPoint 2003

Tobias Ravens

Zum Buch:

Der unentbehrliche Ratgeber für das Arbeiten mit Powerpoint (ab Version 2000): Er führt die Studenten durch alle typischen Aufgaben, die bei Hochschulpräsentationen und -vorträgen auftreten. In diesem Buch geht es sowohl um die Umsetzung von Zeichnungen für die schriftliche Arbeit als auch um die Vorbereitung selbständiger Vorträge. Ziel ist dabei, die eigene Arbeit in einem Vortrag optimal zu präsentieren und anschauliche Abbildungen zu erstellen.
Die 2. Auflage behandelt alle Office-Versionen von 2000 bis 2003.

Aus dem Inhalt:

- Vortragsgestaltung
- Präsentations- und Folienvorlagen
- Foliengestaltung
- Textelemente
- Autoformen

- Richtiges Scannen
- Excel-Diagramme
- Vortragsanimationen
- Vorträge zusammenstellen
- Elektronisches Präsentieren

Über den Autor:

Tobias Ravens ist Diplom-Kaufmann. Sein Wissen über Windows sowie über Tipps und Tricks für das wissenschaftliche Arbeiten am und mit dem Computer hat er sich als jahrelanger technischer Betreuer von Diplom- und Doktorarbeiten erworben. Inzwischen ist er *EDV-Lehrbeauftragter* an der *FH Nordostniedersachsen*.

ISBN: 3-8273-7133-3
€ 17,95 [D], sFr 32,00
208 Seiten

scientific tools

Pearson-Studium-Produkte erhalten Sie im Buchhandel und Fachhandel
Pearson Education Deutschland GmbH • Martin-Kollar-Str. 10–12 • D-81829 München
Tel. (089) 46 00 3 - 222 • Fax (089) 46 00 3 - 100 • www.pearson-studium.de